D1391515

Les grandes découvertes de la psychanalyse

LES
RÊVES
la voie royale
de l'inconscient

ISBN : 2-7107-0157-X

LES RÊVES
la voie royale de l'inconscient

LAFFONT
TCHOU

Freud
Pasche
Hervey de Saint-Denis
Ferenczi
Silberer
Jones
Klein
Segal
Federn
Lewin
Freeman Sharpe
Chasseguet-Smirgel
Fain
David
Guillaumin

Les grandes découvertes de la psychanalyse
Collection dirigée par Bela Grunberger et Janine Chasseguet-Smirgel avec le concours de Claire Parenti

SOMMAIRE

DEUXIÈME PARTIE
L'inconscient et les symboles

TROISIÈME PARTIE
De nouvelles découvertes sur le rêve

Préface

Entre chien et loup

Il est vrai que le rêve est la voie royale qui nous permet d'accéder à l'inconscient, mais celui-ci n'est qu'au bout de cette voie. Sur le parcours qui y mène — parcours qui est une plongée — et au retour, se succèdent tous les strates de votre vie psychique.

Du Ça au Moi[1], du plus chaotique au plus organisé, des motions pulsionnelles les plus crues aux plus sublimées, de la désintrication de l'amour et de la haine à leur intrication presque parfaite, du narcissique à l'objectal, du plus « sauvage » au plus adapté.

Ainsi, quand l'un de nos patients nous apporte un rêve, ce n'est pas — comme certains l'ont soutenu —, un « matériel comme un autre ». Qu'il apparaisse comme une production inquiétante, voire terrifiante ou simplement insolite ou absurde, en tout cas manifestement issue des fonds abyssaux de la psyché, ou que, d'autres fois, au contraire, il se présente comme une construction très élaborée par sa rigueur, sa clarté apparente ou sa valeur esthétique, il tranche de toutes façons sur le cours ordinaire des réflexions et des fantasmes conscients du rêveur.

Si les rêves « du dessous » apparaissent comme des corps étrangers dans le fil du discours, les rêves « du dessus » (l'expression est de Freud) ne détonnent pas moins, si toutefois le patient observe la consigne de ne pas diriger sa pensée et de s'abandonner aux libres associations en renonçant à toute censure consciente.

Un rêve est toujours un corps étranger dans la trame des propos qui nous sont livrés, même quand il paraît s'y intégrer, et cela est vrai de tout surgissement du rêve en tout courant de conscience.

1. Dans une représentation figurée de l'appareil psychique, le Ça serait le lieu et l'ensemble des pulsions non soumises à l'organisation du Moi. A celui-ci les fonctions de percevoir, de s'adapter, de s'opposer, de modifier, d'ignorer ; tout ceci s'exerçant à la fois sur le Ça, le Surmoi (instance parentale intériorisée) et le monde extérieur.

◀ *Si les trois rêves de Descartes ne suffisent pas à expliquer son système philosophique, ils nous en indiquent tout au moins son origine.*

QU'EST-CE QUE LE « TRAVAIL DU RÊVE » ?

Or, puisque depuis la *Traumdentung* nous savons que le désir du rêve prend, en règle, naissance dans le Ça, il nous faut pour parvenir à la mise au jour du contenu de ce Ça, déconstruire le rêve afin de le porter au niveau des associations libres qui en cernent le récit.

C'est pourquoi Freud prescrivait, comme beaucoup d'entre nous continuent de le faire, qu'il soit associé sur chacun des détails de ce récit. Ainsi est mis en évidence le travail du rêve.

On ne peut guère évoquer le travail du rêve sans rappeler sa fonction et ses conditions.

Le rêve a pour but de préserver le sommeil en « traitant » un désir issu du Ça, de manière à ce que le sujet ne soit pas réveillé. Pour ce faire, il satisfait ce désir, jusqu'à un certain point, sur le mode de la réalisation hallucinatoire, mais souvent d'une façon détournée, en satisfaisant du même coup et contradictoirement la censure provenant du Moi et du Surmoi alertée jusque, parfois, une mise en scène de châtiment. En même temps, le rêve est soumis à certaines conditions : la perception est évidemment abolie, la motricité inhibée, donc le passage à l'acte impossible. Il consistera en un spectacle intérieur où la représentation visuelle dominera mais qui pourra s'accompagner de sensations cénesthésiques et kinesthésiques, d'affects, de sentiments, de désirs, ce qui signifie que le sujet participe à cette scène imaginaire et n'est pas réduit à un rôle de spectateur.

Le travail du rêve peut se résumer en quatre types d'opérations qui aboutissent au contenu manifeste :

- Le rêve condense, comme s'il obéissait à un principe d'économie. En une seule représentation seront concentrés plusieurs idées, plusieurs images, parfois des désirs contradictoires.
- Le rêve est décentré, le désir déformé sera fixé sur un autre objet que celui qu'il vise, ou sur de multiples objets jusqu'à l'éparpillement, le rêve dilue parfois. Il y a un déplacement de l'accent affectif.
- Le rêve est une illustration du désir en ce qu'il ne l'exprime ni en mots, ni en actes, mais en images ; ici jouer le symbole : la représentation substitutive de l'objet et du but du désir est parfois typique et d'usage universel.
- Enfin, le rêve est aussi le produit d'une activité également inconsciente, mais très proche de l'activité vigile en ce qu'elle s'efforcera de lui donner une apparence de vraisemblance, d'organisation, de logique interne. C'est l'élaboration secondaire.

LE RÊVE, SON UTILISATION ET SON RECOURS...

Mais le sujet ne se contente pas toujours de mettre en forme le rêve pour apaiser et contenir le désir ; il le fait aussi parfois, pour, inconsciemment, l'utiliser en le racontant, en particulier à son psychanalyste, mais aussi à ses proches. C'était le cas dans les temps anciens quand un tribun ou un chef de guerre faisait part de tel de ses rêves à la foule qu'il voulait subjuguer. Il y a le rêve-cadeau, le rêve-épouvantail, le rêve-séducteur, le rêve-masochiste, etc.

Mais s'il y a ainsi des rêves dont le rêveur semble avoir, quoique inconsciemment, une parfaite maîtrise, au point de le faire pour s'en servir comme d'une arme ou d'un appât dans ses relations avec autrui, il y en a qui apparaissent comme le dernier recours du Moi dans une situation dangereuse, ou même comme surgis à la faveur d'un véritable débordement des défenses d'un Moi réduit à l'impuissance. C'est le cas des rêves d'angoisse.

Dans ces rêves, l'élaboration secondaire n'a pu se faire ; on assiste à une effraction brutale des couches protectrices de la psyché, une sorte d'éruption volcanique. Il en est ainsi dans les terreurs nocturnes infantiles. Seul le réveil peut y mettre fin, et pas toujours immédiatement. Ce sont des rêves ratés, dont la fonction de soupape de sûreté à échoué et où a échoué également, contrairement aux rêves d'angoisse qui ne réveillent pas, la fonction de signal d'alarme galvanisant les défenses, ce qui permettrait au sommeil de se poursuivre et, sans doute, un refoulement durable des désirs inopportun.

Il y a donc plusieurs types de rêves, selon qu'ils présentent en coupe une stratification plus ou moins complète, représentative de notre structure psychique.

On pourrait en somme classer les rêves selon que le travail, dont nous venons de rappeler les quatre opérations – condensation, déplacement, figurabilité, élaboration secondaire –, est plus ou moins mené à son terme.

LES RÊVES D'ANGOISSE : UNE IMPORTANCE DÉCISIVE POUR LE MOI

Doit-on alors penser que la mise à nu des pulsions et des événements traumatiques les plus anciens dans les rêves d'angoisse, nous donnant le point de vue le plus incomplet, limité, sinon le plus profond, de notre vie psychique, nous interdit d'y chercher l'origine directe des spéculations intellectuelles les plus relevées ? Le travail intérieur, à partir de nos motions pulsionnelles les plus proches de l'organisme jusqu'à la conceptualisation et au raisonnement logique ou mathématique, suivrait un chemin aussi long et laborieux — passant d'images de choses en images de mot à travers les défenses — que le chemin que nous devons emprunter en sens inverse pour mettre au jour le désir du rêve à partir d'un contenu manifeste bien construit. Or, les rêves d'angoisse nous prouvent le contraire...

Nous voudrions montrer que le rêve ne permet pas seulement d'accéder à l'inconscient, de mettre en évidence les désirs les plus enfouis, les souvenirs les plus anciens et les plus décisifs, mais aussi, quand il est d'angoisse, de nous révéler comment l'activité psychique la plus secondarisée, la plus abstraite, s'articule directement aux pulsions du Ça et d'autant plus qu'elle est abstraite[2]. Nous voudrions montrer aussi que si le Moi prend parfois le rêve à son service, après l'avoir modelé à sa guise, et que si le rêve « normal », en s'offrant à décharger la nuit le trop-plein d'une énergie psychique qui perturberait notre vie consciente, le favorise sans l'entamer, il n'en est pas de même dans le cas des rêves d'angoisse. Ceux-ci, au contraire, s'ils ont été dans l'enfance, et plus tard, d'une intensité et d'une fréquence inhabituelles, ont un rôle déterminant dans la forme et le sens de l'activité de pensée du Moi.

LA NUIT DE DESCARTES

Nous prendrons pour cela un exemple fort connu et concernant un illustre personnage : la nuit agitée de Descartes, le 10 novembre 1619. Il est bien d'autres rêveurs moins illustres et que nous connaissons de plus près, mais en plus d'une obligation de réserve, et quoique nous ne nous donnions pas le ridicule de trouver dans ces trois rêves une explication du génie de Descartes, il nous semble que la profondeur de son œuvre, où la conscience de soi-même, l'insight, affleure continuellement, rend plus démonstrative la relation que nous voudrions montrer entre la réalité psychique infantile et l'édification d'une œuvre abstraite, ici philosophique.

Le soir du 10 novembre, il se couche, plein d'enthousiasme, pour avoir découvert « ce jour-là les fondements d'une science admirable ». Mais laissons la parole à son biographe, Baillet[3], qui rapporte ainsi le premier rêve :

2. Ce que Freud a plus que suggéré dans « la Négation » (1925).
3. *La Vie de Monsieur Descartes*, par Baillet (Ed. Holms).

« Après s'être endormi, son imagination se sentit frappée de la représentation de quelques fantômes qui se présentèrent à lui, et qui l'épouvantèrent de telle sorte que, croyant marcher par les rues, il était obligé de se renverser sur le côté gauche pour pouvoir avancer au lieu où il voulait aller, parce qu'il sentait une grande faiblesse au côté droit dont il ne pouvait se soutenir. Etant honteux de marcher de la sorte, il fit un effort pour se redresser ; mais il sentit un vent impétueux qui, l'emportant dans une espèce de tourbillon, lui fit faire trois ou quatre tours sur le pied gauche. Ce ne fut pas encore ce qui l'épouvanta. La difficulté qu'il avait de se traîner faisait qu'il croyait tomber à chaque pas, jusqu'à ce qu'ayant aperçu un collège ouvert sur son chemin, il entra dedans pour y trouver une retraite et un remède à son mal. Il tâcha de gagner l'église du collège, où sa première pensée était d'aller faire sa prière, mais s'étant aperçu qu'il avait passé un homme de sa connaissance sans le saluer, il voulut retourner sur ses pas pour lui faire civilité, et il fut repoussé avec violence par le vent qui soufflait contre l'église. Dans le même temps il vit au milieu de la cour du collège une autre personne, qui l'appela par son nom en des termes civils et obligeants, et lui dit que, s'il voulait aller trouver Monsieur N., il avait quelque chose à lui donner. M. Descartes s'imagina que c'était un melon qu'on avait apporté de quelque pays étranger. Mais ce qui le surprit davantage fut de voir que ceux qui se rassemblaient avec cette

La maison natale de Descartes à La Haye (Indre-et-Loir).

personne autour de lui pour s'entretenir étaient droits et fermes sur leurs pieds : quoiqu'il fût toujours courbé et chancelant sur le même terrain et que le vent qui avait pensé le renverser plusieurs fois eût beaucoup diminué, il se réveilla sur cette imagination, et il sentit à l'heure même une douleur effective, qui lui fit craindre que ce ne fût l'opération de quelque mauvais génie qui l'aurait voulu séduire. Aussitôt il se retourna sur le côté droit, car c'était sur le gauche qu'il s'était endormi et qu'il avait eu le songe. Il fit une prière à Dieu pour demander d'être garanti du mauvais effet de son songe, et d'être préservé de tous les malheurs qui pourraient le menacer en punition de ses péchés qu'il reconnaissait pouvoir être assez griefs pour attirer les foudres du Ciel sur sa tête, quoiqu'il eût mené jusque-là une vie assez irréprochable aux yeux des hommes. »

Puis Descartes se rendort après deux heures de « méditation sur les biens et les maux de ce monde ».

DEUXIÈME ET TROISIÈME RÊVE DU PHILOSOPHE

Il entend alors en rêve un bruit de tonnerre, il se réveille, ouvre les yeux et voit « beaucoup d'étincelles de feu répandues par la chambre. *La chose lui était souvent arrivée en d'autres temps*[4] et il ne lui était pas fort extraordinaire, en se réveillant au milieu de la nuit, d'avoir les yeux assez étincelants pour lui faire entrevoir les objets les plus proches de lui. Mais en cette dernière occasion il voulut recourir à des raisons prises de la philosophie et il en tira des conclusions favorables pour son esprit après avoir observé, en ouvrant puis en fermant les yeux alternativement la qualité des espèces qui lui étaient représentées. Ainsi sa frayeur se dissipa et il se rendormit dans un assez grand calme. »

Le troisième rêve nous retiendra peu car c'est un rêve « du dessus ». Toutes les défenses du Moi alertées par les deux premiers rêves se sont reconstituées. Il y est question de considérations assez académiques sur la voie à prendre dans la vie, sur l'incertitude où l'on est de choisir un état ; il y a beaucoup de livres. C'est un rêve de savoir, de culture, de réflexion ; il le commente d'ailleurs en poursuivant son rêve. Philosophie, sagesse, théologie, morale sont évoquées, ainsi que l'esprit de

4. Souligné par nous.

vérité. Nous sommes en pleine allégorie. Ce dernier songe n'a donc que « rien de fort doux et de fort agréable ». Il avait vu dans ce rêve des portraits en taille-douce : la visite d'un peintre italien, le lendemain, lui paraît une explication suffisante[5].

Les commentaires de Descartes sur les deux premiers rêves sont plus intéressants. Tout d'abord, il les prend tous les deux pour des avertissements menaçants touchant sa vie passée qui pouvait « n'avoir été aussi innocente devant Dieu que devant les hommes ». D'où la terreur et l'effroi. Le melon signifierait « les charmes de la solitude mais présentés par des sollicitations purement humaines[6], le vent qui le poussait vers l'église, le mauvais génie qui "tâchait de le jeter par force *dans un lieu où il voulait aller volontairement*[7]. C'est pourquoi Dieu ne permit pas qu'il avançât plus loin et qu'il se laissât emporter, même en un lieu saint, par un esprit qu'il n'avait pas envoyé : quoiqu'il fut très persuadé que c'eut été l'esprit de Dieu qui lui avait fait faire les premières démarches vers cette église". Il attribue l'épouvante du second rêve aux "remords de la conscience", "la foudre étant l'esprit de vérité qui descendit sur lui pour le posséder" ».

LE « COGITO » CARTÉSIEN : AU-DELA DE TOUT CRITÈRE DE RÉALITÉ

Ces deux rêves et leurs commentaires posent selon moi les problèmes essentiels de la métaphysique cartésienne et de leurs sources.

Nous ne pouvons rien dire des « péchés inconnus des hommes » qui justifieraient l'avertissement et la punition que constituent ces deux rêves, mais ces deux rêves, Dieu les a permis et, d'une certaine façon, voulus. Ils viennent « d'en haut », en laissant le mauvais génie dans le premier rêve, l'esprit de vérité dans le second, tourmenter sa créature.

L'étroite dépendance à Dieu est affirmée d'emblée. Dieu est ici, en effet, plus présent encore — au sens de présence protectrice et tutélaire, de sollicitude de tous les instants — que dans les autres métaphysiques

5. Naturellement, si nous avions obtenu des associations à partir de chacun des détails de ce rêve, il se serait révélé aussi riche que tout autre, mais son contenu manifeste est trop réussi et les commentaires trop intellectuels pour que nous puissions en tirer davantage.

6. Ce melon qu'on doit lui confier pour le remettre à quelqu'un n'est pas pour lui. Il fait penser au morceau de cire qui sent si bon mais qu'il faut se hâter de faire fondre. L'un et l'autre évoquent le sein maternel, objet de délices et aussi de peurs archaïques.

7. Souligné par nous.

même du temps. C'est le plus paternel des dieux jamais conçus dans une tête philosophique. Il est ainsi le seul garant de la réalité non seulement des choses, mais de ma réalité physique : « Je pouvais feindre que je n'avais aucun corps. » Mais ce n'est pas sa création qui me convainc de son existence, c'est au contraire le postulat, mon postulat, de son existence et de ses perfections, en particulier la perfection morale : « il ne peut être trompeur », qui me convainc de l'existence de sa création, et du même coup de celle de mon corps ainsi que de la vérité des idées claires et distinctes, etc. C'est lui qui lèvera mon doute légitime concernant la réalité de l'Univers et la validité du contenu de mes pensées.

Seul mon être pensant peut se passer de cette caution divine au moment même où je pense ; c'est alors la certitude irréfragable : le cogito. Et c'est parce que je pense par moment à Dieu, c'est parce qu'il est *dans* ma pensée, où je le rencontre, qu'il m'apparaît tout d'abord sous forme d'idée — et que cette idée étant celle de perfection, il ne peut rien lui manquer, surtout l'existence[8] — qu'elle prouve Dieu ; lequel est garant de tout le reste. Tout est donc suspendu à cette « chose qui pense » c'est-à-dire « qui conçoit, qui affirme, qui nie, qui veut, qui ne veut pas, qui imagine et qui sent » (on remarquera que la perception n'est pas mentionnée).

Donc, le *caractère essentiel de ce cogito est de pouvoir se passer de tout critère de réalité* ; il est au-dessus de la distinction de l'imaginaire et du réel, du rêve et de la conscience éveillée, comme s'il s'agissait de surmonter l'expérience angoissante de réveils qui ne parviennent pas à dissiper les images du cauchemar.

ÉCHAPPER AU CRÉPUSCULE DES RÉGIONS FRONTIÈRES ENTRE RÊVE ET RÉALITÉ

Le deuxième rêve, avec ses commentaires, est tout à fait révélateur. Cette vision brutale d'un espace rempli d'étincelles lui était « souvent arrivée en d'autres temps ». Il ferme alors les yeux pour distinguer s'il s'agit d'un phénomène subjectif ou non ; ce que son cogito ne nécessite pas puisque, de toute façon, qu'il perçoive ou qu'il hallucine, il « pense » ; quant aux idées claires et distinctes, on peut tout aussi bien

8. Dieu semble vraiment une production de la toute-puissance de la pensée ; son infinité, ses perfections sont à la mesure du désir et créées directement par lui. Ce désir pourrait bien être d'être rassuré absolument par le parent qui viendra m'arracher au cauchemar, en me rendant la réalité et à la réalité.

en rêver sans que leur vérité soit mise en cause, et c'est alors, de toute façon, le jour, la pleine lumière de la raison[9]. La constante opposition, dans ces textes, qui a presque l'insistance d'un thème obsédant, entre clarté-distinction, et obscurité-confusion, le constant recours à la simple « inspection de l'esprit » se substituant à la perception, si net dans le poétique épisode du morceau de cire, dépouillé de toutes ses qualités, de tout ce dont la sensation, l'imagination et le souvenir le paraient pour devenir un fragment d'étendue, objet d'idées claires et distinctes, sont — outre leur fécondité logique et pragmatique — d'excellents moyens pour échapper au crépuscule angoissant des régions frontières entre rêve et réalité.

Dans le premier rêve, il s'agit moins des organes des sens que des sensations profondes : les tissus, les muscles. Frappé à droite par des êtres fantomatiques ou par la terreur qu'ils lui inspirent, courbé de force vers la gauche[10]. En tout cas, quant au symbolisme du côté gauche, il suffit de se référer aussi bien aux augures antiques qu'à la guerre obstinée que faisaient, il y a peu, parents et maîtres à la gaucherie des enfants : maléfique, démoniaque, indice d'infériorité ou de transgression. Freud l'a noté dans son commentaire, fort succinct, de ces trois rêves.

Mais il est aussi entraîné malgré lui ; ce sont des mouvements imposés[11] C'est un mauvais génie qui fait souffler le vent, comme dans le *Discours de la Méthode* un malin génie aurait pu lui faire prendre pour fondées les illusions de ses sens, si Dieu ne veillait pas. Mais ici, c'est de possession démoniaque qu'il s'agit, laquelle, dans un premier temps, alterne avec une induction divine.

LE PROBLÈME DU LIBRE-ARBITRE HUMAIN

Le mauvais génie le courbe et l'entraîne ; puis, c'est l'esprit de Dieu qui le dirige d'abord vers l'église, mais c'est de nouveau le mauvais génie qui le pousse à faire les derniers pas pour y entrer alors que Descartes le veut ; et c'est cette connivence entre sa volonté et celle du

9. « Car s'il arrivait, même en dormant, qu'on eût quelque idée fort distincte comme, par exemple, qu'un géomètre inventât quelque nouvelle démonstration, son sommeil ne l'empêcherait pas d'être vraie. » *Discours de la Méthode.*

10. Est-ce la réplique, démoniaque, de la lutte de Jacob et de l'Ange et de la marque dans la chair ?

11. *Cf.* La malade de Tausk que les sortilèges de son ami faisaient tourner. *Métapsychologie*, Gallimard.

Diable qui décide Dieu à s'y opposer, et c'est cette connivence qui épouvante Descartes. Le problème de la liberté cartésienne se trouve posée ici.

En effet, si Dieu ne nous avait pas créés libres, nous ne serions que le champ clos où il s'affronte avec le Diable ; nous le sommes, selon ce rêve, mais pas seulement. Car il nous a créés libres et d'une liberté égale à la sienne ; nos péchés et les remords qui s'ensuivent en sont la preuve. Perdition et salut sont entre nos mains quoique nous soyons le théâtre d'un conflit entre des instincts contradictoires. Car le mauvais génie n'est pas une hypothèse d'école : c'est l'instinct[12], comme l'esprit de vérité, d'ailleurs. Descartes a très bien vu que la liberté, si liberté il y a, est enracinée dans les forces contraires qui nous constituent et nous meuvent.

Or, notre liberté s'exerce en trois occasions :

1. Quand nous rencontrons des idées claires et distinctes ; et là, nous sommes presque invariablement portés à leur donner notre adhésion : il serait diabolique de la leur refuser.
2. Quand, rencontrant des idées obscures et confuses, nous leur donnons notre adhésion, ce qui est une faute.
3. Quand, rencontrant des idées obscures et confuses, nous suspendons notre jugement : c'est, avec le premier cas, le meilleur usage que nous puissions faire de notre liberté.

Le rêve montre que notre volonté peut coïncider avec celle du mauvais génie, la volonté d'entrer dans l'église et d'y prier : Idée claire, intention pure. L'obscurité et la confusion ne sont plus ici dans la représentation, elles sont dans les motions pulsionnelles elles-mêmes[13].

UN GÉNIAL ÉVITEMENT DE L'ANGOISSE

Il nous est ainsi révélé que l'ambiguïté de la représentation si redoutée et finalement proscrite, n'est que la projection de l'ambivalence profonde du sujet lui-même, ambivalence à laquelle dans le rêve, Dieu mettra un terme en stoppant le mouvement vers l'église, mais que Des-

12. L'instinct qui à la fois m'aliène ; le mauvais génie est distinct de moi, mais il engage ma responsabilité car je me laisse séduire par lui.

13. Ce n'est pas exactement de la confusion, le rêve lui permet de distinguer nettement la volonté démoniaque de la sienne propre, c'est plutôt une juxtaposition de pulsions contraires et à la fois concourantes.

Frontispice du Discours de la Méthode de Descartes (Leyde, 1637). ▶

DISCOURS DE LA METHODE

Pour bien conduire ſa raiſon, & chercher la verité dans les ſciences.

PLUS

LA DIOPTRIQUE.

LES METEORES.

ET

LA GEOMETRIE.

Qui ſont des eſſais de cete METHODE.

A LEYDE

De l'Imprimerie de IAN MAIRE.

CIↃ IↃ C XXXVII.

Auec Priuilege.

cartes, ramené à lui-même au réveil, surmontera en suspendant son jugement[14]: Dernier refuge, mais inexpugnable, de sa liberté.

D'un certain point de vue, cette œuvre, cette merveilleuse suite de raisonnements qui a exorcisé les ténèbres et le psittacisme d'une certaine scolastique, qui a fondé l'idéalisme moderne et a été à l'origine de l'esprit scientifique de notre temps, doit être aussi considérée comme réalisant un génial évitement de l'angoisse.

Cette implacable méfiance des « choses » alors que les philosophes précédents les prenaient pour base de leurs réflexions[15], cette répudiation de toute force occulte, ce refus de recourir à l'imagination et aux sens, cette exigence de clarté et de distinction comme critère de vérité et finalement de réalité[16], cette confiance exclusive accordée à la pensée abstraite au point d'y réduire la certitude de mon être et de croire qu'il suffit de se représenter le concept de Dieu pour en prouver l'existence (ce qui suscitait l'ironie de Kant) et de n'accorder la réalité au reste du monde que dissoute dans les formules algébriques de l'étendue et du mouvement – cette confiance, nous nous demandons si elle n'est pas la contrepartie d'une peur ancienne liée à des expériences oniriques nombreuses et angoissantes. Seule la pensée abstraite, et ses objets qui ne sont que des relations facilement exemptes de contradiction et d'obscurité, peut nous permettre d'éluder l'angoissante interrogation quant à la réalité de ce que nous voyons, sentons, parce qu'il n'y a rien à voir – la géométrie devient analytique –, ni à sentir, et qu'il ne s'agit que d'une simple inspection de l'esprit.

DU RÊVE A LA SUBLIMATION

Mais la clarté et la distinction ne suffisent pas à rassurer Descartes. Si, se sentant penser, il se sent en même temps exister, ce n'est qu'une certitude instantanée. Les « dénombrements si entiers et les revues si générales » le garantissent aussi contre l'oubli, c'est-à-dire quant à

14. Succédant à la perplexité angoissée et au recours au sentiment de soi, l'obnubilation (ou l'hallucination négative) devant les formes apparues permet de « tenir » jusqu'à la venue du parent qui a le pouvoir de désabuser ; s'il tarde, le rêveur le rendra présent en le faisant exister par une incantation. Ce procès qui peut être celui de la phase du réveil d'une terreur nocturne, est la métaphore de la dialectique cartésienne : doute méthodique, cogito, suspension du jugement, preuve ontologique ; c'en est peut-être aussi l'origine et la préfiguration.

15. « La plupart des philosophes commencent par les choses. Descartes commence par l'âme... » Leibnitz.

16. Il a su néanmoins fixer des limites à l'intelligible : l'incompréhensibilité de Dieu, celle de l'union de l'âme et du corps, la liberté. Il fait ainsi sa part à l'irrationnel, ce que se sont refusé à faire les philosophes à système : Spinoza, Hegel, etc., qui l'ont suivi.

l'existence passée et continue de sa pensée jusqu'à l'instant présent, quand l'existence de « ce mixte d'âme et de corps que je suis » : c'est la bonté de Dieu et, en quelque sorte, sa sollicitude qui la soutient et la recrée de nouveau à chaque moment. Il est porté à bout de bras par Dieu, et l'Univers avec lui.

Cette extraordinaire dépendance qui implique une profonde passivité est contrebalancée par l'ambition de devenir « maître et possesseur de la nature », mais on a l'impression qu'il ne s'agit pas seulement de volonté de domination, de confiance en l'homme, etc., mais de conjurer la menace d'ordre magique que la nature recélerait. Le concept des animaux-machines ne fait-il pas songer à la résolution malheureuse, d'une phobie infantile ?

Encore une fois, tout cela n'explique en rien l'ampleur et la profondeur d'une pensée souveraine, mais son point de départ, la direction qu'elle a prise, ses obstacles, pourraient être ceux d'une pensée plus modeste avec des résultats moins prestigieux qui aurait été orientée de même façon parce que issue de conditions infantiles comparables.

Ainsi, le rêve n'est pas seulement le révélateur des contenus inconscients, représentation et motions pulsionnelles, il ne fait pas seulement revivre les affects d'autrefois, il montre aussi comment les défenses s'y articulent et nous fait comprendre comment ces défenses, expressions elles aussi des instincts fondamentaux, s'épanouissent parfois en activité très sublimées[17]. Sans oublier que le rêve lui-même a pu constituer, pour certains, un trauma par rapport auquel leur activité consciente la plus spéculative et la plus abstraite s'organisera et se développera. Le monument intellectuel, que tels d'entre eux élèveront, sera alors pétri de leurs songes.

DOCTEUR FRANCIS PASCHE

17. Pour la sublimation, voir la sublimation : les sentiers de la création, à paraître dans la même collection (N.d.E.)

PREMIÈRE PARTIE

Ce que disent les rêves

« Le rêve », Picasso.

Chapitre I

Comment diriger son rêve

Le marquis Léon Hervey de Saint-Denis, mort à Paris en 1892, était un sinologue de renom – il traduisit notamment des poèmes de l'époque T'ang – et professeur au Collège de France, où il enseignait le tartaro-mandchou.

Publié en 1855, son ouvrage, intitulé les Rêves et les moyens de les diriger, *présente les récits de ses rêves à propos desquels il raconte qu'il les consigna dans un cahier, en les illustrant, dès l'âge de treize ans.*

« En dépit de tous mes efforts, rapporte Freud dans l'Interprétation des rêves, *je n'ai pu me procurer l'ouvrage. » Aussi le cite-t-il « de seconde main », à partir d'un livre de Vaschide.*

Celui d'Hervey de Saint-Denis comporte de charmants récits de rêves, qui ont subi une « élaboration secondaire » visiblement très poussée. Par « élaboration secondaire », Freud désigne dans l'Interprétation des rêves *un effet de la censure visant à donner au rêve une cohérence proche de celle de la pensée logique vigile. C'est ce qu'il appelle « la façade du rêve ». Dans les extraits que nous découvrirons ici, les rêves du marquis ont visiblement été soumis – comme tous les rêves, d'ailleurs – aux mécanismes de déplacement et de condensation que nous serons amenés à expliciter dans la suite de ce livre.*

Comme nous allons le voir, Hervey de Saint-Denis insiste sur la transformation que subissent les pensées dans le rêve : elles deviennent toutes des représentations visuelles. Il compare ce processus à celui que réalise la lanterne magique en projetant des images sur un écran[1]*.*

1. Voir chapitre 3.

Ce qu'il décrit ainsi anticipe sur la « figurabilité » telle que Freud la définira dans l'Interprétation des rêves *; il la reliera au modèle (optique, lui aussi) de l'appareil psychique.*

Toutefois, le tableau des rêves que brosse Hervey de Saint-Denis, s'il nous entraîne souvent dans un monde enchanté, est loin d'atteindre la rigueur scientifique. La thèse essentielle de l'auteur est la suivante : le vouloir intervient au sein même du rêve, et il est possible d'apprendre à le diriger.

Il nous a paru plaisant d'insérer ici un court article de Sandor Ferenczi, datant de 1912 : « Rêves orientables ». Selon toute vraisemblance, Ferenczi ne connaissait pas plus que Freud le livre d'Hervey de Saint-Denis...

Ceux qui traitent des sciences philosophiques et psychologiques sont convenus d'entendre par l'*association des idées* cette affinité en vertu de laquelle les idées s'appellent les unes les autres, soit qu'il existe entre elles une parenté facile à reconnaître, soit que certaines particularités subtiles, certaines origines ou abstractions communes deviennent un lien mystérieux qui les unit. Je laisserai donc à cette expression sa valeur accoutumée, et rappelant ici des principes que j'ai posés plus haut, à savoir : 1° que les images du rêve sont uniquement la représentation aux yeux de l'esprit des objets qui occupent la pensée ; 2° que l'image solidaire de chaque idée se présente aussitôt que cette idée surgit ; je dirai : le panorama mouvant de nos visions correspondra exactement au défilé des idées sensibles ; il y aura corrélation parfaite entre le mouvement déterminé par l'association des idées et l'évocation instantanée des images qui viendront successivement se peindre aux yeux de notre esprit.

La vision n'est donc que l'accessoire ; le principal, c'est l'idée même. L'image du rêve est donc exactement à l'idée qui l'appelle ce que l'image de la lanterne magique est au verre éclairé qui la produit. Cette solidarité étant bien reconnue, cette distinction entre la cause et l'effet bien établie, c'est uniquement la marche, l'association et, si j'ose me servir de ce mot, la promiscuité occasionnelle des idées, en songe, qu'il faudra s'attacher à bien analyser pour comprendre le tissu des rêves, et pour expliquer aussi tant de complications bizarres, tant de conceptions fantasques, tant d'incohérences apparentes, qui ne sont plus que des phénomènes parfaitement simples et parfaitement logiques, dès qu'on a pu saisir, à son origine, l'ordre très rationnel de leur développement.

LES DEUX VERRES DE LA LANTERNE MAGIQUE

La rêvasserie de l'homme assoupi contient un premier germe d'incohérence, lequel résultera de la confusion de temps et de lieu. Le souvenir évoqué d'un événement, d'une personne ou d'une chose ayant fait impression sur nous à une époque quelconque de notre vie entraîne avec lui, comme fond de tableau, l'image de la maison, du jardin, de la rue, du site en un mot, au milieu duquel l'impression s'est originairement produite. Tant qu'on ne fera que *penser*, ce tableau restera dans l'ombre, mais il se dessinera dès qu'il y aura rêvasserie profonde, et se montrera tout à fait quand le sommeil sera complet. Or, il arrivera souvent que ce tableau ne s'effacera pas aussi vite que la pensée dont il fut solidaire, et, comme un décor de théâtre qui ne serait pas assez promptement changé pour le jeu de la scène, on le verra n'avoir plus aucun rapport de lieu ni d'époque avec les épisodes qui s'accomplissent devant lui. C'est ainsi que si je me crois premièrement en Suisse, où j'aperçois des chalets qui me rappellent celui de Jules Janin[2] à l'entrée du bois de Boulogne, et si le souvenir de Jules Janin me remet en mémoire quelque célèbre cantatrice que j'aurai rencontrée chez lui, j'imaginerai peut-être que j'entends chanter cette artiste au milieu des cascades ou des glaciers.

Si vous vous avisez de faire passer un second verre dans la lanterne avant que le premier ne soit retiré, deux choses que voici pourront également advenir : ou bien les figures peintes sur les deux verres, se présentant à côté les unes des autres, formeront un ensemble hétérogène dans lequel Barbe-Bleue se trouvera face à face avec le Petit-Poucet ; ou bien elles paraîtront juxtaposées, auquel cas Barbe-Bleue aura deux têtes disparates, quatre jambes, ou un bras menaçant qui lui sortira de l'oreille.

CE QUI PROVOQUE CES « CAPRICIEUSES MUTATIONS » DANS NOS RÊVES

Une autre cause de monstruosité et de bizarrerie dans nos songes, qui n'est ni la moins curieuse ni la moins fréquente, et qui produit, en fait d'incohérence, les résultats les plus inconcevables au premier abord, c'est une disposition qu'a notre esprit, durant le sommeil, de procéder souvent par *abstraction*, quant à sa manière d'envisager les divers sujets dont le souvenir est évoqué.

2. Journaliste et chroniqueur dramatique du XIXe siècle. (*N.d.Ed.*)

L'évocation successive des réminiscences dans le rêve peut s'enchaîner par similitude de form sensibles, ce qui peut composer une image étrange à l'instar de certaines peintures modernes. (Max Ernst - Galerie Bateau-Lavoir : « L'Arrivée des voyageurs »)

Il reporte alors d'un sujet sur un autre quelque qualité ou quelque manière d'être qu'il a saisie de préférence. Si la maigreur d'un cheval étique le frappe particulièrement dans l'attelage d'une pauvre carriole qu'il aperçoit en rêve, et si cette carriole le fait songer à quelque métayer pourvu d'un attelage à peu près semblable, il reportera peut-être l'idée abstraite de maigreur et de dépérissement sur ce métayer qui surgit à son tour au milieu du songe, et il le verra prêt à rendre l'âme. Ou bien, au contraire, si c'est l'idée de l'*attellement* qui l'a préoccupé davantage, il verra le métayer lui-même sous le harnais, sans en éprouver le moindre étonnement.

Parfois enfin, l'évocation successive des réminiscences s'enchaîne uniquement par des similitudes de formes sensibles, ce qui est d'ailleurs une sorte d'abstraction capable d'enfanter les composés les plus étranges. Sans l'appliquer aux songes, Granville avait eu le sentiment de ces mutations capricieuses, quand son crayon nous montrait une série graduée de silhouettes commençant par celle d'une danseuse et finissant par celle d'une bobine aux mouvements furieux.

DIX MINUTES POUR ALLER DE PARIS EN ESPAGNE...

Je me crois bien sûr d'avoir compris comment on s'endort et comment le rêve commence.

J'emprunte des exemples à mes cahiers de notes :

« Je ferme les yeux pour m'endormir en pensant à quelques objets que j'ai remarqués, le soir même, dans une boutique de la rue de Rivoli ; les arcades de cette rue me reviennent en mémoire, et j'entrevois comme des arcades lumineuses qui se répètent et se dessinent au loin. Bientôt c'est un serpent couvert d'écailles phosphorescentes qui se déroule aux yeux de mon esprit. Une infinité d'images indécises lui servent de cadre. Je suis encore dans la période des choses confuses. Les tableaux s'effacent et se modifient très rapidement. Ce long serpent de feu a pris l'aspect d'une longue route poussiéreuse, brûlée par un soleil d'été. Je crois aussitôt y cheminer moi-même, et des souvenirs d'Espagne sont ravivés. Je cause avec un muletier portant la *manta* sur l'épaule ; j'entends les clochettes de ses mules ; j'écoute un récit qu'il me fait. Le paysage est en rapport avec le sujet principal ; dès ce moment la transition de la veille au sommeil est complètement opérée. Je suis en plein dans l'illusion d'un rêve lucide. J'offrais au muletier un couteau, qui semblait lui plaire, en échange d'une fort belle médaille antique qu'il me montrait, quand je fus tiré tout à coup de mon sommeil par une cause extérieure. Il y avait dix minutes environ que je dormais, selon que la personne qui m'éveilla le put apprécier. »

LE LIBRE ARBITRE DANS LE RÊVE

« Dans un autre rêve, où je crois me promener à cheval par une belle journée, la conscience de ma véritable situation me revient en mémoire, comme aussi cette question de savoir si le libre arbitre de mes actions imaginaires m'appartient en songe ou ne m'appartient pas. « Voyons, me dis-je, ce cheval n'est qu'une illusion, cette campagne que je parcours un décor ; mais si ce n'est point ma volonté qui a évoqué ces images, il me semble bien du moins que j'ai sur elles un certain empire. Je veux galoper, je galope ; je veux m'arrêter, je m'arrête. Voici maintenant deux chemins qui s'offrent devant moi. Celui de droite paraît s'enfoncer dans un bois touffu ; celui de gauche conduit à une sorte de manoir en ruine. Je sens bien que j'ai la liberté de tourner à droite ou à gauche, et par conséquent de décider moi-même si je veux faire naître des associations d'idées-images en rapport avec ces ruines ou avec ce bois. Je tourne d'abord à droite, puis l'idée me vient qu'il vaut mieux, dans l'intérêt de mes expériences, guider un rêve aussi lucide du côté des tourelles et du donjon, parce qu'en cherchant à me souvenir exactement des principaux détails de cette architecture, je pourrai peut-être, à mon réveil, reconnaître l'origine de ces souvenirs. Je prends donc le sentier de gauche, je mets pied à terre à l'entrée d'un pont-levis pittoresque, et, durant quelques instants que je dors encore, j'examine très attentivement une infinité de détails grands et petits : voûtes ogivales, pierres sculptées, ferrures à demi rongées, fissures et altérations de la muraille, admirant avec quelle précision minutieuse tout cela se peint au yeux de mon esprit. Bientôt pourtant, et tandis que je considère la serrure gigantesque d'une vieille porte délabrée, les objets perdent tout à coup leur couleur et la netteté de leurs contours, comme les figures du diorama[3] quand le foyer s'éloigne. Je sens que je me réveille. J'ouvre les yeux au monde réel, la clarté de ma veilleuse est la seule qui m'éclaire. Il est trois heures du matin. »

PLAIDOYER POUR LES LUMIÈRES DE L'ESPRIT

Des actes manifestes de volonté et d'attention me paraissent réunis dans ce rêve. Je crois pouvoir affirmer que j'eus mon libre arbitre autant que je l'aurais eu dans la vie réelle, pour choisir véritablement entre les deux chemins qui se présentaient devant moi. Je pris celui de gauche, au bout duquel se montrait un château imaginaire. L'association des idées m'a fourni, dans cette voie *choisie par moi*, des images aussi précises et aussi variées que celles que m'eût fournies la réalité. J'ai laissé à ma mémoire le soin de faire surgir ces mêmes incidents de la route dont l'imprévu dans la vie de relation eût appartenu au hasard ; mais les images ont surgi dans l'ordre que ma volonté leur avait assigné, et j'ai guidé aussi réellement mon rêve que le dormeur éveillé des *Mille et Une Nuits*.

Savons-nous bien jusqu'où cette puissance de regarder en nous-mêmes saurait s'étendre si la lumière qui éclaire notre entendement pouvait augmenter d'intensité[4] ?

LÉON HERVEY DE SAINT-DENIS

3. Tableau dont les paysages et les personnages sont éclairés de façon à donner une impression de relief. (*N.d.Ed.*)

4. C'est nous qui soulignons. (*N.d.Ed.*)

RÊVER QUE L'ON RÊVE POUR FUIR LA RÉALITÉ...

Rêver du rêve – comme le dit très justement Steckel – réalise le désir suivant : pourvu que le contenu des pensées oniriques soit irréel, contraire à la vérité, c'est-à-dire un rêve. Mais parmi les rêves reconnus comme tels pendant le sommeil, il y en a certains où la conscience qu'a le rêveur de rêver requiert de toute évidence une autre explication.

Ceux qui par le sommeil et le rêve voudraient fuir la réalité, tentent de prolonger leur sommeil au-delà des besoins physiologiques ; un des moyens d'y parvenir est d'intégrer dans le rêve les excitations qui pourraient provoquer le réveil, au lieu d'y répondre en se réveillant. Même lorsque l'excitation est suffisamment intense pour les réveiller, ils sont « incapables » de se lever, et restent au lit sous les prétextes les plus invraisemblables.

Un de mes malades appartenant à cette catégorie avait une façon très curieuse de prendre conscience du fait qu'il rêvait en cours de sommeil. Dans certains rêves à épisodes, le changement de scène ne survenait pas avec la spontanéité habituelle, sans raison consciente, mais s'accompagnait d'une justification particulière de ce genre : « Alors j'ai pensé que c'était un mauvais rêve, qu'il fallait trouver une autre solution, et aussitôt la scène a changé. » La nouvelle scène conduisait ensuite à la solution satisfaisante[5].

LA LUTTE DES « RÊVES ORIENTABLES »

Le malade rêve parfois trois ou quatre scènes successives, où le même matériel psychique est élaboré avec des aboutissements différents ; mais l'irruption de la conscience de rêver et le désir d'une solution plus satisfaisante interviennent à chaque fois au point critique, jusqu'au moment où une dernière version peut se dérouler enfin sans obstacle. Il n'est pas rare que cette dernière représentation onirique se termine par une pollution (voir Rank qui estime que tous les rêves sont dans une certaine mesure l'équivalent d'une pollution).

Après une interruption, la nouvelle scène ne reprend pas l'histoire dès le début ; le rêveur pense tout en rêvant : « Mon rêve finirait mal de cette façon, alors qu'il commençait si bien ; je vais le rêver autrement. » Et en effet, le rêve reprend à partir d'un certain point et se

5. Une communication qui m'est parvenue par la poste, et dont j'ignore l'origine, fait état de rêves similaires.

déroule dès lors sans modification de ce qui précède, la solution défavorable étant remplacée par l'aboutissement désiré.

Nous devons souligner que, contrairement aux rêveries diurnes – qui elles aussi, comme chacun sait, choisissent entre différentes solutions – ces *rêves orientables* n'ont pas un caractère rationnel, et trahissent leur étroite relation avec l'inconscient par l'emploi fréquent du déplacement, de la condensation et de la représentation indirecte ; toutefois l'on y rencontre aussi souvent des fantasmes oniriques plus cohérents.

Compte tenu que ces rêves surviennent généralement vers les heures matinales et chez un individu qui désire prolonger son sommeil et son rêve aussi longtemps que possible, nous pouvons interpréter ce curieux mélange de la pensée consciente et inconsciente comme le résultat d'une lutte entre la conscience reposée qui désire se réveiller, et l'inconscient qui souhaite à toute force dormir encore.

Le rêve est le gardien du sommeil en intégrant dans son cours des stimuli qui auraient dû réveiller le dormeur. (« Femme endormie » Matisse. Musée des Beaux-Arts Besançon)

CHERCHER LA SATISFACTION DANS LE RÊVE

Ces « rêves orientables » sont également intéressants du point de vue théorique, car ils représentent en quelque sorte la reconnaissance implicite des objectifs du rêve : la satisfaction des désirs.

Ce phénomène éclaire aussi dans une certaine mesure le sens des changements de scène dans le rêve et le rapport entre les rêves d'une même nuit.

L'objectif du rêve semble être d'élaborer aussi complètement que possible le matériel psychique actuel ; le rêve refuse la représentation onirique lorsqu'elle compromet la satisfaction du désir ; il tisse inlassablement des solutions nouvelles jusqu'à l'élaboration d'une satisfaction de désir qui soit agréée par les deux instances du psychisme.

Il en est de même dans les cas où le caractère pénible du rêve nous réveille : le sommeil nous reprend bientôt et, « comme si nous venions de chasser une mouche importune » (Freud), nous continuons à rêver. A l'appui de notre thèse, voici le rêve suivant :

Un monsieur qui occupe actuellement de hautes fonctions mais d'une humble origine, juif baptisé, rêve que son père défunt apparaît au milieu d'une société très distinguée, le mettant (le rêveur) dans un grand embarras à cause de son costume misérable. Ce sentiment pénible réveille pour quelques instants le dormeur qui cependant se rendort promptement et rêve cette fois que son père apparaît dans cette même société, vêtu avec richesse et élégance.

SANDOR FERENCZI

Chapitre II

La méthode psychanalytique d'interprétation

Dans la biographie qu'il lui a consacrée[1]*, Ernest Jones rapporte que Freud aurait commencé à consigner ses propres rêves dès sa jeunesse. C'est justement à travers l'analyse de ces rêves que Freud procéda à son auto-analyse.*

Ce simple fait détermine le statut de la psychanalyse en tant que science de l'homme. Car le rêve présente cette caractéristique d'être un phénomène normal et universel. Il a « l'avantage de pouvoir être observé chez tous, même les bien portants, et alors même que tous les hommes seraient bien portants et se contenteraient de faire des rêves, nous pourrions, par l'examen de ceux-ci, arriver aux mêmes constatations que nous obtenons par l'analyse des névroses », ainsi que le soulignera Freud lui-même dans l'Introduction à la psychanalyse *(1917). En 1916, dans « Complément métapsychologique à la doctrine des rêves », Freud dit du rêve qu'il est le « prototype normal des phénomènes morbides ». En effet, si le rêve représente un « modèle » tant pour la compréhension des névroses que pour celle des psychoses, s'il y a « connection du rêve et des névroses », si « l'étude du rêve constitue la meilleure préparation à celle des névroses », s'il existe, enfin, des « relations profondes entre le rêve et les psychoses, des analogies tendant à montrer une parenté de nature »* (l'Interprétation des rêves,1900), *il n'en demeure pas moins que l'attention primordiale accordée par Freud au rêve indique son intérêt, évident et souvent réaffirmé, pour la compréhension de la psyché humaine et de ses manifestations, pour résoudre « les énigmes du Monde » (« Post-scriptum à la question de l'analyse laïque », 1927).*

Ainsi, il apparaît que l'étude des phénomènes morbides ne constitue elle-même qu'une voie pour parvenir à dissiper ces énigmes.

1. Ernest Jones, *la Vie et l'Œuvre de Sigmund Freud.* (P.U.F.)

◀ *Freud a su voir dans les rêves la voie royale qui mène à l'inconscient. Ici, les lunettes de Freud vues par Jean de Gaspari. (Tous droits réservés)*

Les rêves, voie royale de l'inconscient

On le sait[2] *: c'est à partir de la mort de son père Jakob que l'auto-analyse de Freud lui permet, à travers ses rêves, de découvrir entre autres le complexe d'Œdipe. C'est aussi dès cette époque qu'il va singulièrement avancer dans la compréhension du rêve lui-même et de ses mécanismes.*

Freud a toujours considéré son livre, l'Interprétation des rêves (Traumdeutung[3]), *achevé en 1899 et publié en 1900, comme la « pierre angulaire » de l'édifice psychanalytique. Dans une lettre émouvante du 12 juin 1900, adressée à Wilhelm Fliess, il exprime le fantasme qu'un jour, dans la maison de Bellevue située sur une colline des environs de Vienne, où il passait souvent ses vacances, sera apposée une plaque de marbre commémorant la révélation du mystère du rêve qui lui a été faite le 24 juillet 1895 (il s'agit du rêve de l'injection faite à Irma, dont le lecteur pourra ici prendre connaissance). De fait, une plaque a été réellement apposée à Bellevue en avril 1977, portant le texte exact fantasmé par Freud. Cette plaque a été inaugurée en présence de la fille de Freud, Anna, ainsi que de son fils Ernest et de représentants de la communauté psychanalytique internationale.*

Signalons pour la petite histoire qu'un représentant du bourgmestre de Vienne était également présent. Rappelons à ce sujet que Lueger, le bourgmestre de Vienne du temps de Freud, était un antisémite virulent. Freud, dans sa correspondance, évoque les tracasseries qu'il faisait subir à la population juive de Vienne. On peut également noter que, durant l'été 1977, des antisémites viennois souillèrent la plaque de Bellevue d'inscriptions infamantes...

L'analyse du rêve de l'injection faite à Irma aboutit à l'une des découvertes essentielles faites par Freud à propos du rêve : « Après complète interprétation, tout rêve se révèle comme l'accomplissement d'un désir. » Le rêve n'est donc pas l'expression d'une « activité fragmentaire du cerveau », il a un sens *que l'analyse permet de découvrir. Grâce à l'interprétation, « on peut insérer parfaitement le rêve dans la suite des activités mentales de la veille ». En effet, c'est le contexte associatif qui livre le sens du rêve.*

Freud ne s'intéresse nullement au contenu manifeste du rêve ; il refuse la fascination exercée par les productions de l'inconscient ; son but avoué est de rendre l'inconscient conscient ou, comme il le dira plus tard, de faire advenir le Moi là où était le Ça. Son entreprise se veut éminemment rationnelle : « Puisse un jour l'intellect — l'esprit scientifique, la raison — accéder à la dictature dans la vie psychique

2. Voir volume I de la même collection : *l'Œdipe, un complexe universel.*
3. Traduit primitivement sous le titre « la Science des rêves ».

des humains ! Tel est notre vœu le plus ardent » (7e conférence, in *Nouvelles Conférences*, 1932). Il est certes difficile d'imaginer que Freud n'ait pas été fasciné par l'inconscient et ses manifestations, dans la mesure où son activité quotidienne l'amenait à être en contact avec eux de façon permanente. Toutefois, il a très vite compris quels dangers la psychanalyse courrait si elle se laissait aller à succomber aux sortilèges du rêve ou du délire, à y plonger sans retour et à verser ainsi dans la mystique. Cet écueil, Jung et bien d'autres analystes n'ont pas su l'éviter. Le lecteur lira ici deux lettres que Freud adressa à André Breton.

Les surréalistes ont été très attirés par Freud et la psychanalyse. Leur effort a tendu à s'affranchir du contrôle de la raison. C'est ce qu'ils ont tenté de réaliser par l'écriture automatique, puis par l'attention portée au rêve. Certes, avant eux, la littérature avait fait usage du rêve, en particulier les romantiques allemands. En fait, la littérature classique elle-même n'a pas sous-estimé les effets que le récit d'un rêve peut produire sur le lecteur ou le spectateur (que l'on pense, par exemple, au songe d'Athalie). Jamais, cependant, le rêve n'avait occupé la place que les surréalistes vont lui accorder. Rappelons que de surcroît André Breton était médecin et avait poursuivi des études psychiatriques.

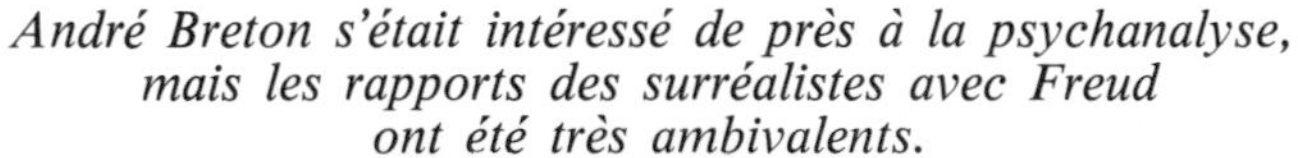
André Breton s'était intéressé de près à la psychanalyse, mais les rapports des surréalistes avec Freud ont été très ambivalents.

Un profond malentendu se crée néanmoins entre Freud et les surréalistes : l'amour que les surréalistes vont porter à Freud sera un amour malheureux. Freud écrivit par exemple au pasteur Pfister qu'il les considérait comme fous « à 95 %, comme on dit de l'alcool ».

Cette attitude de Freud ne va pas manquer de susciter l'ambivalence des surréalistes, tourmentés de plus par leur adhésion au marxisme dont la conciliation avec la psychanalyse, bien que tentée à plusieurs reprises, s'est toujours révélée difficile. La lecture des lettres de Freud à André Breton montre l'étendue du malentendu qui régnait entre l'homme de science et le poète.

Ce malentendu est toujours actuel. S'il ne touche plus guère les rapports entre la psychanalyse et le surréalisme, ces rapports étant historiquement dépassés, il n'en continue pas moins à affecter la relation entretenue par certains intellectuels avec la psychanalyse, soit pour la confondre avec la mystique — et la rejeter comme telle —, soit pour lui reprocher à l'inverse sa trop grande rationalité et lui substituer, par exemple, le règne des « machines désirantes » et la schyzo-analyse.

Dr Sigm. FREUD,
Chargé de cours de Neurologie
à l'Université.

Vienne, 12-6-1900.
IX. Berggasse 19.

Très cher Wilhelm,

Nous avons reçu des visites familiales. La veille de la Pentecôte, l'aîné de mes frères est arrivé, accompagné de son fils cadet qui a déjà plus de trente-cinq ans. Il est resté jusqu'à mercredi soir et nous a bien réconfortés car c'est un homme qui, malgré ses soixante-huit ou soixante-neuf ans, est resté jeune, charmant et d'esprit vif. Je lui ai toujours été très attaché. Il est ensuite parti pour Berlin où se trouve maintenant le quartier général de la famille...

A part cela, l'existence à Bellevue s'organise très bien pour tous. Les soirées et les matinées sont délicieuses. Après les lilas et les cytises, ce sont maintenant les acacias et les jasmins qui embaument, les églantiers fleurissent, et, comme je le constate, tout cela se produit soudainement.

Crois-tu vraiment qu'il y aura, un jour sur la maison, une plaque de marbre sur laquelle on pourra lire :

C'EST DANS CETTE MAISON
QUE LE 24 JUILLET 1895
LE MYSTÈRE DU RÊVE FUT RÉVÉLÉ
AU Dr SIGMUND FREUD[4]

L'espoir en reste bien faible jusqu'à ce jour. Toutefois, quand je parcours les récents travaux psychologiques (Mach, *Analyse des sensations*, 2e édition ; Krœll, *Structure de l'âme*, etc.) où les auteurs tendent vers un but semblable au mien, quand je vois ce qu'ils ont à dire au sujet du rêve, je me sens aussi joyeux que le nain du conte parce que « la Princesse n'en sait rien ».

Je n'ai aucun cas nouveau ou, plus exactement, celui qui vient de s'annoncer ne fait que remplacer le patient venu en mai et que j'ai perdu. De sorte que le niveau reste le même. Mais mon dernier cas est intéressant : il s'agit d'une fillette de treize ans que je dois guérir rapidement et qui présente en surface ce que je suis généralement obligé d'extraire à travers plusieurs couches superposées. Je n'ai pas besoin de te dire que c'est toujours la même chose. Nous parlerons de cette enfant en août prochain, si toutefois on ne me l'enlève pas prématurément. En effet, je te verrai sûrement en août si les 1 500 kr. que j'attends le 1er juillet ne me font pas défaut. Ou plutôt, je pourrai de toutes façons me rendre à Berlin... et aussi aller chercher à la montagne ou en Italie un peu de réconfort et d'énergie nouvelle pour 1901. On ne gagne pas plus à demeurer dans un mauvais état d'esprit qu'à faire des économies.

J'ai appris l'accident de Conrad, mais aussi que tout s'était bien arrangé. Je revendique donc à nouveau le droit d'avoir de tes nouvelles et de celles des tiens.

Reçois ainsi qu'eux mes plus affectueuses pensées,

ton

Sigm.

4. Voir le rêve de l'injection d'Irma *in l'Interprétation des rêves* (P.U.F.) ; *cf.* aussi extrait suivant. (*N.d.Ed.*)

FREUD INTERPRÈTE L'UN DE SES PROPRES RÊVES : « L'INJECTION FAITE A IRMA »

Je vais donc examiner un de mes propres rêves et exposer à son sujet ma méthode d'interprétation. Tout rêve de cette sorte nécessite un récit préliminaire. Je demande au lecteur de vouloir bien pour un moment faire siennes mes préoccupations et participer aux menus événements de ma vie : un tel transfert augmente considérablement l'intérêt pour le sens caché du rêve.

RÉCIT PRÉLIMINAIRE

Dans le courant de l'été 1895, j'ai eu l'occasion de soigner par la psychanalyse une jeune femme de mes amies, très liée également avec ma famille. L'on conçoit que ces relations complexes créent chez le médecin, et surtout chez le psychothérapeute, des sentiments multiples. Le prix qu'il attache au succès est plus grand, son autorité est moindre. Un échec peut compromettre une vieille amitié avec la famille du malade. Le traitement a abouti à un succès partiel : la malade a perdu son anxiété hystérique, mais non tous ses symptômes somatiques. Je ne savais pas très bien à ce moment quels étaient les signes qui caractérisaient la fin du déroulement de la maladie hystérique et j'ai indiqué à la malade une solution qui ne lui a pas paru acceptable. Nous avons interrompu le traitement dans cette atmosphère de désaccord, à cause des vacances d'été. Quelque temps après, j'ai reçu la visite d'un jeune confrère et ami qui était allé voir ma malade — Irma — et sa famille à la campagne. Je lui ai demandé comment il avait trouvé Irma, et il m'a répondu : « Elle va mieux, mais pas tout à fait bien. » Je dois reconnaître que ces mots de mon ami Otto, ou peut-être le ton avec lequel ils avaient été dits, m'ont agacé. J'ai cru y percevoir le reproche d'avoir trop promis à la malade, et j'ai attribué, à tort ou à raison, l'attitude partiale présumée d'Otto à l'influence de la famille de la malade, qui, je le croyais du moins, n'avait jamais regardé mon traitement d'un œil favorable. Au reste l'impression pénible que j'avais éprouvée ne s'est pas précisée dans mon esprit et je ne l'ai pas exprimée. Le soir même, j'ai écrit l'observation d'Irma pour pouvoir la communiquer en manière de justification à notre ami commun le Dr M... qui était alors la personnalité dominante de notre groupe. La nuit (probablement vers le matin), j'ai eu le rêve suivant, que j'ai noté dès le réveil.

RÊVE DU 23-24 JUILLET 1895[5]

Un grand hall – beaucoup d'invités, nous recevons. – Parmi ces invités, Irma, que je prends tout de suite à part, pour lui reprocher, en réponse à sa lettre, de ne pas avoir encore accepté ma « solution ». Je lui dis : « Si tu as encore des douleurs, c'est réellement de ta faute. » – Elle répond : « Si tu savais comme j'ai mal à la gorge, à l'estomac et au ventre, cela m'étrangle. » – Je prends peur et je la regarde. Elle a un air pâle et bouffi ; je me dis : n'ai-je pas laissé échapper quelque symptôme organique ? Je l'amène près de la fenêtre et j'examine sa gorge. Elle manifeste une certaine résistance comme les femmes qui portent un dentier. Je me dis : pourtant elle n'en a pas besoin. – Alors elle ouvre bien la bouche, et je constate, à droite, une grande tache blanche, et d'autre part j'aperçois d'extraordinaires formations contournées qui ont l'apparence des cornets du nez, et sur elles de larges eschares blanc grisâtre. – J'appelle aussitôt le Dr M..., qui à son tour examine la malade et confirme... Le Dr M... n'est pas comme d'habitude, il est très pâle, il boite, il n'a pas de barbe... Mon ami Otto est également là, à côté d'elle, et mon ami Léopold la percute par-dessus le corset ; il dit : « Elle a une matité à la base gauche », et il indique aussi une région infiltrée de la peau au niveau de l'épaule gauche (fait que je constate comme lui, malgré les vêtements)... M... dit : « Il n'y a pas de doute, c'est une infection, mais ça ne fait rien ; il va s'y ajouter de la dysenterie et le poison va s'éliminer. » Nous savons également, d'une manière directe, d'où vient l'infection. Mon ami Otto lui a fait récemment, un jour où elle s'était sentie souffrante, une injection avec une préparation de propyle, propylène... acide propionique... **triméthylamine** *(dont je vois la formule devant mes yeux, imprimée en caractères gras)... Ces injections ne sont pas faciles à faire... il est probable aussi que la seringue n'était pas propre.*

Ce rêve frappe par un trait parmi d'autres. On voit tout de suite à quels événements de la journée il se rattache et de quel sujet il traite. Le récit préliminaire nous a renseignés là-dessus. Les nouvelles que m'a communiquées Otto sur l'état de santé d'Irma, l'histoire de la maladie que j'ai rédigée tard dans la nuit ont continué à me préoccuper pendant le sommeil. Malgré cela personne ne pourrait comprendre la signification du rêve après une simple lecture du récit préliminaire et du rêve lui-même. Moi-même je ne la connais pas. Je suis surpris par

5. C'est le premier rêve que j'aie soumis à une analyse détaillée.

les symptômes morbides dont Irma se plaint à moi en rêve, ce ne sont pas ceux pour lesquels je l'ai soignée. L'idée absurde d'une injection avec de l'acide propionique, les encouragements du Dr M... me font sourire. La fin du rêve me paraît plus obscure et plus touffue que le commencement. Pour comprendre la signification de tout cela, je me décide à faire une analyse détaillée.

LA MÉTHODE D'INTERPRÉTATION DES RÊVES

Le hall – beaucoup d'invités, nous recevons. Nous habitions cette année-là à Bellevue une maison isolée sur l'une des collines qui se rattachent au Kahlenberg. Cette maison, qui avait été bâtie pour être un local public, avait des pièces extraordinairement hautes en forme de hall. Le rêve a eu lieu à Bellevue quelques jours avant l'anniversaire de ma femme. La veille, ma femme avait dit qu'elle s'attendait à recevoir à son anniversaire plusieurs amis, entre autres Irma. Mon rêve anticipe sur cet événement : c'est l'anniversaire de ma femme, et nous recevons, dans le grand hall de Bellevue, une foule d'invités et parmi eux Irma.

Je reproche à Irma de n'avoir pas encore accepté la solution ; je lui dis : « Si tu as encore des douleurs, c'est de ta faute. » J'aurais pu lui dire cela éveillé, je le lui ai peut-être dit. Je croyais alors (j'ai reconnu depuis que je m'étais trompé) que ma tâche devait se borner à communiquer aux malades la signification cachée de leurs symptômes morbides ; que je n'avais pas à me préoccuper de l'attitude du malade : acceptation ou refus de ma solution, dont cependant dépendait le succès du traitement (cette erreur, maintenant dépassée, a facilité ma vie à un moment où, en dépit de mon inévitable ignorance, il fallait que j'eusse des succès). La phrase que je dis en rêve à Irma me donne l'impression que je ne veux surtout pas être responsable des douleurs qu'elle a encore : si c'est la faute d'Irma, ce ne peut être la mienne. Faut-il chercher dans cette direction la finalité interne du rêve ?

Plaintes d'Irma ; maux de gorge, de ventre et d'estomac, sensation de constriction. Les douleurs d'estomac faisaient partie des symptômes présentés par ma malade, mais elles étaient peu marquées ; elle se plaignait surtout de sensations de nausées et de dégoût. Les maux de gorge, les maux de ventre, les sensations de constriction jouaient chez elle un rôle minime. Ce choix de symptômes du rêve me surprend, je ne me l'explique pas pour le moment.

Elle a un air pâle et bouffi. Ma malade était toujours rose. Je suppose qu'ici une autre personne se substitue à elle.

Je m'effraie à l'idée que j'ai pu négliger une affection organique. Cette crainte est aisée à comprendre chez un spécialiste qui a affaire à peu près uniquement à des nerveux et qui est amené à mettre sur le compte de l'hystérie une foule de symptômes que d'autres médecins traitent comme des troubles organiques. Cependant il me vient, je ne sais pourquoi, un doute quant à la sincérité de mon effroi. Si les douleurs d'Irma ont une origine organique, leur guérison n'est plus de mon ressort : mon traitement ne s'applique qu'aux douleurs hystériques. Souhaiterais-je une erreur de diagnostic pour n'être pas responsable de l'insuccès ?

UN PERSONNAGE DU RÊVE PEUT EN CACHER BIEN D'AUTRES...

Je l'amène près de la fenêtre, pour examiner sa gorge. Elle manifeste une certaine résistance comme les femmes qui ont de fausses dents. Je me dis : elle n'en a pourtant pas besoin. Je n'ai jamais eu l'occasion d'examiner la gorge d'Irma. L'événement du rêve me rappelle qu'il y a

Dans le rêve comme en peinture, la fenêtre est souvent la source d'une élaboration créatrice. (Matisse : « Femme à la fenêtre ». Musée de l'Annonciade. Saint-Tropez).

quelque temps j'ai eu à examiner une gouvernante qui au premier abord m'avait donné une impression de beauté juvénile et qui, quand il s'est agi d'ouvrir la bouche, s'est arrangée de manière à cacher son dentier. A ce cas se rattachent d'autres souvenirs d'examens médicaux et de menus secrets dévoilés à cette occasion et gênants à la fois pour le malade et pour le médecin. – *Elle n'en a pas besoin*, semble être au premier abord un compliment à l'adresse d'Irma, mais j'y pressens une autre signification. Quand on s'analyse attentivement, on sent si on a épuisé les pensées sous le seuil de la conscience. La manière dont Irma se tient près de la fenêtre me rappelle brusquement un autre événement. Irma a une amie intime pour qui j'ai une très vive estime. Un soir où j'étais allé lui rendre visite, je l'ai trouvée, comme dans mon rêve, debout devant la fenêtre, et son médecin, ce même Dr M..., était en train de dire qu'elle avait de fausses membranes diphtériques. Le Dr M... et les fausses membranes vont bien apparaître l'un et l'autre dans la suite du rêve. Je songe à présent que j'étais arrivé ces derniers mois à la conclusion que cette dame était également hystérique. D'ailleurs Irma elle-même me l'avait dit. Mais que sais-je au juste de son affection ? Ceci seulement : c'est qu'elle éprouve la sensation de constriction hystérique tout comme l'Irma de mon rêve. J'ai donc remplacé en rêve ma malade par son amie. Je me rappelle maintenant m'être souvent imaginé que cette dame pourrait m'appeler pour la guérir de son mal. Mais dans ces moments mêmes, cela me paraissait invraisemblable, car elle est très réservée. Elle se raidit, comme dans le rêve. Une autre explication serait *qu'elle n'en a pas besoin* ; elle s'est montrée jusqu'à présent assez forte pour dominer ses états nerveux sans aide étrangère. Restent quelques traits que je ne peux rapporter ni à Irma ni à son amie : pâle, bouffie, fausses dents. Les fausses dents me rappellent la gouvernante dont j'ai parlé, mais j'ai tendance à m'en tenir aux *mauvaises dents*. Je me rappelle alors une autre personne à qui cela peut s'appliquer. Je ne l'ai jamais soignée, je ne souhaite pas avoir à le faire : elle est gênée avec moi et doit être une malade difficile. Elle est habituellement pâle et, à un moment, dans une bonne période, elle était bouffie[6].

6. C'est à cette troisième personne également qu'il convient de rapporter les maux de ventre au sujet desquels je ne me suis pas encore expliqué. Il s'agit de ma propre femme. Les maux de ventre me rappellent une occasion où je m'aperçus clairement de sa pudeur. Je conviens que je ne suis pas très aimable dans ce rêve pour Irma et pour ma femme ; peut-être voudra-t-on considérer comme circonstance atténuante le fait que je les compare en somme à la malade idéale facile à traiter.

LES INQUIÉTUDES D'UN MÉDECIN

J'ai donc comparé ma malade Irma à deux autres personnes qui ont toutes deux manifesté quelque résistance contre le traitement. Pourquoi, dans mon rêve, lui ai-je substitué son amie ? Sans doute parce que je souhaitais cette substitution ; l'amie m'est plus sympathique ou je la crois plus intelligente. Je trouve Irma sotte parce qu'elle n'a pas accepté ma solution. L'autre serait plus intelligente, elle suivrait donc mieux mes conseils. *La bouche s'ouvre bien alors* : elle me dirait plus qu'Irma[7].

Ce que je vois dans la gorge : une tache blanche et des cornets couverts d'eschares. La tache blanche me fait penser à la diphtérie et par là à l'amie d'Irma ; elle me rappelle aussi la grave maladie de ma fille aînée, il y a deux ans, et toute l'angoisse de ces mauvais jours. Les eschares des cornets sont liées à des inquiétudes au sujet de ma propre santé. J'avais, à la même époque, utilisé fréquemment la cocaïne pour combattre un gonflement douloureux de la muqueuse nasale ; il y a quelques jours, on m'a appris qu'une malade qui avait appliqué le même traitement avait une nécrose étendue de la muqueuse. D'autre part, en recommandant, dès 1885, la cocaïne, je m'étais attiré de sévères reproches. Enfin un très cher ami, mort dès avant 1895, avait hâté sa fin par l'abus de ce remède.

J'appelle vite le Dr M... qui à son tour examine la malade. Ceci peut répondre simplement à la place que le Dr M... tient parmi nous. Mais « vite » est assez frappant pour exiger une explication spéciale. Cela me rappelle un événement pénible de ma vie médicale. J'avais provoqué, chez une de mes malades, une intoxication grave en prescrivant d'une manière continue un médicament qui à ce moment-là était considéré comme anodin : le sulfonal ; et j'ai appelé en hâte à l'aide mon confrère, plus âgé et plus expérimenté. Un détail me persuade qu'il s'agit bien de ce cas. La malade qui a succombé à l'intoxication portait le même prénom que ma fille aînée. Jusqu'à présent je n'avais jamais songé à cela ; cela m'apparaît maintenant comme une punition du ciel. Tout se passe comme si la substitution de personnes se poursuivait ici dans un autre sens : cette Mathilde-ci pour l'autre ; œil pour œil, dent pour dent. Il semble que j'aie recherché toutes les circonstances où je pourrais me reprocher quelque faute professionnelle.

7. J'ai le sentiment que l'analyse de ce fragment n'est pas poussée assez loin pour qu'on en comprenne toute la signification secrète. Si je poursuivais la comparaison des trois femmes, je risquerais de m'égarer. Il y a dans tout rêve de l'inexpliqué ; il participe de l'inconnaissable.

LE BRILLANT OTTO ET LE PRUDENT LÉOPOLD

Le Dr M... est pâle, imberbe, il boite. Il est exact que sa mauvaise mine a souvent inquiété ses amis. Mais les deux autres traits doivent appartenir à quelqu'autre personne. Je songe brusquement à mon frère aîné imberbe qui vit à l'étranger ; le Dr M... du rêve lui ressemble en gros, autant qu'il m'en souvienne. J'ai reçu il y a quelques jours la nouvelle qu'il boitait, par suite d'une atteinte arthritique de la hanche. Il doit y avoir une raison pour que dans mon rêve j'aie uni ces deux personnes. Je me rappelle en effet en avoir voulu à tous deux pour le même motif. L'un et l'autre avaient repoussé une proposition que je leur avais faite.

Mon ami Otto est à présent à côté de la malade et mon ami Léopold l'examine et trouve une matité à la base gauche. Mon ami Léopold est également médecin, c'est un parent d'Otto. Il se trouve que tous deux exercent la même spécialité, ce qui fait qu'ils sont concurrents et qu'on les compare souvent l'un à l'autre. Ils ont été tous deux mes assistants pendant plusieurs années, alors que je dirigeais une consultation publique pour maladies nerveuses de l'enfance. Il s'y est souvent produit des faits analogues à ceux du rêve. Pendant que je discutais le diagnostic avec Otto, Léopold avait examiné l'enfant à nouveau et apportait une contribution intéressante et inattendue qui permettait de trancher le débat. Il y avait entre les deux cousins la même différence de caractère qu'entre l'inspecteur Bräsig et son ami Karl. L'un était plus brillant, l'autre lent, réfléchi, mais profond. Lorsque j'oppose dans mon rêve Otto au prudent Léopold, c'est apparemment pour faire valoir ce dernier. C'est en somme ce que j'ai fait avec Irma, malade indocile, et son amie plus intelligente. Je remarque à présent l'une des voies de l'association des idées dans mon rêve : de l'enfant malade à l'hôpital des enfants malades. La matité à la base gauche doit être le souvenir d'un cas où la solidité de Léopold m'avait particulièrement frappé. J'ai l'impression aussi qu'il pourrait s'agir d'une affection métastatique ou que c'est peut-être encore une allusion à la malade que je souhaiterais avoir à la place d'Irma. Cette dame en effet, autant que j'en peux juger, feint d'être atteinte de tuberculose.

DÉCHARGER SA PROPRE RESPONSABILITÉ MÉDICALE

Une région infiltrée de la peau au niveau de l'épaule gauche. Je sais immédiatement qu'il s'agit de mon propre rhumatisme de l'épaule que je ressens régulièrement chaque fois que j'ai veillé tard. Le groupement même des mots dans le rêve prête à équivoque : *que je sens comme lui* doit signifier : je *ressens* dans mon propre corps. Par ailleurs je songe que l'expression « région infiltrée de la peau » est bizarre. Mais nous connaissons l'infiltration au sommet gauche en arrière, elle a trait aux poumons et par conséquent de nouveau à la tuberculose.

Malgré les vêtements. Ce n'est qu'une incidente. Nous faisions, bien entendu, déshabiller les enfants que nous examinions à l'hôpital ; on est obligé de procéder autrement en clientèle avec les malades femmes. Ces mots marquent peut-être l'opposition. On disait d'un médecin très connu qu'il procédait toujours à l'examen physique de ses malades à travers les vêtements. La suite me paraît obscure. A parler franchement, je n'ai pas envie de l'approfondir.

Le Dr M... dit : « C'est une infection, mais ça ne fait rien. Il va s'y ajouter de la dysenterie et le poison va s'éliminer. » Cela me paraît ridicule au premier abord, mais je pense qu'il y a lieu de l'analyser attentivement comme le reste. A y regarder de plus près, on y découvre un sens. J'avais trouvé chez ma malade une angine diphtérique. Je me rappelle avoir discuté lors de la maladie de ma fille des relations entre la diphtérie locale et la diphtérie généralisée ; l'atteinte locale est le point de départ de l'infection générale. Pour Léopold, la matité serait un foyer métastatique et la preuve d'une infection générale. Pour moi, je ne crois pas que ces sortes de métastases apparaissent lors de la diphtérie. Elles me feraient plutôt penser à la pyohémie.

Cela ne fait rien. C'est une consolation. L'enchaînement me paraît être le suivant : le dernier fragment du rêve attribue les douleurs de la malade à une affection organique grave. Il semble que j'aie voulu par là dégager ma responsabilité : on ne peut demander à un traitement psychique d'agir sur une affection diphtérique. Mais en même temps j'ai un remords d'avoir chargé Irma d'une maladie aussi grave pour alléger ma responsabilité. C'est cruel. J'ai besoin d'être rassuré sur l'issue, et il me paraît assez malin de mettre cette consolation précisément dans la bouche du Dr M... Je dépasse ici le rêve, et cela demanderait à être expliqué. – Mais pourquoi cette consolation est-elle si absurde ?

LA VENGEANCE ÉTAIT DANS LE RÊVE...

Dysenterie. Quelque vague idée théorique d'après laquelle les toxines pourraient s'éliminer par l'intestin. Voudrais-je par là me moquer du Dr M..., de ses théories tirées par les cheveux, de ses déductions et inférences extraordinaires en matière de pathologie ? Je songe, à propos de la dysenterie, à un autre événement encore. J'ai eu l'occasion de soigner il y a quelques mois un jeune homme atteint de troubles intestinaux bizarres, chez qui des confrères avaient diagnostiqué « de l'anémie avec sous-alimentation ». J'ai reconnu qu'il s'agissait d'un cas d'hystérie, mais je n'ai pas voulu lui appliquer mon traitement psychique et je l'ai envoyé faire une croisière. Il y a quelques jours, j'ai reçu de lui une lettre désespérée venant d'Égypte, me disant qu'il avait eu un nouvel accès, considéré par le médecin comme dysentérique. Je suppose qu'il y a là une erreur de diagnostic d'un confrère peu informé qui se laisse abuser par des accidents hystériques, mais je ne puis m'empêcher de me reprocher d'avoir exposé mon malade à ajouter peut-être à son affection hystérique du tube digestif une maladie organique. De plus, dysenterie assone avec diphtérie, mot qui n'est pas prononcé dans le rêve.

C'est bien cela : je me moque du Dr M... et de son pronostic consolant : il va s'y ajouter de la dysenterie. Je me rappelle, en effet, qu'il m'a raconté, en riant, il y a des années, un fait analogue sur un de nos confrères. Il avait été appelé par celui-ci en consultation auprès d'un malade atteint très gravement et il se crut obligé de faire remarquer au confrère, très optimiste, que le malade avait de l'albumine dans l'urine. Le confrère ne se troubla pas et répondit tranquillement : « *Cela ne fait rien*, mon cher confrère, l'albumine s'éliminera ! » — Il n'est donc pas douteux que ce fragment du rêve est une raillerie à l'adresse des confrères qui ignorent l'hystérie. Mon hypothèse est d'ailleurs aussitôt confirmée : je me demande brusquement : le Dr M... sait-il que les symptômes constatés chez sa malade (l'amie d'Irma), qu'on avait mis sur le compte de la tuberculose, sont des symptômes hystériques ? A-t-il reconnu cette hystérie ou s'y est-il laissé prendre ?

Mais quelles raisons puis-je avoir de traiter si mal un ami ? La raison est simple. Le Dr M... accepte aussi peu ma « solution » concernant Irma qu'Irma elle-même.

Je me suis donc vengé en rêve de deux personnes déjà : d'Irma par le « Si tu souffres encore, c'est de ta faute », et du Dr M... en lui mettant dans la bouche des paroles de consolation absurdes.

UNE EXCUSE QUE LE RÊVE FOURNIT AU RÊVEUR

Nous savons d'une manière immédiate d'où vient l'infection. Ce savoir immédiat en rêve est très remarquable. Un instant avant, nous l'ignorions, puisque l'existence de l'infection n'a été prouvée que par Léopold.

Mon ami Otto lui a fait, un jour où elle s'était sentie souffrante, une injection[8] [*sous-cutanée*]. En fait, Otto m'avait raconté que, pendant son bref séjour dans la famille d'Irma, il avait été appelé dans un hôtel voisin, auprès d'une personne qui s'était sentie malade brusquement, et qu'il lui avait fait une piqûre. Les piqûres me rappellent d'autre part mon malheureux ami qui s'était intoxiqué avec de la cocaïne. Je lui avais conseillé ce remède pour l'usage interne pendant sa cure de démorphinisation ; mais il s'est fait immédiatement des piqûres.

Avec une préparation de propyle... propylène... acide propionique. A quoi cela peut-il correspondre ? Le soir où j'ai écrit l'histoire de la maladie d'Irma, ma femme a ouvert un flacon de liqueur sur lequel on pouvait lire le mot « ananas »[9], et qui était un cadeau de notre ami Otto. Otto a, en effet, l'habitude de faire des cadeaux à tout propos. Ça lui passera, espérons-le, quand il se mariera. Le flacon ouvert dégagea une telle odeur de rikiki que je me refusai à y goûter. Ma femme dit : « Nous le donnerons aux domestiques », mais moi, plus prudent encore et plus humain, je l'en détournai en lui disant : « Il ne faut pas les intoxiquer non plus. » L'odeur de rikiki (odeur amylique) a déclenché dans mon esprit le souvenir de toute la série : méthyle, propyle, etc., et abouti dans le rêve aux composés propyliques. J'ai fait évidemment une substitution, j'ai rêvé le propyle après avoir senti l'amyle, mais c'est, pourrait-on dire, une substitution de l'ordre de celles qui sont permises en chimie organique.

Triméthylamine. Je vois la formule chimique de cette substance, ce qui prouve que je fais un grand effort de mémoire, et cette formule est imprimée en caractère gras, comme si on avait voulu la faire ressortir tout particulièrement. A quoi me fait maintenant penser la triméthylamine sur laquelle mon attention est éveillée de la sorte ? A un entretien avec un autre ami[10] qui, depuis des années, est au courant de tous mes travaux dès leur début, comme moi des siens. Il m'avait communiqué ses idées sur la chimie des processus sexuels et dit notamment qu'il avait cru constater, parmi les produits du métabolisme sexuel, la présence de la triméthylamine. Cette substance me fait ainsi penser aux faits de sexualité ; j'attribue à ces faits le plus grand rôle dans la genèse des affections nerveuses que je veux guérir. Irma est une jeune veuve.

8. [N. d. T.] : « Injection » sans qualificatif signifie en allemand très habituellement — signifiait surtout à l'époque où fut écrit ce livre — injection sous-cutanée. Le mot ayant des implications diverses, nous n'avons pas cru pouvoir lui substituer le mot français plus courant « piqûre ».

9. Ananas assone avec le nom de famille de ma malade Irma.

10. [Fliess.]

Pour excuser l'échec de mon traitement, je suis tenté de le mettre sur le compte de cette situation, que son entourage voudrait voir cesser. Comme ce rêve est d'ailleurs curieux ! L'amie d'Irma, qui se substitue à elle, est également une jeune veuve.

SCRUPULES ET LAISSER-ALLER PROFESSIONNELS

Je devine pourquoi la formule de la triméthylamine a pris tant d'importance. Elle ne rappelle pas seulement le rôle dominant de la sexualité, mais aussi quelqu'un à qui je songe avec bonheur quand je me sens seul de mon avis. Cet ami, qui joue un si grand rôle dans ma vie, vais-je le rencontrer dans la suite des associations du rêve ? Oui : il a étudié tout particulièrement le retentissement des affections des fosses nasales et de leurs annexes, et publié des travaux sur les relations curieuses entre les cornets et les organes sexuels chez la femme. (Les trois formations contournées dans la gorge d'Irma.) Je lui ai même demandé d'examiner Irma, pour savoir si ses maux d'estomac n'étaient pas d'origine nasale. Lui-même souffre de suppuration nasale, ce qui me préoccupe beaucoup. C'est à cela que fait sans doute allusion le mot pyohémie qui me revient à l'esprit en même temps que les métastases du rêve.

Ces injections ne sont pas faciles à faire. Ceci est indirectement un reproche de légèreté contre mon ami Otto. J'ai dû penser à quelque chose d'analogue dans l'après-midi quand ses paroles et son air m'ont fait croire qu'il avait pris parti contre moi. J'ai dû me dire : comme il est influençable, comme il a peu de sens critique ! — La phrase me fait penser également à l'ami mort qui avait décidé trop vite de se faire des piqûres de cocaïne. L'on se rappelle que je ne lui avais pas du tout conseillé de se faire des piqûres. Le reproche d'avoir employé ces substances à la légère, que je fais à Otto, me rappelle, par contrecoup, la malheureuse histoire de Mathilde, où je suis coupable moi-même. J'ai évidemment réuni ici des exemples de scrupules professionnels, mais aussi de laisser-aller.

Il est probable aussi que la seringue n'était pas propre. Encore un reproche à l'adresse d'Otto, mais qui est d'une autre origine. J'ai rencontré hier par hasard le fils d'une vieille dame, âgée de quatre-vingt-deux ans, à qui je fais deux piqûres de morphine par jour. Elle est actuellement à la campagne, et on m'a dit qu'elle souffrait d'une phlébite. J'ai pensé immédiatement qu'il devait s'agir d'une infection due à la propreté insuffisante de la seringue. Je songe avec satisfaction qu'en deux ans je ne lui ai pas occasionné un seul abcès : je veille très attentivement à l'asepsie de la seringue, je suis très scrupuleux à ce point de vue. La phlébite me fait penser à ma femme, qui a souffert de varices pendant une de ses grossesses ; puis surgissent dans ma mémoire les circonstances très semblables où se sont successivement trouvées ma femme, Irma et Mathilde, dont j'ai relaté plus haut la mort. L'analogie de ces événements a fait que j'ai substitué dans mon rêve ces trois personnes l'une à l'autre.

LE RÊVE EST « L'ACCOMPLISSEMENT D'UN DÉSIR, SON MOTIF UN DÉSIR »

Voilà donc l'analyse de ce rêve achevée[11]. Pendant ce travail, je me suis défendu autant que j'ai pu contre toutes les idées que me suggérait la confrontation du contenu du rêve avec les pensées latentes qu'il enveloppait ; ce faisant, la « signification » du rêve m'est apparue. J'ai marqué une intention que le rêve réalise et qui doit être devenue le motif du rêve. Le rêve accomplit quelques désirs qu'ont éveillés en moi les événements de la soirée (les nouvelles apportées par Otto, la rédaction de l'histoire de la maladie). La conclusion du rêve est que je ne suis pas responsable de la persistance de l'affection d'Irma et que c'est Otto qui est coupable. Otto m'avait agacé par ses remarques au sujet de la guérison incomplète d'Irma ; le rêve me venge : il lui renvoie le reproche. Il m'enlève la responsabilité de la maladie d'Irma, qu'il rapporte à d'autres causes (énoncées très en détail). Le rêve expose les faits tels que j'aurais souhaité qu'ils se fussent passés ; *son contenu est l'accomplissement d'un désir, son motif un désir.*

Tout cela saute aux yeux. Mais les détails mêmes du rêve s'éclairent à la lumière de notre hypothèse. Je me venge, non seulement de la partialité et de la légèreté d'Otto (en lui attribuant une conduite médicale inconsidérée : l'injection), mais encore du désagrément que m'a causé la liqueur qui sentait mauvais, et je trouve en rêve une expression qui unit les deux reproches : une injection avec une préparation de propylène. Mais cela ne me suffit pas, je poursuis ma vengeance : j'oppose à Otto son concurrent plus solide. C'est comme si je lui disais : « Je

11. On imagine bien que je n'ai pas communiqué ici tout ce qui m'est venu à l'esprit pendant le travail d'interprétation.

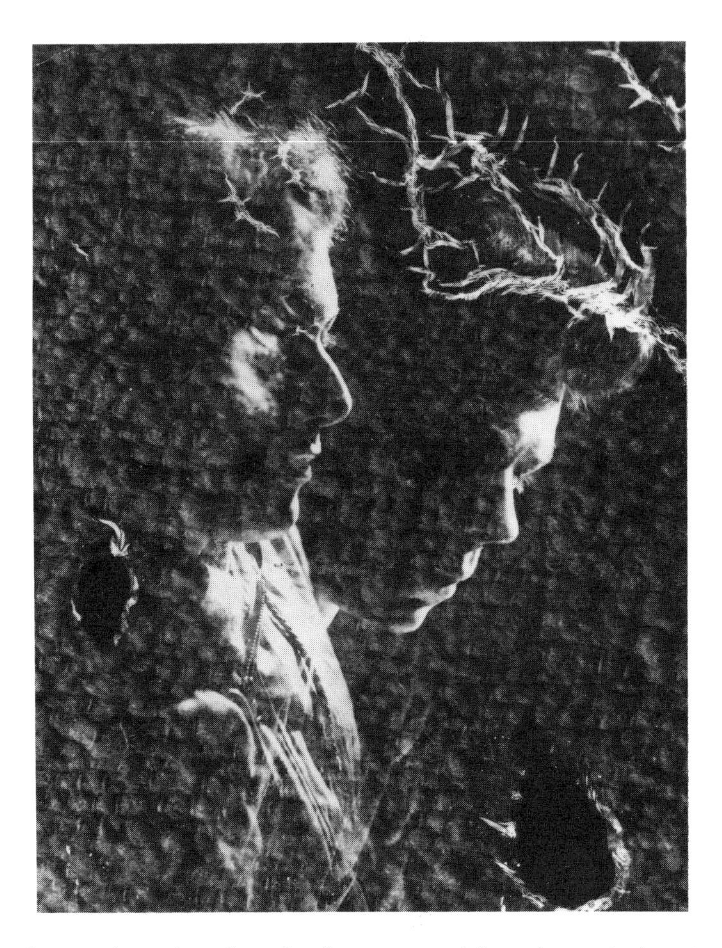

La condensation dans le rêve est un phénomène qui aboutit, par exemple, à y faire figurer une seule personne qui emprunte certains de ses traits à plusieurs autres. Ainsi, « Irma » représentait à elle seule 3 personnes.

l'aime mieux que toi. » Mais Otto n'est pas seul à porter le poids de ma colère. Je me venge aussi de la malade indocile en mettant à sa place une autre plus intelligente et plus sage. Je ne pardonne pas non plus son opposition au Dr M... et je lui fais comprendre, par une allusion transparente, qu'il se conduit dans cette affaire comme un ignorant (il va s'y ajouter de la dysenterie, etc.). J'en appelle même, il me semble, à un autre ami plus informé (celui qui m'a parlé de la triméthylamine), de même que j'en ai appelé d'Irma à son amie, d'Otto à Léopold. Mes trois adversaires remplacés par trois personnes de mon choix, je suis délivré du reproche que je crois n'avoir pas mérité.

« JE N'Y SUIS POUR RIEN »

D'ailleurs le rêve montre surabondamment l'inanité de ces reproches. Ce n'est pas moi qui suis responsable des douleurs d'Irma, mais elle-même qui n'a pas voulu accepter ma solution. Les douleurs d'Irma ne me regardent pas, car elles sont d'origine organique et ne peuvent être guéries par un traitement psychique. Les souffrances d'Irma s'expliquent par son veuvage (triméthylamine), et je ne peux rien changer à cet état. Les souffrances d'Irma ont été provoquées par la piqûre imprudente d'Otto, faite avec une substance non appropriée ; je n'en aurais jamais fait de pareille. Les souffrances d'Irma viennent d'une piqûre faite avec une seringue malpropre, comme la phlébite chez la vieille dame dont j'ai parlé ; il ne m'arrive jamais rien de tel. Il est vrai que ces explications, qui concourent toutes à me disculper, ne s'accordent pas ensemble et même s'excluent. Tout ce plaidoyer (ce rêve n'est pas autre chose) fait penser à la défense de l'homme que son voisin accusait de lui avoir rendu un chaudron en mauvais état. Premièrement, il lui avait rapporté son chaudron intact. Deuxièmement, le chaudron était déjà percé au moment où il l'avait emprunté. Troisièmement, il n'avait jamais emprunté de chaudron à son voisin. Mais tant mieux, pourvu qu'un seulement de ces trois systèmes de défense soit reconnu plausible, l'homme devra être acquitté.

On trouve dans le rêve d'autres thèmes encore, dont le rapport avec ma défense au sujet de la maladie d'Irma est moins clair : la maladie de ma fille, celle d'une malade qui portait le même prénom, les effets nocifs de la cocaïne, l'affection du malade en voyage en Égypte, les inquiétudes au sujet de la santé de ma femme, de mon frère, du Dr M... mes propres malaises, l'inquiétude pour l'ami absent atteint de suppurations du nez. Mais si j'embrasse tout cela d'un coup d'œil, je peux le réunir en un seul groupe de pensées que j'étiquetterais : inquiétudes au sujet de la santé (la mienne ou celle des autres, scrupules de conscience médicale). Je me rappelle l'obscure impression pénible que j'ai ressentie lorsque Otto m'a apporté des nouvelles d'Irma. Je voudrais retrouver après coup dans ce groupe de pensées la marque de cette impression fugitive. Otto m'avait dit en somme : « Tu ne prends pas assez au sérieux tes devoirs médicaux, tu n'es pas consciencieux, tu ne tiens pas ce que tu promets ». Le groupe des pensées du rêve est alors venu à mon aide et m'a permis de démontrer combien je suis consciencieux et combien la santé des miens, de mes amis et de mes malades me tient à cœur. Remarquons que l'on trouve dans cet ensemble aussi des souvenirs pénibles qui tendent plutôt à confirmer l'accusation d'Otto qu'à me disculper. Il y a là une apparence d'impartialité, mais qui n'empêche qu'on reconnaît aisément le rapport entre le contenu large sur lequel le rêve repose et le thème plus étroit, objet du désir : non-responsabilité au sujet de la maladie d'Irma.

Je ne prétends nullement avoir entièrement élucidé le sens de ce rêve, ni que mon interprétation soit sans lacunes.

Je pourrais m'y attarder, rechercher de nouvelles explications, résoudre des énigmes qu'il pose encore. Je vois nettement les points d'où l'on pourrait suivre de nouvelles chaînes d'associations ; mais des considérations dont nous tenons tous compte quand il s'agit de nos propres rêves m'arrêtent dans ce travail d'interprétation. Que ceux qui seraient portés à me blâmer pour cette réserve essaient d'être eux-mêmes plus explicites. Je m'en tiendrai pour le moment à la notion nouvelle qu'a apportée cette analyse : quand on applique la méthode d'interprétation que j'ai indiquée, on trouve que le rêve a un sens et qu'il n'est nullement l'expression d'une activité fragmentaire du cerveau, comme on l'a dit. *Après complète interprétation, tout rêve se révèle comme l'accomplissement d'un désir.*

SIGMUND FREUD

DEUX LETTRES DE FREUD A ANDRÉ BRETON

26 décembre 1932.

Cher Monsieur,

Je vous remercie vivement pour votre lettre si détaillée et aimable. Vous auriez pu me répondre plus brièvement : « Tant de bruit...[12] » Mais vous avez eu amicalement égard à ma susceptibilité particulière sur ce point, qui est sans doute une forme de réaction contre l'ambition démesurée de l'enfance, heureusement surmontée. Je ne saurais prendre en mauvaise part aucune de vos autres remarques critiques, bien que j'y puisse trouver plusieurs motifs de polémique. Ainsi, par exemple : je crois que si je n'ai pas poursuivi l'analyse de mes propres rêves aussi loin que celle des autres, la cause n'en est que rarement la timidité à l'égard du sexuel. Le fait est, bien plus souvent, qu'il m'eût fallu

12. En français dans le texte.

régulièrement découvrir le fond secret de toute la série de rêves, consistant dans mes rapports avec mon père qui venait de mourir. Je prétends que j'étais en droit de mettre une limite à l'inévitable exhibition (ainsi qu'à une tendance infantile surmontée !)

Et maintenant un aveu, que vous devez accueillir avec tolérance ! Bien que je reçoive tant de témoignages de l'intérêt que vous et vos amis portez à mes recherches, moi-même je ne suis pas en état de me rendre clair ce qu'est et ce que veut le surréalisme. Peut-être ne suis-je en rien fait pour le comprendre, moi qui suis si éloigné de l'art.

Votre cordialement dévoué

FREUD.

LE MOT DE LA FIN ?

8 décembre 1937.

Cher Monsieur,

Pardonnez mon retard à répondre à votre lettre qui m'a été transmise par ma fille : mon état de santé en est la cause, comme vous pouvez bien l'imaginer d'une personne de mon âge.

Je regrette de ne pouvoir apporter ma contribution à votre collection de rêves. Je suis obligé d'admettre que je n'ai rien à dire de neuf sur le rêve. L'aspect superficiel des rêves, ce que j'appelle le contenu manifeste, ne présente pour moi aucun intérêt. Je me suis occupé du « contenu latent » qui peut être déduit du rêve manifeste par l'interprétation psychanalytique. Une collection de rêves sans associations ni connaissance du contexte dans lequel ils ont été faits ne me dit rien et j'imagine difficilement que cela puisse signifier quelque chose pour qui que ce soit d'autre.

Naturellement les rêves manifestes reflètent toute la gamme de notre activité de pensée, car selon la conception, toujours valable, d'Aristote, les rêves sont la continuation de la pensée dans le sommeil, modifiée cependant par la nature propre à cet état[13].

S. FREUD.

13. Traduction de Janine Chasseguet-Smirgel.

Chapitre III

L'essence du rêve

L'Interprétation des rêves *contient, comme nous l'avons dit, des propositions fondamentales concernant le rêve et les processus psychiques en général. Dans un précédent ouvrage*[1]*, nous avons présenté des extraits du chapitre VII, dans lequel Freud élabore sa première théorie de l'appareil psychique : selon lui, la psyché comporte trois lieux (ou systèmes), l'inconscient, le préconscient et le conscient ; l'inconscient est séparé du préconscient par une censure, de même qu'une autre interdit au préconscient l'accès du conscient.*

Ces systèmes ou lieux psychiques sont donc disposés selon un ordre déterminé. C'est ce que Freud appelle la « topique » (du grec topos, *lieu). Nous n'avons pas parlé de la régression qui s'opère le long de ces lieux psychiques, nous réservant d'aborder ce problème lorsque nous étudierons la régression, dans un prochain volume consacré au refoulement*[2]*. Soulignons cependant que les pensées du rêve se transforment en images sensorielles, soumises à un processus d'élaboration dont le but est de transformer les idées abstraites pour parvenir à la* figurabilité, *c'est-à-dire à une série de substituts imagés. Cette exigence de figurabilité est intrinsèquement liée à la conception topique de l'appareil psychique.*

A l'état de veille, les différents lieux psychiques sont parcourus par les excitations dans un sens dit « progrédient », qui va de la perception à la motilité. Dans le sommeil, l'accès à la motilité est fermé ; les pensées vont alors régresser vers la perception. L'appareil psychique est parcouru dans un sens dit « régrédient ». La régression qui va de la pensée à la perception visuelle est, dans ce cas, dite « topique ».

De nombreux auteurs avant Freud avaient étudié les stimulations

1. *Le Ça, le Moi, le Surmoi : la personnalité et ses instances.*
2. *Refoulement, tabous et interdits.*

nécessaires à la formation des rêves. La théorie qu'ils en avaient déduite aboutissait à une confusion entre le contenu du rêve et l'excitation qui l'avait provoqué. En effet, selon ces auteurs, à l'origine de tout rêve se trouverait soit une excitation sensorielle externe (un coup de sonnette ou un son de cloche, par exemple), soit une excitation sensorielle interne subjective (bourdonnement, sifflement d'oreilles, images rétiniennes sans excitation externe, etc.), soit une excitation sensorielle interne, cénesthésique, c'est-à-dire suscitant une impression générale de malaise ou d'aise (sensations organiques ou digestives, excitation vésicale ou génitale...).

Ainsi, ce rêve bien connu de Maury, qui fit vivre au dormeur une multiplicité d'épisodes dramatiques et de péripéties l'amenant sous le couperet de la guillotine, s'expliquait tout bonnement par la chute du ciel de lit sur son cou (excitation sensorielle externe). Toutefois, la mise en évidence du facteur déclenchant du rêve (ici, la chute du ciel de lit) est insuffisante pour rendre compte de son contenu et de son essence même.

Sans nier l'existence de ces stimulations, Freud, lui, ne leur accorde qu'une importance secondaire. Le rêve prend sa source et puise ses éléments dans les souvenirs. C'est dire que l'étude du rêve met en jeu celle de la mémoire, d'autant que le rêve exerce une sélection mnésique. En effet, le rêve utilise certaines impressions de la veille ; c'est la théorie des « restes diurnes ». En fait, Freud montre que les restes diurnes entrent en liaison avec un désir inconscient qui s'accomplira dans le rêve. Le reste diurne, écrit Freud, joue « le rôle d'entrepreneur *du rêve, mais l'entrepreneur qui, comme on dit, a l'idée et veut la réaliser, ne peut rien faire sans capital ; il lui faut recourir à un* capitaliste *qui subvienne aux frais ; et ce capitaliste qui engage la mise de fond psychologique nécessaire pour le lancement du rêve est toujours, absolument, quelle que soit la pensée diurne, un* désir venant de l'inconscient ».

Selon Freud, il existerait pourtant des rêves qui, tout en étant l'accomplissement d'un désir, ne constituent pas celui d'un désir inconscient. Ainsi, l'enfant rêve souvent d'une manière claire et franche qu'il reçoit des satisfactions dont il a été frustré dans la journée. Freud rapporte un rêve de sa fille Anna, alors âgée de dix-huit mois : mise à la diète, la fillette rêva la nuit même avoir mangé les fraises dont elle avait été privée au repas. Les données cliniques montrent que nombre de rêves infantiles réalisent de façon non voilée un désir conscient, bien qu'aujourd'hui les psychanalystes aient tendance à chercher un sens latent à ce type de rêves.

De même, il existe des rêves dits de « commodité ». Le dormeur assoiffé se désaltère en rêve, et évite ainsi d'interrompre son sommeil pour satisfaire son désir. Celui qui doit se lever pour partir travailler rêve parfois qu'il vaque déjà à ses occupations, ce qui lui permet de prolonger son sommeil.

En écartant par le moyen d'une satisfaction hallucinée les excitations, les désirs qui pourraient troubler le dormeur, le rêve constitue donc le gardien du sommeil. S'il accomplit un désir généralement issu de l'inconscient, le sommeil, lui, réalise un désir venu du préconscient.

En fait, le désir inconscient suscité par le désir conscient et les restes diurnes est de nature particulière : « La psychanalyse des névroses m'a persuadé que ces désirs inconscients sont toujours actifs, toujours prêts à s'exprimer, lorsqu'ils peuvent s'allier à une excitation venue du conscient et transférer sur lui leur intensité supérieure. En apparence, seul le désir conscient se réalise, mais un petit détail de l'aspect du rêve permet de découvrir l'auxiliaire puissant venu de l'inconscient. Ces désirs refoulés, mais toujours actifs, pour ainsi dire immortels, de notre inconscient sont, comme nous l'apprend l'étude psychologique des névroses, d'origine infantile. Ils sont, comme les Titans de la légende, écrasés depuis l'origine des temps sous les lourdes masses de montagnes que les dieux vainqueurs roulèrent sur eux : les tressaillements de leurs membres ébranlent encore aujourd'hui parfois ces montagnes. Je suis donc amené à remplacer le principe énoncé plus haut, selon lequel l'origine du désir est indifférente, par le suivant : le désir représenté par le rêve est nécessairement infantile. *»*

Effectivement, le rêve ne peut se comprendre sans le sommeil. Freud montre dans l'Introduction à la psychanalyse *(1917) que le sommeil consiste dans le retrait de tous les investissements des objets et du monde extérieur et dans un retour à l'état prénatal, thème dont il avait traité dans le « Complément métapsychologique à la doctrine des rêves » (1916) après qu'il ait introduit le narcissisme dans la théorie psychanalytique en 1914. Le sommeil constitue un retour au narcissisme primaire. Cette plongée dans le sein de la mère qui s'effectue chaque soir est perturbée par le désir inconscient. Celui-ci vient combattre le désir de dormir issu du préconscient, puisque sa satisfaction exigerait le réveil du dormeur. Le rêve permet donc au sujet de réaliser son désir tout en continuant à dormir.*

Or il existe manifestement des rêves dont le caractère pénible, voire angoissant, conduit au réveil. C'est le cas du cauchemar. Le rêve échoue alors dans sa fonction de gardien du sommeil. Comment expliquer cet échec ? On doit ici faire appel à la notion de forces psychiques en conflit. *En effet, il est nécessaire de supposer l'existence d'au moins deux forces, dont l'une soumet l'autre à sa critique et modifie l'expression de son activité. Cette hypothèse est déjà nécessaire pour expliquer au moins en partie le* travail du rêve *(dont il sera question ultérieurement) et le déguisement dont il est l'objet. Ces deux forces doivent être d'essence différente et appartenir à deux systèmes (ou instances psychiques) distincts. Or le but du rêve étant l'accomplissement du désir, les deux forces en présence contiendront l'une ce désir même, qui tend vers la réalisation, l'autre tout ce qui s'oppose à ce désir, et qui s'exprime entre autres dans le travail de déformation du rêve. Le contenu manifeste du rêve sera la résultante de ces forces opposées. En ce qui concerne les rêves pénibles, il faut savoir* par qui *(par quelle instance) le rêve est ressenti comme pénible.*

La conception topique de l'appareil psychique permet de comprendre que l'accomplissement d'un désir peut satisfaire une instance (ou système psychique) et en mécontenter une autre. La tendance inconsciente est apaisée, mais le conscient la réprouve. Il y a désaccord entre l'inconscient et le conscient, entre le Moi et le refoulé.

Les rêves pénibles sont souvent des rêves de châtiment. Le dormeur s'inflige une punition pour un désir refoulé et défendu. Le désir inconscient de châtiment n'appartient pas, cette fois-ci, au refoulé, mais au Moi du rêveur. A l'opposition « conscient/inconscient », Freud substitue ici l'opposition « Moi/refoulé ».

Les rêves pénibles aboutissent parfois au réveil du dormeur. Le préconscient est essentiellement occupé par le désir de dormir, tandis que le désir du rêve provient de l'inconscient. L'excitation venue de l'inconscient dispose de deux issues : ou bien elle s'écoule par voie motrice, si aucun obstacle ne s'oppose à elle ; ou bien elle est arrêtée par le préconscient. Ce dernier cas est celui du rêve. Il conduit l'excitation inconsciente libérée sous le contrôle du préconscient et permet au sommeil de se poursuivre. Ainsi le rêve est-il à la fois au service du système inconscient, par le désir qu'il réalise, et du système préconscient en favorisant le sommeil. Encore faut-il que le rêve accomplisse sa double fonction en contentant aussi ses deux maîtres : l'inconscient et le préconscient.

Si, par la satisfaction accordée à l'inconscient, il heurte par trop le préconscient, l'équilibre qu'il maintient entre les deux systèmes est rompu. Les rêves de cette catégorie sont ceux dont l'élaboration a insuffisamment déguisé le contenu latent. C'est alors que le réveil intervient. Le rêve, en ce cas, a-t-il vraiment failli à sa mission ?

Freud note que le rêve est comparable au veilleur de nuit qui fait taire les bruits pour assurer le repos des habitants, mais sonne le bran-

lebas si les bruits lui paraissent inquiétants. Or c'est précisément ce qui se produit dans le cauchemar : le désir vient de l'inconscient, le préconscient le rejette et l'étouffe.

La libre expression du désir aboutissait primitivement à un état affectif agréable. *Depuis le refoulement, cette expression développe un état affectif* désagréable. *Cet état affectif désagréable est* l'angoisse. *Freud écrit que « l'angoisse dans le rêve ne pose pas le problème du rêve, mais le problème de l'angoisse ». Selon lui, tous les cauchemars ont un contenu sexuel. Ernest Jones pense y trouver toujours la réalisation trop claire d'un désir œdipien.*

Dans l'Interprétation des rêves, *Freud affirme qu'aucune catégorie de rêve n'échappe à la conception qu'il en a : il s'agit toujours de l'accomplissement d'un désir. Plus tard, dans « Au-delà du principe de plaisir » dont nous découvrirons en troisième lieu un extrait, il souligne la fonction particulière des rêves de névrose traumatique. En effet, certaines personnes accidentées font des rêves à répétition dans lesquels elles revivent régulièrement leur traumatisme. Freud considère qu'il s'agit là d'une exception à la loi d'après laquelle les rêves seraient la réalisation d'un désir. Or* le choc *subi par la victime présente la caractéristique d'avoir été brusque, inattendu. C'est cette non-préparation au danger qui amène Freud à envisager ici le rôle de l'angoisse qui permet d'appréhender celle de ces rêves post-traumatiques.*

L'angoisse mobilise une surcharge énergétique des systèmes qui seront les premiers à subir l'excitation. Or, en cas de choc soudain, l'angoisse n'a pas eu le temps de se développer, si bien que l'investissement des systèmes psychiques n'a pu se réaliser. La charge énergétique des systèmes est restée « inférieure aux exigences de la situation, ces systèmes ne sont pas en état de lier les quantités d'énergie qui affluent et les conséquences de la rupture s'effectuent d'autant plus facilement ».

L'angoisse a donc pour fonction, en cas de danger — danger vécu sur le plan de la réalité psychique — de surinvestir les systèmes qui auront à recevoir l'excitation, créant ainsi une défense contre celle-ci.

Dans cette perspective, Freud suppose que les rêves post-traumatiques auraient pour but, non pas la réalisation d'un désir, mais bien le développement de l'angoisse absente lors du choc, qui a surpris la victime (son appareil psychique) en état de non-défense, sans investissement préalable des systèmes psychiques. Bien que ces rêves ne soient pas, en effet, l'accomplissement d'un désir au même titre que les autres catégories du rêve, ils n'en réalisent pas moins un bénéfice par la tentative de maîtrise du traumatisme qu'ils représentent.

Dans « Au-delà du principe de plaisir » (1920), Freud tirera les conséquences de cette conception sur sa théorie de la compulsion de répétition et de la pulsion de mort[3].

Le premier des caractères communs à tous les rêves est que nous dormons lorsque nous rêvons. Il est évident que les rêves représentent une manifestation de la vie psychique pendant le sommeil et que si cette vie offre certaines ressemblances avec celle de l'état de veille, elle en est aussi séparée par des différences considérables.

Telle était déjà la définition d'Aristote. Il est possible qu'il existe entre le rêve et le sommeil des rapports encore plus étroits. On est souvent réveillé par un rêve, on fait souvent un rêve lorsqu'on se réveille spontanément ou lorsqu'on est tiré du sommeil violemment. Le rêve apparaît aussi comme un état intermédiaire entre le sommeil et la veille. Nous voici en conséquence ramenés au sommeil. Qu'est-ce que le sommeil ?

LE SOMMEIL NOUS REPLONGE DANS L'ÉTAT PRÉNATAL

Ceci est un problème psysiologique ou biologique, encore très discuté et discutable. Nous ne pouvons rien décider à son sujet, mais j'estime que nous devons essayer de caractériser le sommeil au point de vue psychologique. Le sommeil est un état dans lequel le dormeur ne veut rien savoir du monde extérieur, dans lequel son intérêt se trouve tout à fait détaché de ce monde. C'est en me retirant du monde extérieur et en me prémunissant contre les excitations qui en viennent, que je me plonge dans le sommeil. Je m'endors encore lorsque je suis fatigué par ce monde et ses excitations. En m'endormant, je dis au monde extérieur : laisse-moi en repos, car je veux dormir. L'enfant dit, au contraire : je ne veux pas encore m'endormir, je ne suis pas fatigué, je veux encore veiller. La tendance biologique du repos semble donc consister dans le délassement ; son caractère psychologique dans l'extinction de l'intérêt pour le monde extérieur. Par rapport à ce monde dans lequel nous sommes venus sans le vouloir, nous nous trouvons dans une situation telle que nous ne pouvons pas le supporter d'une façon ininterrompue. Aussi nous replongeons-nous de temps à autre dans l'état où nous nous trouvions avant de venir au monde, lors de notre existence intra-utérine.

3. Voir *les Pulsions : amour et faim, vie et mort*, à paraître dans la même collection.

LES RÊVES NE FONT-ILS QUE TROUBLER LE SOMMEIL ?

Si le sommeil est ce que nous venons de dire, le rêve, loin de devoir en faire partie, apparaît plutôt comme un accessoire malencontreux. Nous croyons que le sommeil sans rêves est le meilleur, le seul vrai ; qu'aucune activité psychique ne devrait avoir lieu pendant le sommeil. Si une activité psychique se produit, c'est que nous n'avons pas réussi à réaliser l'état de repos fœtal, à supprimer jusqu'aux derniers restes de toute activité psychique. Les rêves ne seraient autre chose que ces restes, et il semblerait en effet que le rêve ne dût avoir aucun sens. Il en était autrement des actes manqués qui sont des activités de l'état de veille. Mais quand je dors, après avoir réussi à arrêter mon activité psychique, à quelques restes près, il n'est pas du tout nécessaire que ces restes aient un sens. Ce sens, je ne saurais même pas l'utiliser, la plus grande partie de ma vie psychique étant endormie. Il ne pourrait en effet s'agir que de réactions sous forme de contractions, que de phénomènes psychiques provoqués directement par une excitation somatique. Les rêves ne seraient ainsi que des restes de l'activité psychique de l'état de veille, restes susceptibles seulement de troubler le sommeil ; et nous n'aurions plus qu'à abandonner ce sujet comme ne rentrant pas dans le cadre de la psychanalyse.

L'AUTRE SCÈNE DU RÊVE

Mais à supposer même que le rêve soit inutile, il n'en existe pas moins, et nous pourrions essayer de nous expliquer cette existence. Pourquoi la vie psychique ne s'endort-elle pas ? Sans doute parce que quelque chose s'oppose à son repos. Des excitations agissent sur elle, auxquelles elle doit réagir. Le rêve exprimerait donc le mode de réaction de l'âme, pendant l'état de sommeil, aux excitations qu'elle subit. Nous apercevons ici une voie d'accès à la compréhension du rêve. Nous pouvons rechercher quelles sont, dans les différents rêves, les excitations qui tendent à troubler le sommeil et auxquelles le dormeur réagit par des rêves. Nous aurons ainsi dégagé le premier caractère commun à tous les rêves.

Existe-t-il un autre caractère commun ? Certainement, mais il est beaucoup plus difficile à saisir et à décrire. Les processus psychologiques du sommeil diffèrent tout à fait de ceux de l'état de veille. On assiste dans le sommeil à beaucoup d'événements auxquels on croit, alors qu'il ne s'agit peut-être que d'une excitation qui nous trouble. On perçoit surtout des images visuelles qui peuvent parfois être accompagnées de sentiments, d'idées, d'impressions fournis par des sens autres que la vue, mais toujours et partout ce sont les images qui dominent. Aussi la difficulté de raconter un rêve vient-elle en partie de ce que nous avons à traduire des images en paroles. Je pourrais vous dessiner mon rêve, dit souvent le rêveur, mais je ne saurais le raconter. Il ne s'agit pas là, à proprement parler, d'une activité psychique réduite, comme l'est celle du faible d'esprit à côté de celle de l'homme de génie : il s'agit de quelque chose de *qualitativement* différent, sans qu'on puisse dire en quoi la différence consiste. G.-Th. Fechner formule quelque part cette supposition que la scène sur laquelle se déroulent les rêves (dans l'âme) n'est pas celle des représentations de la vie éveillée. C'est une chose que nous ne comprenons pas, dont nous ne savons que penser ; mais cela exprime bien cette impression d'étrangeté que nous laissent la plupart des rêves.

SIGMUND FREUD

L'UN DES PROCESSUS PARTICULIERS AU RÊVE : LA DÉFORMATION

Nous opposons au *contenu manifeste* le *contenu latent.* Il est vrai qu'il existe des rêves dont le contenu manifeste est pénible, mais a-t-on jamais essayé d'analyser ces rêves, de découvrir leur contenu latent ? Sinon, toutes les objections tombent, car n'est-il pas possible aussi que des rêves pénibles et des cauchemars se révèlent, en fait, après interprétation, comme des rêves d'accomplissement de désir ?

Il est souvent utile au cours d'une recherche, quand la solution d'un problème présente des difficultés, de passer à l'examen du problème suivant ; on casse plus facilement deux noix l'une contre l'autre. Nous n'allons pas essayer de résoudre d'emblée la question de savoir comment des rêves pénibles ou des cauchemars peuvent accomplir des désirs ; nous allons nous attacher d'abord à un autre problème qui découle également de ce que nous avons vu jusqu'à présent : pourquoi des rêves indifférents, qui à l'analyse se révèlent comme des rêves d'accomplissement de désir, n'expriment-ils pas ce désir clairement ? Le rêve de l'injection faite à Irma, que nous avons longuement exposé, n'avait rien de pénible, il nous est apparu après interprétation comme l'accomplissement très net d'un désir. Mais pourquoi une analyse était-elle nécessaire, pourquoi le rêve ne découvre-t-il pas aussitôt son sens ? En fait, le rêve de l'injection faite à Irma ne donnait pas au premier abord l'impression d'exaucer un souhait du rêveur. Le lecteur l'aura constaté ; je ne le savais pas moi-même avant d'en faire l'analyse. Si nous nommons ce fait : la *déformation* dans le rêve, une seconde question se posera aussitôt : d'où provient cette déformation du rêve ?

DE LA CONSTRUCTION DU DESIR AU PASSAGE A LA CONSCIENCE

Nous sommes conduits à admettre que deux grandes forces concourent à la formation du rêve : les tendances, le système. L'une construit le désir qui est exprimé par le rêve, l'autre le censure et par suite de cela déforme l'expression de ce désir. On peut se demander en quoi consiste le pouvoir grâce auquel cette seconde instance exerce sa censure. Si l'on songe que les pensées latentes du rêve ne sont pas conscientes avant l'analyse, mais que nous nous rappelons d'une manière consciente le contenu manifeste du rêve, on ne sera pas loin d'admettre que la seconde instance a pour rôle de permettre l'accès de la conscience. Rien du premier système ne pourrait parvenir à la conscience avant d'avoir franchi la seconde instance, et la seconde instance ne laisserait passer aucun de ces futurs états de conscience sans exercer son droit et lui imposer les modifications qui lui conviennent. Ces notions supposent une conception particulière de « l'essence » de la conscience. Le fait de devenir conscient est pour moi un acte psychique particulier, distinct et indépendant de l'apparition d'une pensée ou d'une représentation. La conscience m'apparaît comme un organe des sens qui perçoit le contenu d'un autre domaine. On peut montrer que la psychopathologie ne saurait se refuser à admettre ce principe fondamental.

Nous nous étions demandé comment on pouvait considérer des rêves à contenu pénible comme accomplissant un désir. Nous voyons que cela est possible s'il y a eu déformation, si le contenu pénible n'est que le travestissement de ce que nous souhaitons. Tenant compte des deux instances psychiques, nous dirons : les rêves pénibles contiennent bien des faits pénibles à la *deuxième* instance, mais ces faits renferment l'accomplissement d'un désir de la *première*. Ils sont rêves de désir dans la mesure où tout rêve jaillit de la première instance, la seconde ne se comportant pas à l'égard du rêve d'une façon créatrice et n'exerçant qu'une action défensive[4]. Si nous jugeons seulement la contribution de la seconde instance, nous ne comprendrons jamais ceux-là.

4. Nous rencontrerons également des cas où le rêve exprime un désir de cette seconde instance.

Les rêves à contenu pénible dressent en fait une façade permettant de dissimuler l'accomplissement d'un désir.

LES RÊVES DE CHÂTIMENT SONT PRODUITS PAR LE MOI

Les rêves à déplaisir peuvent être aussi des « *rêves de châtiment* ». Il faut avouer qu'en en reconnaissant l'existence on ajoute, d'une certaine manière, quelque chose de nouveau à la théorie du rêve. Ce que ces rêves accomplissent, c'est aussi un désir inconscient, celui d'un châtiment infligé au rêveur pour un désir défendu et refoulé. Ils se conforment à la règle que nous avons formulée, en ce sens que leur force pulsionnelle est un désir venu de l'inconscient. Mais une analyse psychologique plus poussée indique ce qui les distingue des autres rêves-désir. Dans les cas du groupe *B*[5], le désir inconscient, créateur du rêve, appartenait au domaine du refoulé ; dans les rêves de châtiment, c'est également un désir inconscient mais qui ne vient plus du refoulé : il est du domaine du Moi. Les rêves de châtiment révèlent donc la possibilité d'une participation encore plus active du Moi à la formation du rêve. D'une façon générale, le mécanisme de cette formation devient bien plus transparent lorsqu'on substitue à l'opposition du « conscient » et de « l'inconscient » celle du « moi » et du « refoulé ». Mais, pour opérer cette substitution, il faudrait entrer dans le mécanisme des psychonévroses, c'est pourquoi nous n'avons pu le faire dans ce livre. Notons ici seulement que les rêves de châtiment ne sont pas nécessairement liés à la persistance de restes diurnes pénibles. Ils naissent, au contraire, le plus souvent, semble-t-il, lorsque ces restes diurnes sont par nature des éléments de satisfaction, mais expriment des satisfactions interdites. De toutes ces pensées interdites ne parviennent dans le contenu manifeste du rêve que leur contraire, comme dans les rêves du groupe *A*. Le caractère essentiel des rêves de châtiment me paraît donc être le suivant : ce qui les produit, ce n'est pas un désir inconscient venu du refoulé (du système inconscient), mais un désir de sens contraire, réagissant contre celui-ci, désir de châtiment qui, bien qu'inconscient (plus exactement préconscient), appartient au Moi[6].

5. Dans une précédente page, Freud avait défini en ces termes les « groupes *A* et *B* » : Il me paraît utile, pour éclairer la question que nous nous sommes posée, de rechercher ce que fait le rêve lorsqu'il se trouve en présence de pensées nettement contraires au désir : soucis fondés, méditations douloureuses, idées pénibles. On peut grouper de la manière suivante les divers aspects possibles : *A*) Le travail du rêve réussit à remplacer toutes les représentations pénibles par leurs contraires, et à réprimer les sentiments désagréables correspondants ; cela produit alors un rêve de satisfaction pure, un accomplissement de désir manifeste et dont il n'y a plus rien à dire, semble-t-il. *B*) Les représentations pénibles parviennent, plus ou moins transformées, mais bien reconnaissables encore, dans le contenu manifeste ; c'est ce cas qui éveille des doutes sur la théorie du rêve-désir, et réclame un examen plus serré. (N.d.Ed.)

6. C'est ici l'endroit où insérer le *Surmoi* découvert ultérieurement par la psychanalyse. (N.d.T. : Cette note a été ajoutée en 1930).

Nous tiendrons compte de tout ce que l'analyse des rêves pénibles nous a appris, si nous transformons de la manière suivante notre formule sur l'essence du rêve : *Le rêve est l'accomplissement (déguisé) d'un désir (réprimé, refoulé).*

D'OÙ VIENNENT LES CAUCHEMARS ?

Restent maintenant les rêves d'angoisse, variété de rêves à contenu pénible qu'on est le moins porté à considérer comme rêves de désir. Je puis en traiter ici très brièvement : ils ne nous dévoilent pas un nouvel aspect du problème du rêve ; il n'y a là à comprendre que l'angoisse névrotique.

L'angoisse que nous éprouvons en rêve n'est expliquée qu'en apparence par le contenu du rêve. Lorsque nous l'interprétons, nous remarquons qu'il n'explique pas plus l'angoisse du rêve que les représentations auxquelles est liée une phobie n'expliquent l'angoisse de celle-ci.

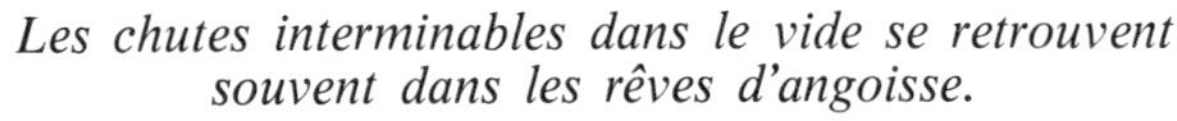

Les chutes interminables dans le vide se retrouvent souvent dans les rêves d'angoisse.

Il est exact, par exemple, qu'on peut tomber d'une fenêtre et qu'on a raison, quand on se penche, d'être prudent, mais on ne peut comprendre pourquoi la phobie correspondante s'accompagne de tant d'angoisse et poursuit le malade lors même qu'il n'en voit aucun motif. La même explication convient à la phobie et au rêve d'angoisse. L'angoisse est seulement *soudée* aux représentations qui l'accompagnent, elle est issue d'une autre source.

La relation intime qui existe entre l'angoisse du rêve et l'angoisse des névroses fait que je puis renvoyer ici, pour l'explication de la première, à l'explication de la seconde. J'ai exposé autrefois, dans un petit travail sur la névrose d'angoisse (*Neurologisches Zentralblatt*, 1895, *Ges. Werke*, Bd. I), que l'angoisse névropathique provenait de la vie sexuelle et correspondait à une libido détournée de sa destination et qui n'avait pas trouvé d'emploi. Depuis lors, cette formule s'est de plus en plus révélée exacte. On peut en déduire que les cauchemars sont des rêves avec un contenu sexuel dont la libido s'est transformée en angoisse.

LE BUT DU RÊVE EST-IL IDENTIQUE A CELUI DE LA PSYCHOTHÉRAPIE ?

Mais notre plus grand intérêt théorique va aux rêves capables de nous éveiller au milieu de notre sommeil. Songeons à l'opportunité qui éclate partout ailleurs et demandons-nous d'où vient que le rêve, désir inconscient, puisse troubler le sommeil, accomplissement du désir préconscient ? Il faut qu'il y ait là des relations d'énergie qui nous échappent. Si nous les connaissions, nous verrions sans doute que laisser faire le rêve et ne lui accorder qu'une attention détachée exige moins d'énergie que brider l'inconscient comme pendant la veille. Nous savons par expérience que le rêve se concilie avec le sommeil, même quand il l'interrompt plusieurs fois dans une même nuit. On s'éveille un moment pour se rendormir aussitôt après. C'est comme lorsque, tout endormi, on chasse une mouche : on ne s'éveille que pour cela et quand on se rendort on en est débarrassé. L'accomplissement du désir de dormir se concilie très bien avec le maintien d'une certaine attention dirigée dans un sens déterminé, comme le prouve le sommeil des nourrices.

Une autre objection vient de ce que nous aavons de l'inconscient. Nous avons dit que les désirs inconscients étaient toujours là, mais qu'ils n'étaient pas assez forts pour devenir perceptibles le jour. D'où vient donc que pendant le sommeil, quand ils ont déjà manifesté leur puissance, formé un rêve, et éveillé ainsi le préconscient, leur force tarisse dès que nous avons pris connaissance du rêve ? Le rêve devrait, semble-t-il, se renouveler, de même que la mouche importune revient après qu'on l'a chassée. Sinon de quel droit disons-nous que le rêve écarte tout ce qui trouble le sommeil ?

Il est très vrai que les désirs inconscients sont toujours là. Ils représentent des voies toujours ouvertes à l'excitation qui les emprunte. L'indestructibilité est même une caractéristique proéminente des processus inconscients. Dans l'inconscient rien ne finit, rien ne passe, rien n'est oublié. C'est ce qui nous frappe le plus quand nous étudions les névroses et l'hystérie en particulier. La voie des pensées inconscientes qui mène à la crise libératrice pourra se rouvrir dès qu'une quantité d'excitation suffisante se sera amassée. Une offense reçue il y a trente ans, une fois qu'elle s'est frayé une voie vers les sources affectives inconscientes, continue à agir toujours comme si elle était actuelle. Elle revit au moindre rappel et se révèle alors investie d'une excitation qui a sa décharge motrice dans la crise. C'est là que doit agir la psychothérapie. Sa tâche est d'apporter aux phénomènes inconscients la libération et l'oubli. L'effacement des souvenirs, l'affaiblissement affectif des impressions éloignées qui nous paraissent tout naturels, et que nous expliquons par l'influence primaire du temps sur les traces mnésiques, sont en réalité des transformations secondaires, obtenues à la suite d'un pénible travail. C'est le travail du préconscient, et *la psychothérapie n'a d'autre démarche que de soumettre l'inconscient au préconscient.*

LE RÊVE, SERVITEUR DE L'INCONSCIENT ET DU PRÉCONSCIENT

Chaque processus inconscient d'excitation dispose donc de deux issues : ou bien, laissé à lui-même, il finit par se frayer une voie et déverse son trop-plein d'excitation dans la motilité, ou bien il se soumet à l'influence du préconscient qui *endigue* son excitation au lieu de la laisser *s'écouler. C'est ce qui se produit dans le processus du rêve.* L'excitation de la conscience a conduit le préconscient à investir le rêve devenu perception ; l'investissement endigue ainsi l'excitation inconsciente du rêve et la neutralise. Quand le rêveur s'éveille un instant, il chasse réellement la mouche. Nous voyons maintenant qu'il était vraiment plus opportun et plus avantageux de laisser faire le désir inconscient, de lui ouvrir la voie de la régression, pour qu'il forme un rêve, puis d'arrêter et de liquider celui-ci par un léger travail préconscient, que de brider l'inconscient pendant tout le sommeil. On pouvait s'attendre à ce que le rêve, même s'il n'avait pas primitivement d'utilité, en acquît une dans le jeu de forces de la vie mentale. Nous voyons laquelle. Il s'est chargé de ramener l'excitation inconsciente demeurée libre sous le contrôle du préconscient ; il la détourne, lui sert de soupape de sécurité et assure par là, avec une faible dépense de vigilance, le sommeil du préconscient. Ainsi le rêve est un compromis, il est au service des deux systèmes et accomplit les deux désirs dans la mesure où ils s'accordent.

LE RÊVE, GARDIEN ORDINAIRE DU SOMMEIL

La restriction : « *dans la mesure où ils s'accordent* », indique déjà qu'il y a des cas où le rêve peut échouer. Le processus du rêve est toléré parce que accomplissement d'un désir de l'inconscient. Si, pour accomplir ce désir, il heurte le préconscient de telle façon qu'il trouble son repos, le rêve n'est plus un compromis, il n'a pas rempli l'autre partie de sa mission. Aussi est-il immédiatement interrompu et remplacé par un réveil complet. Il ne faut pas accuser *le rêve, gardien ordinaire du sommeil*[7] ; s'il l'a cette fois troublé, cela ne doit pas nous prévenir contre son utilité. Ce n'est pas le seul exemple que nous offre l'organisme d'une disposition ordinairement utile qui devient inopportune et gênante lorsque les conditions de son fonctionnement sont un peu changées. Le trouble alors sert à tout le moins à attirer l'attention sur ce changement et à déclencher les fonctions régulatrices de l'organisme. Je pense ici, on l'a deviné, au cauchemar. Je serais bien fâché d'avoir l'air d'éviter systématiquement ce témoin à charge contre la théorie du désir. Je vais donc essayer au moins d'esquisser la théorie du cauchemar.

NÉVROSE ET CAUCHEMAR

Qu'un phénomène psychique qui provoque l'angoisse puisse être cependant l'accomplissement d'un désir, cela n'est pas non plus une contradiction. Nous en connaissons l'explication. Le désir appartient à un système, celui de l'inconscient ; le système du préconscient l'a rejeté

7. C'est nous qui soulignons. *(N.d.Ed.)*

et réprimé. Mais, même en plein équilibre mental, cette domination du préconscient sur l'inconscient n'est pas absolue. On peut dire que le degré de la répression est en même temps celui de notre santé psychique. Dans la névrose les deux systèmes sont en conflit, le symptôme névropathique représente un compromis qui met provisoirement fin à ce conflit. D'une part, en effet, il ménage à l'inconscient une porte de secours, lui permet de déverser son excitation, de l'autre il laisse encore au préconscient une domination partielle sur l'inconscient. A ce point de vue, une phobie hystérique ou une agoraphobie sont particulièrement instructives. Lorsqu'un névropathe ne peut traverser seul une rue, nous disons avec raison que ce n'est qu'un symptôme. Essayons de réduire ce symptôme en l'obligeant à l'acte qu'il croit impossible. Il aura une crise d'angoisse ; d'ailleurs c'est souvent une crise d'angoisse dans la rue qui a été le point de départ de l'agoraphobie. Nous apprenons ainsi que ce symptôme s'est constitué pour empêcher le développement de l'angoisse. La phobie est comme une forteresse-frontière pour l'angoisse.

LIBÉRATION DE L'INCONSCIENT ET DÉVELOPPEMENT DE L'ANGOISSE

Il nous est difficile de continuer notre exposé sans étudier le rôle des affects dans ces processus, ce qui ne peut être fait ici que très incomplètement. Posons en principe que ce qui rend surtout nécessaire la répression de l'inconscient, c'est que le libre cours dans l'inconscient des représentations développerait un état affectif qui primitivement était plaisir, mais qui, depuis le refoulement, porte la marque du déplaisir. La répression a pour but et aussi pour résultat d'empêcher le développement de ce déplaisir. Elle s'exerce sur le contenu représentatif de l'inconscient, parce que c'est de là que pourrait se dégager le déplaisir. Tout cela est fondé sur une hypothèse déterminée concernant le développement de l'affect. Celui-ci est considéré ici comme un effet moteur ou sécrétoire, la clé de son innervation se trouve dans les représentations de l'inconscient. Le préconscient domine ce contenu représentatif de l'inconscient et l'empêche d'envoyer des impulsions qui deviendraient des affects. Si l'investissement par le préconscient cessait, il y aurait risque : les excitations inconscientes pourraient déclencher des affects qui – par suite du refoulement antérieur – apparaîtraient comme déplaisir, comme angoisse.

C'est ce danger que le laisser-aller du rêve précipite. Pour qu'il se réalise, il faut qu'il y ait eu refoulement et que les impulsions du désir réprimées puissent devenir assez fortes. Ces conditions sortent du cadre psychologique de la formation du rêve. N'était que le thème que je traite ici – la libération de l'inconscient pendant le sommeil – se rattache à celui du développement de l'angoisse, je pourrais renoncer à parler du cauchemar et m'épargner toutes les obscurités qui l'entourent.

Comme je l'ai déjà dit à diverses reprises, l'étude du cauchemar appartient à la psychologie des névroses. Une fois posés ses points de contact avec le thème du processus du rêve, ce qui est fait, nous n'avons plus rien à faire avec lui. Cependant, puisque j'ai affirmé que l'angoisse névropathique avait une origine sexuelle, je voudrais encore analyser quelques rêves d'angoisse pour montrer le matériel qu'ils renferment.

UN RÊVE D'ANGOISSE QUI TRAHIT SON ORIGINE SEXUELLE

J'écarte les exemples surabondants que m'offriraient les rêves de mes malades et je choisis de préférence un rêve d'angoisse venant d'un sujet jeune.

Pour ma part, je n'ai plus eu de vrai rêve d'angoisse depuis de longues années, mais je m'en rappelle un que j'ai eu vers sept ou huit ans et que j'ai interprété environ trente ans après. Il était extrêmement net et me montrait *ma mère chérie avec une expression de visage particulièrement tranquille et endormie, portée dans sa chambre et étendue sur le lit par deux (ou trois) personnages munis de becs d'oiseaux.* Je me réveillai pleurant et criant, et troublai le sommeil de mes parents. Les personnages très allongés, bizarrement drapés, à becs d'oiseaux, je les avais empruntés à la bible de *Philippson.* Je crois que c'étaient des dieux à tête d'épervier appartenant à un bas-relief funéraire égyptien. A part cela, l'analyse m'offre le souvenir d'un fils de concierge mal élevé qui avait coutume de jouer avec nous dans la prairie devant la maison ; je crois bien qu'il s'appelait *Philippe.* Il me semble ensuite que j'ai dû entendre pour la première fois de la bouche de ce garçon le mot vulgaire par lequel on désigne le commerce sexuel et que les gens cultivés appellent du mot latin *coïtus* mais qu'illustrait suffisamment le choix des têtes d'épervier[8]. J'avais dû sans doute deviner la signification sexuelle de ce mot à la mine de ce maître si averti des choses de l'exis-

8. Dans l'argot allemand on dit *vögeln*, de *Vogel* (oiseau) *(N. d. T.).*

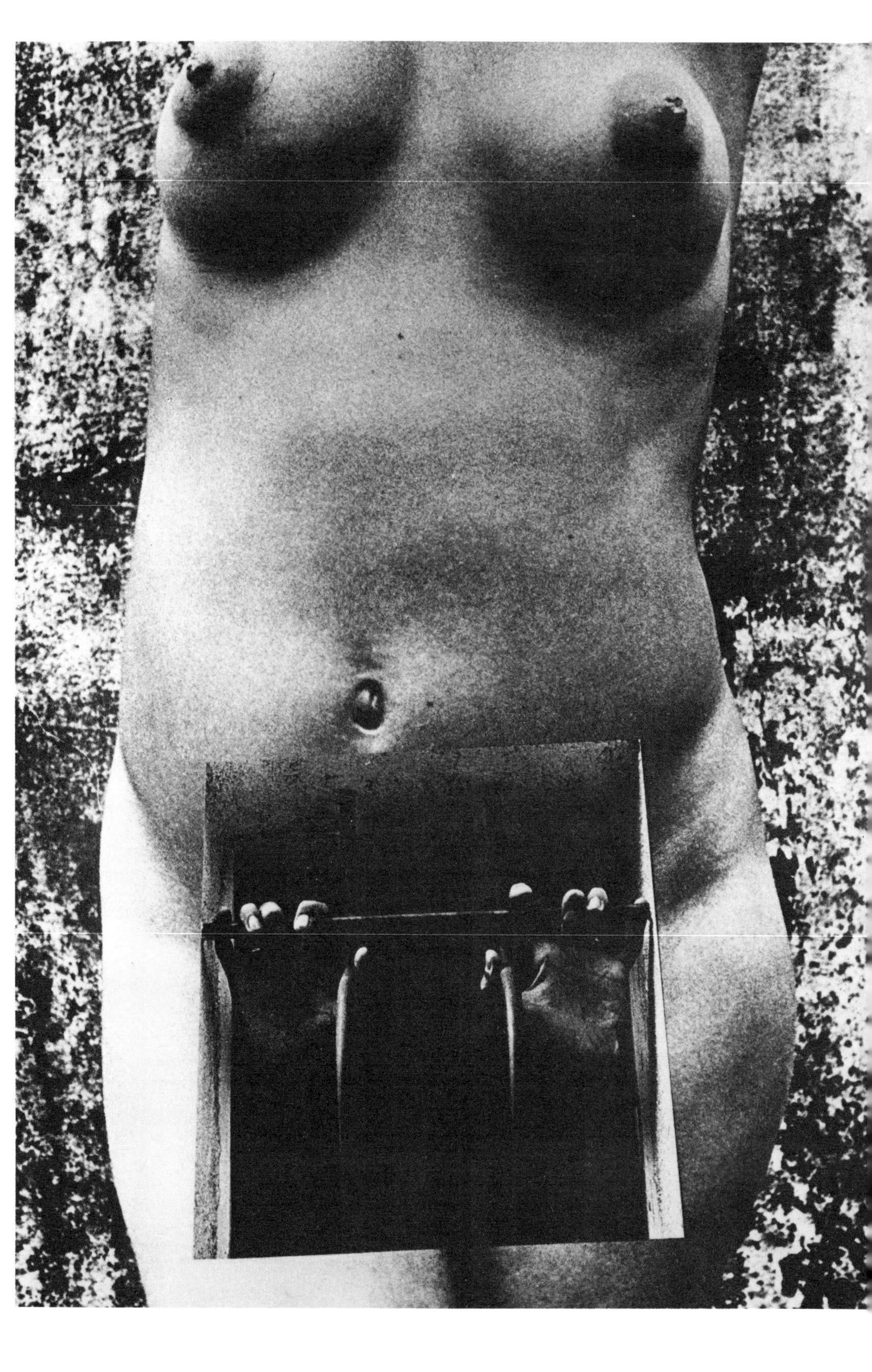

tence. L'expression du visage de ma mère dans le rêve était celle de mon grand-père que j'avais vu peu de jours avant sa mort, râlant et dans le coma. Le sens de l'élaboration secondaire du rêve doit être la mort de ma mère, c'est ce que prouve aussi le bas-relief funéraire. C'est dans cette angoisse que je m'éveillai et je n'eus de cesse que je n'eusse éveillé mes parents. Je me rappelle que je me calmai subitement en apercevant ma mère, comme si j'avais eu besoin d'être rassuré contre sa mort. Mais cette seconde interprétation a eu lieu sous l'influence d'une angoisse déjà développée. Ce n'est pas parce que j'avais rêvé la mort de ma mère que j'étais angoissé, mais c'est parce que j'étais angoissé que mon élaboration préconsciente a interprété ainsi le rêve. Mais mon angoisse, effet du refoulement, peut se ramener à un désir obscur, manifestement sexuel, qu'exprime bien le contenu visuel du rêve.

SIGMUND FREUD

« FRAYEUR », « PEUR » ET « ANGOISSE » NE SONT PAS SYNONYMES

A la suite de graves commotions mécaniques, de catastrophes de chemin de fer et d'autres accidents impliquant un danger pour la vie, on voit survenir un état qui a été décrit depuis longtemps sous le nom de « névrose traumatique ». La guerre terrible, qui vient de prendre fin[9], a engendré un grand nombre d'affections de ce genre et a, tout au moins, montré l'inanité des tentatives consistant à rattacher ces affections à des lésions organiques du système nerveux, qui seraient elles-mêmes consécutives à des violences mécaniques[10]. Le tableau de la névrose traumatique se rapproche de celui de l'hystérie par sa richesse en symptômes moteurs, mais s'en distingue généralement par les signes très nets de souffrance subjective, comme dans les cas de mélancolie ou d'hypochondrie, et par un affaiblissement et une désorganisation très prononcés de presque toutes les fonctions psychiques. Jusqu'à ce jour, on n'a pas réussi à se faire une notion bien exacte, tant des névroses de guerre que des névroses traumatiques du temps de paix. Ce qui, dans les névroses de guerre, semblait à la fois éclaircir et embrouiller

9. Il s'agit de la Première Guerre mondiale. *(N.d.Ed.)*

10. Voir *Zur Psychoanalyse der Kriegsneurosen*. En collaboration avec Ferenczi, Abraham, Simmel et E. Jones. Vol. I de « Internationale Psychoanalytische Bibliothek », 1919.

◀*Pour Freud, tout rêve d'angoisse a un contenu sexuel.*

la situation, c'était le fait que le même tableau morbide pouvait, à l'occasion, se produire en dehors de toute violence mécanique brutale. Quant à la névrose traumatique commune, elle offre deux traits susceptibles de nous servir de guides, à savoir que la surprise, la frayeur semblent jouer un rôle de premier ordre dans le déterminisme de cette névrose et que celle-ci paraît incompatible avec l'existence simultanée d'une lésion ou d'une blessure. On considère généralement les mots *frayeur, peur, angoisse* comme des synonymes. En quoi on a tort, car rien n'est plus facile que de les différencier lorsqu'on les considère dans leurs rapports avec un danger. L'angoisse est un état qu'on peut caractériser comme un état d'attente de danger, de préparation au danger, connu ou inconnu ; la peur suppose un objet déterminé en présence duquel on éprouve ce sentiment ; quant à la frayeur, elle représente un état que provoque un danger actuel, auquel on n'était pas préparé : ce qui la caractérise principalement, c'est la surprise. Je ne crois pas que l'angoisse soit susceptible de provoquer une névrose traumatique ; il y a dans l'angoisse quelque chose qui protège contre la frayeur et contre la névrose qu'elle provoque. Mais c'est là un point sur lequel nous aurions encore à revenir.

UNE GRAVE PERTURBATION DU RÊVE

L'étude du rêve peut être considérée comme le moyen d'exploration le plus sûr des processus psychiques profonds. Or les rêves des malades atteints de névrose traumatique sont caractérisés par le fait que le sujet se trouve constamment ramené à la situation constituée par l'accident et se réveille chaque fois avec une nouvelle frayeur. On ne s'étonne pas assez de ce fait. On y voit une preuve de l'intensité de l'impression produite par l'accident traumatique, cette impression, dit-on, ayant été tellement forte qu'elle revient au malade même pendant le sommeil. Il y aurait, pour ainsi dire, fixation psychique du malade au traumatisme. Or ces fixations à l'événement traumatique qui a provoqué la maladie nous sont connues depuis longtemps, en ce qui concerne l'hystérie. Breuer et Freud ont formulé dès 1893 cette proposition : « Les hystériques souffrent principalement de réminiscences. » Et dans les névroses de guerre, des observateurs comme Ferenczi et Simmel ont cru pouvoir expliquer certains symptômes moteurs par la fixation au traumatisme.

Or je ne sache pas que les malades atteints de névrose traumatique soient beaucoup préoccupés dans leur vie éveillée par le souvenir de leur accident. Ils s'efforcent plutôt de ne pas y penser. En admettant comme une chose allant de soi que le rêve nocturne les replace dans la situation génératrice de la maladie, on méconnaît la nature du rêve. Il serait plus conforme à cette nature que les rêves de ces malades se composent de tableaux remontant à l'époque où ils étaient bien portants ou se rattachant à leur espoir de guérison. Si, malgré la qualité des rêves qui accompagnent la névrose traumatique, nous voulons maintenir, comme seule correspondant à la réalité des faits, la conception d'après laquelle la tendance prédominante des rêves serait celle qui a pour objet la réalisation de désirs, il ne nous reste qu'à admettre que dans cet état la fonction du rêve a subi, comme beaucoup d'autres fonctions, une grave perturbation, qu'elle a été détournée de son but ; ou bien nous devrions appeler à la rescousse les mystérieuses tendances masochistes.

SIGMUND FREUD

Picasso a souvent utilisé le procédé de condensation, qui consiste à faire figurer dans un même visage le profil et la face. (Picasso : « Portrait de Maïa », musée Picasso).

Chapitre IV

Du rêve au symptôme

Freud a manifesté envers le rêve et ses mécanismes un intérêt constant, tout au long de sa vie. C'est ainsi que dans le Mot d'esprit et ses rapports avec l'inconscient *(1905), il consacre un long chapitre au rapport qui existe entre ce qu'on pourrait appeler le travail du mot d'esprit et celui du rêve. Il y compare, par exemple, le processus de condensation du rêve à la concision du mot d'esprit, résultant d'un processus de condensation analogue. De la même façon, il rapproche les mécanismes du rêve et ceux du délire dans* Délire et Rêve dans la Gradiva de Jenssen *(1906-1907).*

Après un bref retour vers l'Interprétation des rêves, *dans laquelle Freud rappelle ici ce que sont le travail de condensation et celui de déplacement, nous découvrirons un extrait des* Cinq Leçons sur la psychanalyse.

Ces Cinq Leçons *ont été données par Freud en 1909 à la Clark University de Worcester (Massachusetts). Il y avait été invité avec Jung par Stanley Hall pour y prononcer, pendant une semaine, des conférences en allemand. Psychologue et aussi pédagogue, Hall avait fait entrer la psychanalyse dans le cadre de l'enseignement universitaire. Freud rencontra le philosophe William James à la Clark University. Dans* Ma vie et la psychanalyse *(1925), Freud fait cet émouvant aveu : « Lorsque je gravis l'estrade à Worcester, afin d'y faire mes « Cinq conférences sur la psychanalyse », il me sembla que se réalisait un incroyable rêve diurne. La psychanalyse n'était donc plus une production délirante, elle était devenue une partie précieuse de la réalité. » Il ajoute : « Elle n'a pas perdu de terrain en Amérique depuis notre visite ; elle jouit dans le public d'une popularité peu commune et est reconnue par beaucoup de psychiatres officiels comme une partie importante de l'enseignement médical. Malheureusement, là-bas aussi, il y a été mêlé beaucoup d'eau... » On pourra noter dans ce texte à quel point Freud s'attache à rendre l'analyse accessible au public, en s'exprimant dans un style clair et simple, sans pour autant rien sacrifier de la complexité de sa pensée.*

Enfin, nous pourrons voir que dans l'un de ses tout derniers ouvrages, l'Abrégé de psychanalyse *(1938), resté inachevé, Freud reprécise sa pensée concernant le rêve. Entre-temps, vers les années 20-23, il a introduit la seconde topique (Moi, Ça, Surmoi)*[1] *de l'appareil psychique. Aussi reformule-t-il ses idées en fonction de ce remaniement.*

Quand on compare le contenu du rêve et les pensées du rêve, on s'aperçoit tout d'abord qu'il y a eu là un énorme *travail de condensation.* Le rêve est bref, pauvre, laconique, comparé à l'ampleur et à la richesse des pensées du rêve. Ecrit, le rêve couvre à peine une demi-page ; l'analyse, où sont indiquées ses pensées, sera six, huit, douze fois plus étendue. Le rapport peut varier avec les rêves, mais, ainsi que j'ai pu m'en rendre compte, il ne s'inverse jamais. En général, on sous-estime l'étendue de cette compression, on considère qu'il n'y a pas d'autres éléments que les pensées découvertes, on néglige toutes celles qui sont cachées derrière le rêve et qu'une interprétation plus étendue pourrait nous découvrir. Nous avons déjà indiqué que l'on n'est jamais sûr d'avoir complètement interprété un rêve[2] ; lors même que la solution paraît satisfaisante et sans lacunes, il est toujours possible que ce rêve ait eu encore un autre sens. A parler rigoureusement, on ne saurait déterminer le *quotient de condensation.* Faut-il expliquer la disproportion entre le contenu du rêve et les pensées du rêve exclusivement par une immense condensation du matériel psychique lors de la formation du rêve ?

CE SUR QUOI REPOSE LA FORMATION D'UN RÊVE : LA « CONDENSATION »

Devant l'amoncellement d'idées que l'analyse tire de chacun des éléments du contenu du rêve, le lecteur commencera par se demander si tout ce qui vient à l'esprit, après coup, lors de l'analyse doit être mis au nombre des pensées du rêve, c'est-à-dire s'il faut supposer que toutes ces pensées ont agi déjà pendant le sommeil et contribué à la formation du rêve. Ne faudrait-il pas bien plutôt supposer que de nouvel-

1. Voir *le Ça, le Moi, le Surmoi : la personnalité et ses instances,* dans la même collection.
2. C'est ce que Freud appelle « l'ombilic du rêve ». (*N. d. Ed.*)

les liaisons d'idées, demeurées étrangères au rêve, ont apparu lors de l'analyse ? Je ne peux adhérer qu'en partie à cette position. Il est de fait que diverses liaisons d'idées apparaissent lors de l'analyse seulement, mais on peut, chaque fois, vérifier que ces sortes de liens ne s'établissent qu'entre des pensées qui ont déjà été liées de quelque autre manière dans les pensées du rêve ; ces nouvelles liaisons sont en quelque sorte des inférences détournées, des courts-circuits, rendus possibles par l'existence de voies de liaisons autres et plus profondes. Pour ce qui est de la masse d'idées en surnombre découvertes lors de l'analyse, il faut bien convenir qu'elles ont agi déjà lors de la formation du rêve, car, lorsqu'on suit l'enchaînement de ces sortes de pensées qui paraissent d'abord sans relations avec le rêve, on tombe brusquement sur une idée qui était représentée dans le contenu du rêve, qui était indispensable pour l'interpréter, et que cependant on ne pouvait atteindre qu'en suivant cet enchaînement.

Mais comment faut-il se représenter l'état psychique pendant le sommeil qui précède le rêve ? Toutes les pensées du rêve sont-elles juxtaposées ? apparaissent-elles successivement ? ou plusieurs suites de pensées simultanées se forment-elles dans divers centres pour se joindre ensuite ? Je pense que rien ne nous contraint à nous représenter d'une manière plastique notre état psychique lors de la formation du rêve. N'oublions pas qu'il s'agit ici de pensée inconsciente et que le processus peut être bien différent de celui que nous observons lors d'une réflexion consciente et dirigée.

Un fait demeure absolument certain : la formation du rêve repose sur une condensation.

Non seulement les éléments du rêve sont déterminés plusieurs fois par les pensées du rêve, mais chacune des pensées du rêve y est représentée par plusieurs éléments. Des associations d'idées mènent d'un élément du rêve à plusieurs pensées, d'une pensée à plusieurs éléments. Le rêve ne se forme donc pas à partir du résumé d'une pensée ou d'un groupe de pensées du rêve auquel d'autres résumés viendraient se juxtaposer, etc., un peu comme lorsque les diverses classes de la population choisissent des représentants. La masse entière des pensées du rêve est soumise à une certaine élaboration, d'où les éléments les mieux soutenus et les plus nombreux se détachent pour entrer dans le contenu du rêve ; on pourrait comparer ce choix à celui du scrutin de liste. Quel que soit le rêve que je décompose, je retrouve toujours les mêmes principes : les éléments du rêve sont issus de toute la masse des pensées du rêve, et chacun d'entre eux, si on le rapproche des pensées du rêve, y est plusieurs fois indiqué.

L'AUTRE OPÉRATION MAJEURE DU RÊVE : LE « DÉPLACEMENT »

En rassemblant des exemples de condensation dans le rêve, nous remarquons que les éléments qui nous paraissent essentiels pour le contenu ne jouent dans les pensées du rêve qu'un rôle très effacé. Inversement, ce qui est visiblement l'essentiel des pensées du rêve n'est parfois pas du tout représenté dans celui-ci. Le rêve est *autrement centré*, son contenu est rangé autour d'éléments autres que les pensées du rêve. Or, lors de la formation du rêve, des éléments chargés d'un intérêt intense peuvent être traités comme s'ils n'avaient qu'une faible valeur, et d'autres, peu importants dans les pensées du rêve, prennent leur place. Il semble d'abord que l'intensité psychique[3] des diverses représentations ne joue aucun rôle pour leur choix dans le rêve et que joue uniquement la complexité de leur détermination.

On est ainsi conduit à penser que, dans le travail du rêve, se manifeste un pouvoir psychique qui, d'une part, dépouille des éléments de *haute* valeur psychique de leur intensité, et, d'autre part, *grâce à la surdétermination*, donne une valeur plus grande à des éléments de moindre importance, de sorte que ceux-ci peuvent pénétrer dans le rêve. On peut dès lors comprendre la différence entre le texte du contenu du rêve et celui de ses pensées ; il y a eu, lors de la formation du rêve, *transfert et déplacement des intensités psychiques* des différents éléments. Ce processus est la partie essentielle du travail du rêve. Il peut être appelé processus de *déplacement*. Le *déplacement* et la *condensation* sont les deux grandes opérations auxquelles nous devons essentiellement la forme de nos rêves.

SIGMUND FREUD

UNE « VOIE ROYALE » POUR LA CONNAISSANCE DE L'INCONSCIENT

J'avoue m'être demandé si, au lieu de vous donner à grands traits une vue d'ensemble de la psychanalyse, je n'aurais pas mieux fait de vous exposer en détail l'*interprétation des rêves*[4]. Un motif personnel et d'apparence secondaire m'en a détourné. Il m'a paru déplacé de me

3. Il faut évidemment distinguer l'intensité, la valeur, l'intérêt psychique d'une représentation de l'intensité sensorielle, intensité de l'objet représenté.

4. *La Science des rêves*. Traduc. franç., PUF.

présenter comme un « déchiffreur de songes » avant que vous ne sachiez l'importance que peut revêtir cet art dérisoire et suranné. L'interprétation des rêves est, en réalité, la voie royale de la connaissance de l'inconscient, la base la plus sûre de nos recherches, et c'est l'étude des rêves, plus qu'aucune autre, qui vous convaincra de la valeur de la psychanalyse et vous formera à sa pratique. Quand on me demande comment on peut devenir psychanalyste, je réponds : par l'étude de ses propres rêves. Nos détracteurs n'ont jamais accordé à l'interprétation des rêves l'attention qu'elle méritait ou ont tenté de la condamner par les arguments les plus superficiels. Or, si on parvient à résoudre le grand problème du rêve, les questions nouvelles que soulève la psychanalyse n'offrent plus aucune difficulté.

L'anachronisme de cette œuvre de Magritte rappelle étrangement ce que nous pouvons voir dans nos rêves.

Il convient de noter que nos productions oniriques — nos rêves — ressemblent intimement aux productions des maladies mentales, d'une part, et que, d'autre part, elles sont compatibles avec une santé parfaite. Celui qui se borne à s'étonner des illusions des sens, des idées bizarres et de toutes les fantasmagories que nous offre le rêve, au lieu de chercher à les comprendre, n'a pas la moindre chance de comprendre les productions anormales des états psychiques morbides. Il restera, dans ce domaine, un simple profane... Et il n'est pas paradoxal d'affirmer que la plupart des psychiatres d'aujourd'hui doivent être rangés parmi ces profanes !

LES RÊVES DES ENFANTS APPORTENT-ILS UNE SOLUTION A L'ÉNIGME DU RÊVE ?

Jetons donc un rapide coup d'œil sur le problème du rêve.

D'ordinaire, quand nous sommes éveillés, nous traitons les rêves avec un mépris égal à celui que le malade éprouve à l'égard des idées spontanées que le psychanalyste suscite en lui. Nous les vouons à un oubli rapide et complet, comme si nous voulions nous débarrasser au plus vite de cet amas d'incohérences. Notre mépris vient du caractère étrange que revêtent, non seulement les rêves absurdes et stupides, mais aussi ceux qui ne le sont pas. Notre répugnance à nous intéresser à nos rêves s'explique par les tendances impudiques et immorales qui se manifestent ouvertement dans certains d'entre eux. — L'Antiquité, on le sait, n'a pas partagé ce mépris, et aujourd'hui encore le bas peuple reste curieux des rêves auxquels il demande, comme les Anciens, la révélation de l'avenir.

Je m'empresse de vous assurer que je ne vais pas faire appel à des croyances mystiques pour éclairer la question du rêve ; je n'ai du reste jamais rien constaté qui confirme la valeur prophétique d'un songe. Cela n'empêche pas qu'une étude du rêve nous réservera de nombreuses surprises.

D'abord, tous les rêves ne sont pas étrangers au rêveur, incompréhensibles et confus pour lui. Si vous vous donnez la peine d'examiner ceux des petits enfants, à partir d'un an et demi, vous les trouvez très simples et facilement explicables. Le petit enfant rêve toujours de la réalisation de désirs que le jour précédent a fait naître en lui sans les satisfaire. Aucun art divinatoire n'est nécessaire pour trouver cette simple solution ; il suffit seulement de savoir ce que l'enfant a vécu le jour précédent. Nous aurions une solution satisfaisante de l'énigme si l'on démontrait que les rêves des adultes ne sont, comme ceux des enfants, que l'accomplissement de désirs de la veille. Or c'est bien là ce qui se passe. Les objections que soulève cette manière de voir disparaissent devant une analyse plus approfondie.

LE PHÉNOMÈNE DE « RÉSISTANCE » QUI INTERDIT OU MASQUE

Voici la première de ces objections : les rêves des adultes sont le plus souvent incompréhensibles et ne ressemblent guère à la réalisation d'un désir. — Mais, répondons-nous, c'est qu'ils ont subi une défiguration, un déguisement. Leur origine psychique est très différente de leur expression dernière. Il nous faut donc distinguer deux choses : d'une part, le rêve tel qu'il nous apparaît, tel que nous l'évoquons le matin, vague au point que nous avons souvent de la peine à le raconter, à le traduire en mots ; c'est ce que nous appellerons le *contenu manifeste du rêve.* D'autre part, nous avons l'ensemble des *idées oniriques latentes*, que nous supposons présider au rêve du fond même de l'inconscient. Ce processus de défiguration est le même que celui qui préside à la naissance des symptômes hystériques. La formation des rêves résulte donc du même contraste de forces psychiques que dans la formation des symptômes. Le « contenu manifeste » du rêve est le substitut altéré des « idées oniriques latentes » et cette altération est l'œuvre d'un « moi » qui se défend ; elle naît de résistances qui interdisent absolument aux désirs inconscients d'entrer dans la conscience à l'état de veille ; mais, dans l'affaiblissement du sommeil, ces forces ont encore assez de puissance pour imposer du moins aux désirs un masque qui les cache. Le rêveur ne déchiffre pas plus le sens de ses rêves que l'hystérique ne pénètre la signification de ses symptômes.

LE RÊVE, « RÉALISATION DÉGUISÉE DE DÉSIRS REFOULÉS »

Pour se persuader de l'existence des « idées latentes » du rêve et de la réalité de leur rapport avec le « contenu manifeste », il faut pratiquer *l'analyse des rêves*, dont la technique est la même que la technique psychanalytique dont il a été déjà question. Elle consiste tout d'abord à faire complètement abstraction des enchaînements d'idées que semble offrir le « contenu manifeste » du rêve, et à s'appliquer à découvrir les « idées latentes », en recherchant quelles associations déclenche chacun de ses éléments. Ces associations provoquées conduiront à la découverte des idées latentes du rêveur, de même que, tout à l'heure, nous voyions les associations déclenchées par les divers symptômes nous conduire aux souvenirs oubliés et aux complexes du malade. Ces « idées oniriques latentes », qui constituent le sens profond et réel du rêve, une fois mises en évidence, montrent combien il est légitime de ramener les rêves d'adultes au type des rêves d'enfants. Il suffit en effet de substituer au « contenu manifeste », si abracadabrant, le sens profond, pour que tout s'éclaire : on voit que les divers détails du rêve se rattachent à des impressions du jour précédent et l'ensemble apparaît comme la réalisation d'un désir non satisfait. Le « contenu manifeste » du rêve peut donc être considéré comme la réalisation *déguisée* de désirs *refoulés*.

CE GRÂCE A QUOI SE CRÉE L'IMAGINATION POPULAIRE ET SE RÉALISE LE DÉSIR ENFANTIN

Jetons maintenant un coup d'œil sur la façon dont les idées inconscientes du rêve se transforment en « contenu manifeste ». J'appellerai « travail onirque » l'ensemble de cette opération. Elle mérite de retenir tout notre intérêt théorique, car nous pourrons y étudier, comme nulle part ailleurs, quels processus psychiques insoupçonnés peuvent se dérouler dans l'inconscient ou, plus exactement, *entre* deux systèmes psychiques distincts comme le conscient et l'inconscient. Parmi ces processus, il convient d'en noter deux : la *condensation* et le *déplacement*. Le travail onirique est un cas particulier de l'action réciproque des diverses constellations mentales, c'est-à-dire qu'il naît d'une association mentale. Dans ses phases essentielles, ce travail est identique au travail d'altération qui transforme les complexes refoulés en symptômes, lorsque le refoulement a échoué.

Vous serez en outre étonnés de découvrir dans l'analyse des rêves, et spécialement dans celle des vôtres, l'importance inattendue que prennent les impressions des premières années de l'enfance. Par le rêve, c'est l'enfant qui continue à vivre dans l'homme, avec ses particularités et ses désirs, même ceux qui sont devenus inutiles. C'est d'un enfant, dont les facultés étaient bien différentes des aptitudes propres à l'homme normal, que celui-ci est sorti. Mais au prix de quelles évolutions, de quels refoulements, de quelles sublimations, de quelles réactions psychiques, cet homme normal s'est-il peu à peu constitué, lui qui est le bénéficiaire — et aussi, en partie, la victime — d'une éducation et d'une culture si péniblement acquises !

J'ai encore constaté, dans l'analyse des rêves (et je tiens à attirer votre attention là-dessus), que l'inconscient se sert, surtout pour représenter les complexes sexuels, d'un certain symbolisme qui, parfois, varie d'une personne à l'autre, mais qui a aussi des traits généraux et se ramène à certains types de symboles, tels que nous les retrouvons dans les mythes et dans les légendes. Il n'est pas impossible que l'étude du rêve nous permette de comprendre à leur tour ces créations de l'imagination populaire.

COMMENT L'ÉTUDE DU RÊVE EXPLIQUE CERTAINES RÉALITÉS PSYCHIQUES

On a opposé à notre théorie que le rêve serait la réalisation d'un désir, les rêves d'angoisse. Je vous prie instamment de ne pas vous laisser arrêter par cette objection. Outre que ces rêves d'angoisse ont besoin d'être interprétés avant qu'on puisse les juger, il faut dire que l'angoisse en général ne tient pas seulement au contenu du rêve, ainsi qu'on se l'imagine quand on ignore ce qu'est l'angoisse des névrosés. L'angoisse est un refus que le « Moi » oppose aux désirs refoulés devenus puissants ; c'est pourquoi sa présence dans le rêve est très explicable si le rêve exprime trop complètement ces désirs refoulés.

Vous voyez que l'étude du rêve se justifierait déjà par les éclaircissements qu'elle apporte sur des réalités qui, autrement, seraient difficiles à comprendre. Or nous y sommes parvenus au cours du traitement psychanalytique des névroses. D'après ce que nous avons dit jusqu'ici, il est facile de voir que l'interprétation des rêves, quand elle n'est pas rendue trop pénible par les résitances du malade, conduit à découvrir les désirs cachés et refoulés, ainsi que les complexes qu'ils entretiennent.

SIGMUND FREUD

CONTENUS MANIFESTE ET LATENT, ET TRAVAIL DU RÊVE

Une étude des états normaux, stables, dans lesquels les frontières du Moi bien établies contre le Ça par des résistances (contre-investissements) demeurent immuables, et où le Surmoi ne saurait être différencié du Moi parce que tous deux fonctionnent en accord, cette étude, dis-je, ne nous apprendrait pas grand-chose. Seuls peuvent nous faire progresser les états de conflit et de rébellion, ceux où le contenu du Ça inconscient a quelque chance de pénétrer dans le Moi et jusqu'à la conscience, et où le Moi reprend les armes contre cette intrusion. C'est en pareil cas seulement que nous pouvons faire les observations qui confirment ou rectifient nos vues sur les deux partenaires. Or cette possibilité nous est justement offerte par le sommeil nocturne, et l'activité psychique qui s'y manifeste sous la forme de rêves est notre meilleur objet d'études. En outre, lorsque nous étudions le rêve, nous n'encourons pas le reproche, que l'on nous adresse si souvent, de reconstruire la vie psychique normale d'après les données fournies par les cas pathologiques. En effet, le rêve, si différentes que soient ses productions de celles de l'état de veille, est, dans la vie mentale des êtres normaux, un phénomène habituel. Chacun sait que le rêve peut être confus, inintelligible, voire absurde ; ses données vont parfois à l'encontre de toute notre notion de la réalité et nous nous y comportons comme des malades mentaux, du fait que, tant que nous rêvons, nous attribuons aux contenus du rêve une réalité objective.

Nous arrivons à comprendre (à interpréter) le rêve, en admettant que le souvenir qu'il nous laisse après notre réveil n'est pas son processus véritable mais seulement une façade derrière laquelle se dissimule celui-ci. Nous distinguons ainsi dans le rêve un contenu *manifeste* et des pensées *latentes*. Le processus grâce auquel ces dernières se transforment en contenu manifeste s'appelle le *travail du rêve*. L'étude de celui-ci nous offre un excellent exemple de la façon dont un matériel inconscient du Ça, originaire et refoulé, s'impose au Moi, devient préconscient, puis, par suite de l'opposition du Moi, subit les modifications que nous avons appelées *déformations du rêve*. Il n'existe aucun caractère du rêve qui ne se puisse expliquer de cette façon.

DE L'ENFANCE DE L'ESPÈCE A CELLE DE L'INDIVIDU

Il convient de noter tout d'abord que la formation d'un rêve est provoquée de deux façons différentes. Ou bien une motion pulsionnelle habituellement réprimée (un désir inconscient) trouve, pendant le sommeil, assez de force pour s'imposer dans le Moi, ou bien une tendance subsistant de l'état de veille, une série de pensées préconscientes avec tous les conflits qu'elle traîne à sa suite, subit, pendant le sommeil, un renforcement par un élément inconscient. Ainsi, certains rêves émanent du Ça et d'autres du Moi. Le mécanisme de leur formation est identique dans les deux cas, de même que la condition dynamique indispensable. En interrompant provisoirement ses fonctions et en permettant le retour à un état antérieur, le Moi montre qu'il tire vraiment son origine du Ça. Tout cela se produit régulièrement du fait que le Moi interrompt ses relations avec le monde extérieur et retire des organes sensoriels ses investissements. Nous sommes en droit de soutenir qu'une pulsion qui pousse l'être à revenir à la vie intra-utérine se crée à la naissance, une pulsion de sommeil. Le sommeil, en effet, est un retour au sein maternel. Comme le Moi éveillé régit la motilité, cette fonction se trouve paralysée pendant le sommeil et ainsi une bonne partie des inhibitions qui étaient imposées au Ça inconscient deviennent superflues. Le retrait ou la diminution de ces « contre-investissements » accordent alors au Ça une certaine liberté, désormais inoffensive. Les preuves du rôle que joue le Ça inconscient dans la formation du rêve sont nombreuses et convaincantes. *a)* La mémoire du rêve embrasse bien plus de choses que celle de l'état de veille. Le rêve ramène certains souvenirs oubliés du rêveur et qui, à l'état de veille, restaient inaccessibles à celui-ci. *b)* Le rêve fait un usage illimité du langage symbolique dont la signification reste, pour la plus grande part, ignorée du rêveur. Mais notre expérience nous permet d'en établir le sens. Ce langage symbolique tire vraisemblablement son origine de phases antérieures de l'évolution du langage. *c)* La mémoire du rêve reproduit très souvent des impressions de la première enfance du rêveur et nous pouvons affirmer, sans crainte d'erreur, non seulement qu'elles avaient été oubliées, mais aussi qu'elles étaient devenues inconscientes par refoulement. C'est justement pourquoi, quand nous essayons de reconstruire l'enfance du rêveur, comme nous le faisons au cours d'un traitement psychanalytique, nous ne pouvons le plus souvent nous passer du rêve. *d)* Le rêve fait, en outre, surgir des contenus qui ne peuvent appartenir ni à la vie adulte ni à l'enfance du rêveur. Il faut donc considérer ce matériel-là comme faisant partie de l'héritage *archaïque*, résultat de l'expérience des aïeux, que l'enfant apporta en naissant, avant toute expérience personnelle. Dans les légendes les plus anciennes de l'humanité, ainsi que dans certaines coutumes survivantes, nous découvrons des éléments qui correspondent à ce matériel phylogénétique. C'est ainsi que le rêve offre une source appréciable de renseignements sur la préhistoire humaine.

FREUD RÉAFFIRME SA CONCEPTION DU RÊVE

Mais ce qui confère au rêve son inestimable valeur, c'est le fait que le matériel inconscient en pénétrant dans le Moi y apporte ses méthodes de travail, c'est-à-dire que les pensées préconscientes qui l'expriment sont traitées, au cours du travail du rêve, comme si elles étaient des éléments inconscients du Ça. Dans l'autre procédé de formation du rêve, les pensées préconscientes, après avoir été renforcées par une motion pulsionnelle inconsciente, se trouvent réduites au niveau de l'état inconscient. C'est par cette voie seulement que nous découvrons quelles lois régissent le cours des processus inconscients et en quoi elles diffèrent des règles connues de la pensée éveillée. Le travail du rêve consiste donc essentiellement en une élaboration inconsciente de pensées préconscientes. Empruntons une comparaison à l'histoire : les conquérants qui envahissent un pays ne se soucient pas des lois qui y sont déjà établies, mais le régissent suivant leurs propres lois. Mais il est certain que le travail du rêve aboutit à un compromis. L'organisation du Moi ne se trouve pas entièrement paralysée et l'on reconnaît son influence dans la déformation subie par le contenu inconscient et dans les tentatives, souvent vaines, faites pour donner à l'ensemble une forme que le Moi puisse accepter (élaboration secondaire). Disons, pour poursuivre notre comparaison, qu'il faut voir là une manifestation de la résistance persistante du vaincu.

Les lois qui régissent le cours des processus dans l'inconscient et qui se trouvent ainsi mises en lumière sont assez remarquables et suffisent à expliquer la plus grande partie de ce qui paraît étrange dans les rêves. Ce qui frappe tout d'abord, c'est une tendance à *condenser*, c'est-à-dire à former de nouvelles unités à partir d'éléments qui à l'état de veille resteraient certainement séparés. En conséquence, il advient fréquemment qu'un élément unique du rêve manifeste représente une quantité de pensées latentes de ce rêve, comme s'il faisait allusion à toutes à la fois, et le rêve manifeste est extrêmement abrégé par rapport aux matériaux si abondants dont il est issu. Une autre particularité du travail du rêve qui, du reste, n'est pas tout à fait indépendante de la précédente, est le *déplacement* facile des intensités psychiques (des investissements) d'un élément à un autre. C'est ainsi que souvent, dans le rêve manifeste, tel élément qui nous semble, de par sa clarté, avoir une grande importance s'avère accessoire dans les pensées du rêve, tandis qu'inversement, certains éléments essentiels des pensées du rêve ne sont représentés que par de légères allusions dans le rêve manifeste. D'ailleurs, en général, l'existence des plus insignifiants points communs entre deux éléments permet au travail du rêve de remplacer l'un par l'autre dans toute la suite des opérations. On conçoit aisément combien ces mécanismes de condensation et de déplacement rendent difficiles l'interprétation du rêve et la découverte des relations entre le rêve manifeste et les pensées latentes. De ces deux tendances à la condensation et au déplacement, notre théorie infère qu'au sein du Ça

« L'existence des plus insignifiants points communs entre deux éléments permet au travail du rêve de remplacer l'un par l'autre. »

inconscient l'énergie est librement mobile et que le Ça tient par-dessus tout à se décharger des quantités d'excitations[5]. Ces deux particularités nous permettent de définir le caractère du processus primaire attribué au Ça.

L'INCONSCIENT NE CONNAÎT PAS LA CONTRADICTION

L'étude du travail du rêve nous a appris bien d'autres particularités, aussi remarquables qu'importantes, des processus qui se déroulent dans l'inconscient, mais nous n'en pouvons donner ici qu'un aperçu. Les règles de la pensée logique ne jouent pas à l'intérieur de l'inconscient et l'on peut appeler ce dernier le royaume de l'illogisme. On y trouve côte à côte des tendances à buts opposés sans que nul besoin de les harmoniser se fasse sentir. Elles n'ont parfois aucune influence réciproque ou, si cette influence existe, ce qui se produit n'est pas une décision mais un compromis, absurde puisque renfermant des éléments incompatibles. De même, des termes opposés ne sont nullement maintenus séparés, mais bien traités comme identiques, de telle sorte que, dans le rêve manifeste, tout élément peut représenter également son contraire. Certains linguistes ont reconnu qu'il en allait de même dans les langues les plus anciennes et que des couples d'opposés tel que fort-faible, clair-obscur, haut-bas, s'exprimaient primitivement par la même racine, cela jusqu'au moment où deux modifications différentes du mot primitif sont venues disjoindre les deux significations. Dans une langue aussi évoluée que le latin, on trouve des restes de ce double sens primitif, par exemple dans *altus* (« élevé » et « profond ») et *sacer* (« sacré » et « réprouvé »).

L'INTERPRÉTATION EST IMPOSSIBLE SANS LES ASSOCIATIONS DU RÊVEUR

Devant les complexités et l'ambiguïté des relations entre le rêve manifeste et le contenu latent qu'il recouvre, nous sommes naturellement amenés à nous demander de quelle manière il devient possible de déduire l'un de l'autre et s'il ne faut compter, pour ce faire, que sur une

5. Ce cas rappelle celui du sous-officier qui, obligé d'obéir sans murmurer aux ordres de son supérieur, passe ensuite sa colère sur le dos de quelque subordonné innocent.

heureuse divination, aidée peut-être par la traduction des symboles qui apparaissent dans le rêve manifeste. Disons que, dans la plupart des cas, cette interprétation est possible, mais seulement avec le secours des associations apportées par le rêveur en liaison avec les éléments du contenu manifeste. Tout autre procédé est arbitraire et n'offre aucun résultat certain. Les associations du rêveur permettent d'obtenir les chaînons intermédiaires qui viennent s'intercaler entre les deux, de rétablir le contenu latent et d'« interpréter » le rêve. Comment s'étonner si ce travail d'interprétation, qui va à l'inverse du travail du rêve, ne nous donne pas chaque fois une pleine et entière certitude ?

QUELQUES EXEMPLES DE RÉALISATION D'UN DÉSIR PAR LE RÊVE

Il nous reste encore à expliquer, du point de vue dynamique, pour quelle raison le Moi endormi se charge du travail du rêve ? Fort heureusement ce problème n'offre pas de difficulté. Tout rêve en voie de formation exige, avec le concours de l'inconscient, quelque chose du Moi : soit la satisfaction d'une pulsion s'il découle du Ça, soit la liquidation d'un conflit, la levée d'un doute, la réalisation d'un projet, s'il émane d'un résidu d'activité préconsciente de l'état de veille. Le Moi endormi, poussé par le désir de maintenir le sommeil, tend à supprimer la gêne que provoque en lui cette exigence. Il y réussit par une apparente soumission, par une *réalisation de désir*, anodine dans les conditions données, qui supprime cette exigence. Le travail du rêve a pour fonction essentielle de remplacer une exigence par une réalisation de désir. Peut-être n'est-il pas inutile de le démontrer à l'aide de trois exemples simples : un rêve de faim, un rêve de commodité et un rêve de besoin sexuel. Par exemple, un besoin de manger tenaille un dormeur qui rêve alors d'un succulent repas et poursuit son sommeil. Il pouvait évidemment choisir entre se réveiller pour manger ou continuer à dormir, mais opte pour la seconde possibilité et satisfait oniriquement sa faim, tout au moins pendant un certain temps. Si la faim persiste, il sera cependant contraint de se réveiller. Autre cas : le dormeur est obligé de se rendre, à une heure déterminée, à la clinique, mais il continue à dormir et rêve qu'il s'y trouve déjà, mais en tant que patient. Or les malades n'ont pas besoin de quitter leur lit. Ou encore, pendant la nuit, le dormeur ressent le désir de posséder un objet sexuel interdit :

la femme d'un de ses amis. Il rêve de rapports sexuels non point avec cette personne, mais avec une autre qui porte le même prénom et qui lui est indifférente. Il peut aussi arriver que, du fait de son opposition intérieure, la maîtresse du rêve reste anonyme.

SATISFACTION POUR LE ÇA, ANGOISSE POUR LE MOI

Évidemment tous les cas ne sont pas aussi simples. Dans les rêves qui émanent de restes diurnes non liquidés et qui, dans le sommeil, n'ont subi qu'un renforcement de la part de l'inconscient, il est particulièrement malaisé de déceler la force pulsionnelle inconsciente et de mettre en lumière la réalisation de son désir ; néanmoins on est en droit d'admettre que cette réalisation existe toujours. En faisant état de tant de rêves à contenu ouvertement pénible qui peuvent même aboutir à un réveil angoissé, sans compter ceux, très fréquents, qui sont dénués de teinte affective, bien des gens nient la thèse que le rêve soit une réalisation de désir. Mais l'objection du rêve d'angoisse ne tient pas devant l'analyse. N'oublions pas que le rêve est toujours le résultat d'un conflit, une sorte de formation de compromis. Ce qui constitue pour le Ça inconscient une satisfaction peut, de ce fait même, devenir pour le Moi un motif d'angoisse.

COMPRENDRE LA FORMATION DES SYMPTÔMES GRÂCE AU RÊVE

Suivant les cas, dans le travail du rêve, c'est tantôt l'inconscient qui s'impose, tantôt le Moi qui se défend avec le plus d'énergie. Les rêves d'angoisse sont généralement ceux dont le contenu a subi la plus faible déformation. Lorsque l'inconscient devient trop exigeant et que, de ce fait, le Moi endormi n'est plus en mesure de s'en défendre par les moyens dont il dispose, ce Moi renonce au désir de dormir et revient à l'état de veille. Nos observations nous permettent d'affirmer que tout rêve constitue une *tentative* d'écarter ce qui trouble le sommeil, et cela par le moyen d'une réalisation de désir. Le rêve est donc le gardien du sommeil. Cette tentative, plus ou moins couronnée de succès, peut aussi quelquefois échouer et c'est alors que le dormeur se réveille, comme si c'était le rêve lui-même qui avait interrompu son sommeil. Comparons ce processus à la manière d'agir d'un brave veilleur de nuit, chargé de protéger le sommeil des habitants de son bourg, et qui se trouve parfois contraint de donner l'alarme et de réveiller les villageois endormis.

En conclusion, indiquons pour quelle raison nous nous sommes si longuement appesantis sur le problème de l'interprétation des rêves. L'expérience montre que les mécanismes inconscients décelés par l'étude du travail du rêve et qui nous ont expliqué la formation de ce dernier, nous aident aussi à comprendre la mystérieuse formation des symptômes, de ces symptômes qui, dans les névroses et les psychoses, suscitent tout notre intérêt. Une semblable concordance ne peut manquer de provoquer en nous de grands espoirs.

SIGMUND FREUD

DEUXIÈME PARTIE

L'inconscient et les symboles

Chapitre I

Deux approches du symbolisme

Herbert Silberer décrit en 1909, dans l'article que nous allons tout d'abord découvrir, un certain nombre d'expériences qui lui ont permis d'isoler un phénomène particulier, à partir d'états hypnagogiques, c'est-à-dire d'états vécus par le sujet au moment de l'endormissement. Selon Silberer, ce processus se retrouve dans le rêve, transposition imagée non du contenu de la pensée du rêveur, mais de la représentation du fonctionnement même de la pensée du rêveur en train de s'endormir.

Les états hypnagogiques constituent pour l'auteur un champ d'observation permettant d'observer la formation des symboles in statu nascendi *: c'est ce qu'il appelle le phénomène « auto-symbolique ». Pour Silberer, il existe en effet une série d'opérations mentales allant du concret à l'abstrait. Par exemple, un objet allongé symbolisera d'abord le pénis, puis, progressivement, conduira à l'idée abstraite et générale de puissance. L'interprétation, dans ce cas, est dite « anagogique » (adjectif dérivé d'un mot grec signifiant « élever »). Du moins, ce sera là l'aboutissement de la pensée de Silberer, qu'il développera en 1914 dans un autre article, intitulé de façon significative « Problèmes de la mystique et de son symbolisme ».*

C'est essentiellement cette interprétation anagogique d'essence spiritualiste que Jones critiquera dans l'extrait que nous lirons en second lieu. Cette interprétation anagogique rejoint le mode interprétatif de Jung, que Freud remet en question dans son « Histoire du mouvement psychanalytique »[1].

1. Voir *les Ecoles psychanalytiques : la psychanalyse en mouvement*, à paraitre dans la même collection.

◀ *Pour Silberer, le phénomène d'auto-symbolisme survient quand la tendance à l'endormissement lutte contre un effort de la pensée.*

Toutefois, Freud considère le phénomène fonctionnel comme « l'un des rares additifs à la doctrine des rêves dont la valeur soit incontestable » (« Pour introduire le narcissisme », 1914). Il en parle aussi dans les éditions de l'Interprétation des rêves *qui suivent les premiers travaux de Silberer, de même que dans* l'Introduction à la psychanalyse *(1917), et, enfin, dans une note au « Complément métapsychologique à la théorie du rêve » (1915-1917).*

L'étude qui suit concerne une approche expérimentale de l'explication des rêves. Cette méthode a été très peu utilisée, bien que les expériences de A. Maury et G. Trumball Ladd semblent en indiquer l'existence. C'est le hasard qui m'a fait découvrir ces phénomènes, alors que je procédais à des auto-observations, et c'est ainsi que j'en suis venu à utiliser cette méthode expérimentale. Les conclusions auxquelles elle permet de parvenir auraient pu tout aussi bien être tirées, de manière théorique, de la psychologie des rêves du Professeur S. Freud. Etant donné qu'elles correspondent admirablement aux relations découvertes par Freud, on pourrait les considérer comme des démonstrations frappantes de ces relations (en particulier pour ce qui est du troisième facteur du travail du rêve, désigné par Freud sous le nom de « prise en considération de la figurabilité », et dont il traite à la section VI D de *l'Interprétation des rêves*).

UNE EXPÉRIENCE VÉCUE EN ÉTAT DE SEMI-LÉTHARGIE

L'origine de mes observations peut être relatée en quelques mots. Un après-midi (après le déjeuner), j'étais allongé sur mon divan. Bien qu'ayant très sommeil, je m'efforçais de résoudre un problème de philosophie qui consistait à comparer les vues de Kant et de Schopenhauer à propos du temps. Dans un état de semi-léthargie, je ne parvenais pas à comparer leurs idées. A l'issue de plusieurs tentatives malheureuses, je fixai les arguments de Kant dans mon esprit, aussi fermement que possible, avant de porter mon attention sur ceux de Schopenhauer. Mais lorsque j'essayai de revenir à Kant, ses thèses s'étaient à nouveau envolées et il me fut impossible de les retrouver. L'effort futile en vue de retrouver le « dossier Kant », égaré en quelque sorte dans mon esprit, m'apparut tout à coup — alors que j'étais allongé les yeux fermés, comme dans un rêve — sous forme de symbole perceptuel : je demandais des renseignements à un secrétaire maussade ; penché sur son bureau, il m'ignorait totalement ; il se redressait un instant pour m'adresser un regard peu aimable exprimant un refus.

CE QUE L'AUTEUR DÉCRIT SOUS LE NOM D'AUTO-SYMBOLISME

Je fus surpris, à vrai dire presque effrayé, par le réalisme de ce phénomène inattendu. Ce qui m'impressionna, ce fut la pertinence de ce symbole inconsciemment choisi. Je pressentis dans quelles conditions un tel phénomène pouvait se produire, décidai de guetter ces conditions et même de tenter de les élucider. Au début, je pensais trouver ainsi la clef du « symbolisme naturel ». A partir des rapports de celui-ci avec le symbolisme dans l'art, j'espérais, et j'espère toujours, parvenir à éclaircir toute une série de questions psychologiques, caractériologiques et esthétiques. L'intuition que j'avais eue, quant aux conditions dans lesquelles le phénomène se produisait, se trouva confirmée. L'expérience révéla qu'il y avait deux conditions préalables : *a)* un état de somnolence ; *b)* un effort de pensée. La première est une condition passive, indépendante de la volonté, et la seconde une condition active, pouvant faire l'objet de manipulations volontaires. Et c'est le combat de ces deux éléments antagonistes qui explique l'expérience que je désigne sous le nom de phénomène « auto-symbolique ».

L'auto-symbolisme fait apparaître, sous forme d'images composées de symboles, la pensée habituellement abstraite de la personne luttant contre l'endormissement.

On pourrait le décrire comme une expérience hallucinatoire, en quelque sorte, fournissant « automatiquement » un symbole approprié de ce que l'on pense (ou ressent) à un moment donné. Il est essentiel qu'aucune de ces deux conditions ne prime sur l'autre ; leur combat doit rester incertain, de manière à ce que la balance sur laquelle leur poids relatif est pesé oscille, indécise.

La prévalence de la première condition conduirait au sommeil, celle de la seconde à une pensée normale et ordonnée. Le phénomène « auto-symbolique » ne se produit que dans un état de transition entre le sommeil et la veille, c'est-à-dire dans un état hypnagogique, crépusculaire, séparant le sommeil de l'état vigile.

PEUT-ON OBSERVER UN FACTEUR ONIRIQUE EN DEHORS DU RÊVE ?

Nous ne prétendons pas ici que les pensées se traduisent en images uniquement dans un état hypnagogique. Freud, dans *l'Interprétation des rêves*, montre clairement que c'est là l'un des aspects essentiels de la formation des rêves. Nous soutenons seulement que la traduction des pensées en images, dans un état hypnagogique, se produit de manière relativement isolée par rapport aux autres éléments de la formation des rêves, ce qui présente trois avantages heuristiques distincts : 1) l'analyse expérimentale d'une fonction complexe (le rêve en étant une, ainsi que l'a démontré Freud) pouvant vérifier certaines déductions théoriques ; 2) l'observation des facteurs du travail du rêve sous une forme isolée et « relativement pure », pouvant éclairer l'interrelation des facteurs du rêve ; 3) et, ce qui semble constituer pour moi l'avantage le plus important, l'observation directe et précise d'un facteur du rêve qui ne peut être observé dans les rêves. Avant d'évoquer cette question, je voudrais parler du phénomène auto-symbolique en tant que tel.

COMMENT UNE IDÉE ABSTRAITE SE TRANSFORME EN SYMBOLE

Ce phénomène doit être considéré comme « un processus régressif », conformément à l'hypothèse échafaudée par Freud à propos des systèmes ψ et de leurs « orientations ». D'après l'expérience acquise jusqu'à présent, je pense pouvoir classer les phénomènes auto-symboliques en trois catégories. Nous ne présentons pas ces catégories en tant que différenciations génétiques, mais simplement afin d'établir un classement utile. Ces catégories ne dépendent pas de l'apparence prise par le phénomène, mais du contenu qui s'y trouve symbolisé. Il s'agit : 1) de phénomènes matériels (contenu) ; 2) de phénomènes fonctionnels (effort) ; 3) de phénomènes somatiques.

1) *Les phénomènes matériels (contenu)* consistent en représentations auto-symboliques du contenu de la pensée, c'est-à-dire de contenus faisant l'objet d'un processus de pensée. Il peut s'agir de simples idées, de groupes d'idées, de concepts utilisés pour établir des comparaisons ou en vue d'un processus de définition, ou bien de jugements et de conclusions favorisant des opérations analytiques ou synthétiques, etc.

Dans un état de somnolence, j'envisage un thème abstrait, tel que la nature de la transsubjectivité (qualité de ce qui est partagé par tout le monde) pour des jugements valables.

Un combat commence entre la pensée active et la somnolence. La seconde devient suffisamment puissante pour désorganiser la pensée normale et permettre — dans l'état crépusculaire qui s'ensuit — l'apparition d'un phénomène auto-symbolique. Le contenu de ma pensée se présente immédiatement à moi sous forme d'image perceptuelle (apparemment réelle pendant un instant) : je vois en l'air un grand cercle (une sphère transparente) entouré de personnes dont les têtes pénètrent dans le cercle. Ce symbole exprime pratiquement tout ce à quoi je pensais. Le jugement transsubjectif est valable pour tout le monde, sans exception : le cercle englobe toutes les têtes. Cette validité doit être fondée sur un point commun : les têtes appartiennent toutes à la même sphère homogène. Tous les jugements ne sont pas transsubjectifs : le corps et les membres des individus restent en dehors (en dessous) de la sphère lorsqu'ils se dressent en tant qu'êtres indépendants. L'instant d'après, je me rends compte qu'il s'agit d'une image de rêve ; la pensée qui lui avait donné naissance — et que j'avais oubliée un instant — me revient et je m'aperçois que cette expérience constitue un phénomène « auto-symbolique ».

Que s'est-il passé ? Dans ma somnolence, les idées abstraites ont été remplacées — sans que j'y sois consciemment pour quoi que ce soit — par une image perceptuelle, par un symbole.

S'AGIT-IL D'UNE FORME DE PENSÉE PRIMITIVE ?

Mon raisonnement abstrait se heurtait à un obstacle ; j'étais trop fatigué pour continuer à penser sous cette forme ; l'image perceptuelle est apparue comme une forme de pensée « plus facile ». Elle apportait un soulagement appréciable, comparable à celui ressenti lorsqu'on s'assied après une marche fatigante. Il semble en découler – comme un corollaire – que ce genre de « pensée en images » exige un effort moins important que la pensée habituelle. La conscience, fatiguée, ne disposant pas de l'énergie nécessaire pour procéder à une pensée normale, a recours à un système moins compliqué. D'après les considérations de Freud incluses dans « La psychologie du rêve » (dernier chapitre de *l'Interprétation des rêves*), il s'agirait, sous plusieurs aspects, d'une forme de pensée primitive.

Cet exemple typique d'un phénomène « matériel » montre avec quelle clarté et quelle certitude nous pouvons démontrer le rapport entre le contenu de la pensée et l'image qui le symbolise. La façon dont ces phénomènes auto-symboliques se produisent nous met sur la voie de leur examen systématique : le contenu de la pensée peut être modifié à volonté. La difficulté consiste à faire en sorte que certaines activités de la pensée se produisent dans les conditions les moins favorables. Le maintien de l'état d'instabilité nécessaire demande un certain entraînement.

LA FONCTION DE SYMBOLISATION, PRODUIT DE LA LUTTE ENTRE LA VOLONTÉ ET LA SOMNOLENCE

2) *Les phénomènes fonctionnels (effort)* sont les expériences auto-symboliques représentant l'état du sujet qui les ressent ou le fonctionnement de sa conscience. Nous les nommons ici « phénomènes fonctionnels » parce qu'ils ont trait au mode de fonctionnement de la conscience (rapide, lente, aisée, difficile, détendue, gaie, heureuse, stérile, forcée, etc.) et non pas au contenu de l'acte de penser.

Ce deuxième groupe de phénomènes auto-symboliques montre que la fonction de symbolisation de la conscience ne concerne pas seulement le contenu de la pensée ; c'est souvent le mode de fonctionnement du processus de la pensée qui est représenté symboliquement. L'un des thèmes préférés de la fonction de symbolisation est la lutte entre deux antagonistes : la volonté de penser et la résistance opposée par la somnolence. Cette dernière est généralement personnifiée, tandis que la volonté est toujours le Moi.

Les impressions qui accompagnent, plus ou moins clairement, les processus de la pensée dans l'état hypnagogique constituent l'objet préféré de la symbolisation fonctionnelle. Ces impressions sont exprimées de la façon la plus caractéristique par les phénomènes représentant la fatigue ou la lutte contre celle-ci. Du fait de cette préférence, le phénomène fonctionnel sert de transition vers un troisième groupe, celui des phénomènes somatiques. Ainsi que nous allons tenter de le démontrer, ce troisième groupe doit – dans un certain sens – être distingué des deux autres.

LES IMPRESSIONS PROVENANT DU CORPS PEUVENT AUSSI DEVENIR AUTO-SYMBOLIQUES

3) *Les phénomènes somatiques* sont les phénomènes auto-symboliques qui reflètent des états *somatiques* quels qu'ils soient : sensations externes ou internes, telles que les sensations de pression, de tension, de température, de douleur externe, de position, les sensations provenant des jointures et des muscles, les cénesthésies, les stimuli acoustiques, optiques, chimiques et mécaniques, et les sensations complexes. Par exemple, la pression exercée sur les pieds par une couverture, les démangeaisons du nez, des douleurs rhumatismales dans les jointures, une brise effleurant la joue, une palpitation, un bruit, le parfum des fleurs, l'angoisse, l'apnée (c'est-à-dire la suspension plus ou moins prolongée de la respiration), etc.

Ce sont là les stimuli producteurs de rêves les plus courants. Du fait qu'ils ont fait l'objet d'études considérables, nos expériences hypnagogiques ne peuvent apporter que peu d'éléments valables dans ce domaine.

Les phénomènes auto-symboliques somatiques diffèrent de ceux des deux premiers groupes. En ce qui concerne ces phénomènes, les états décrits – somnolence et efforts de pensée – subissent certaines modifications. L'effort de pensée n'intervient pas dans la genèse d'un phénomène de ce groupe, et, dans la lutte contre la somnolence, la volonté est remplacée par des sensations ou des impressions. Pour produire et maintenir l'état crépusculaire favorable à ces phénomènes auto-symboliques, il suffit que la tendance de la somnolence à se convertir en sommeil soit gênée dans la juste mesure nécessaire. J'aimerais indiquer ici que le phénomène somatique peut être la variante hypnagogique des rêves qui servent à nous réveiller.

QUELQUES EXEMPLES DE PHÉNOMÈNES AUTO-SYMBOLIQUES

Nous avons maintenant de bonnes raisons de généraliser le schéma de nos deux états antagonistes et de les étendre à *a)* la somnolence et *b)* l'obstacle à l'endormissement.

Je vais donner maintenant quelques exemples de mes trois catégories de phénomènes. J'ai observé la plupart de ces exemples en moi-même. Je dois ajouter que les trois types de phénomènes sont souvent entremêlés et que, de ce fait, ces catégories ne peuvent pas toujours être distinguées bien clairement.

Mes observations montrent que le matériel des symboles provient, pour la plus grande part, d'expériences récentes.

Pour plus de commodité, je désignerai le rapport qui permet à un contenu d'être représenté par un symbole sous le nom de « base du symbole ». La base du symbole constitue donc le *tertium comparationis* du symbolisme.

PREMIER GROUPE (PHÉNOMÈNES MATÉRIELS)

EXEMPLE 1. – Ma pensée est la suivante : je dois perfectionner dans un essai un passage me posant un problème.
Symbole : Je me vois rabotant un morceau de bois.
EXEMPLE 2. – Je pense à la compréhension humaine pénétrant le problème nébuleux et complexe des « mères » (Faust, deuxième partie).
Symbole : Je me tiens seul sur une jetée de pierre pénétrant loin dans une mer obscure. L'eau de l'océan et l'atmosphère mystérieusement assombrie se rejoignent à l'horizon.
Interprétation : La jetée dans la mer obscure correspond à la tentative visant à comprendre des problèmes complexes. La jonction de l'air et de l'eau, l'élimination de la distinction entre le dessous et le dessus, devraient symboliser ce fait que, pour les mères, ainsi que le dit Méphistophélès, tous les temps, tous les dieux s'enchevêtrent de façon à ce qu'il n'y ait plus de frontières entre « ici » et « là », entre « dessus » et « dessous ». C'est dans ce sens que Méphistophélès dit à Faust : « Maintenant tu dois couler ! Je pourrais dire tout aussi bien t'élever. »
EXEMPLE 3. – Mes pensées tournent autour d'une scène dramatique, dans laquelle un acteur indique à l'autre, sans le dire ouvertement, qu'il sait quelque chose à propos d'une certaine affaire.
Symbole : Je vois une scène (pas très distinctement) où un acteur place dans la main de l'autre un récipient contenant un liquide chaud. Je ressens moi-même la chaleur. Je me suis mis apparemment – pour un instant – à la place du deuxième acteur.
Interprétation : L'acteur exprime quelque chose sans avoir recours à la parole : on ne peut pas percevoir la forme du récipient.

Exemple 4. — Je décide de dissuader quelqu'un de prendre une décision dangereuse. Je veux lui dire : « Si vous faites cela, un grand malheur vous attend. »
Symbole : Je vois trois sinistres cavaliers galopant sur des chevaux noirs dans une prairie, au crépuscule, sous un ciel de plomb.

UN GÂTEAU MÉTAPHYSIQUE

Exemple 5. — Je m'efforce de penser au but des études métaphysiques que je viens d'entreprendre. Ce but consiste — ainsi que je me le dis — à me frayer un chemin vers des formes supérieures de la conscience, c'est-à-dire des niveaux de l'existence, dans une quête des fondements de l'existence.
Symbole : Je glisse un long couteau sous un gâteau, comme si j'allais en prendre une tranche.
Interprétation : Ce mouvement que j'imprime au couteau représente la manière de « me frayer un chemin ». Pour expliquer ce symbole, apparemment idiot, je dois donner certains détails. La base du symbole, c'est-à-dire le rapport qui fait que l'image ici choisie peut constituer une représentation auto-symbolique, est la suivante : à l'heure des repas, je me vois parfois chargé de la corvée de couper et de distribuer les parts de gâteau. Je m'en acquitte à l'aide d'un couteau long et flexible, ce qui exige mille précautions. Il est particulièrement difficile de soulever les tranches ; le couteau doit être soigneusement glissé *sous* la tranche (cela correspond aux précautions prises pour me frayer, lentement, un chemin vers les « fondements »). Cette image contient, en outre, un autre symbolisme. Le symbole est constitué par une tranche de gâteau, c'est-à-dire que le couteau qui coupe cette tranche traverse plusieurs couches (les niveaux de la conscience et de l'existence).

LA MÉLODIE VISUELLE

Exemple 6. — Je pense que je n'ai plus besoin de me procurer des places de théâtre : je les ai déjà.
Symbole : Cette fois-ci, le contenu de la pensée est représenté par un phénomène visuel et acoustique. J'entends une mélodie où des notes syncopées reviennent à plusieurs reprises. Je vois simultanément des notes de musique.
Base du symbole : Les notes syncopées reviennent dans la nouvelle mesure ; on s'en est déjà « occupé » (dans la mesure précédente).

Source du symbole : Quelques jours plus tôt, j'avais entendu la mélodie utilisée dans le symbole. Le musicien, se laissant aller à son sens primitif du rythme, reproduisait chacune des notes syncopées dans la nouvelle mesure.
EXEMPLE 7. – Contrairement à la théorie kantienne, j'essaie d'envisager le temps sous forme de « concept ». Ainsi, l'espace de temps individuel devrait avoir avec la totalité du temps le même rapport qu'une masse de matière particulière avec la totalité de la masse appartenant à la même catégorie. Cette tentative visant à faire tenir un problème dans un schéma préconçu donne lieu au symbole suivant.
Symbole : Je remets un diable dans sa boîte. Mais chaque fois que je retire ma main, le diable rebondit gaiement sur son ressort.
Commentaire : Cet exemple présente déjà les signes particuliers du groupe suivant.

DEUXIÈME GROUPE (PHÉNOMÈNES FONCTIONNELS)

EXEMPLE 8. – Avant de m'endormir, je veux retrouver une idée pour ne pas l'oublier.
Symbole : Tout à coup, un laquais en livrée se présente devant moi comme s'il attendait mes ordres. Ce symbole est du même ordre que celui du « secrétaire maussade ». Cette fois, cependant, je pense sans difficulté, et j'espère mener à bien ma tâche, maintenant moins ardue. D'où le symbole de l'assistant bienveillant plutôt qu'hostile.
EXEMPLE 9. – Je perds le fil de ma pensée. Je fais un effort pour le retrouver, mais je dois m'avouer que j'ai perdu l'enchaînement.
Symbole : Un paquet de composition dont les dernières lignes sont absentes.
EXEMPLE 10. – Je pense à quelque chose. A la poursuite d'une idée secondaire, je m'éloigne du thème initial. Au moment où je cherche à le retrouver, un phénomène auto-symbolique se produit.
Symbole : Je fais de l'alpinisme. Les montagnes les plus proches de moi cachent celles qui se trouvent au-delà, d'où je suis venu et où je voudrais retourner.
EXEMPLE 11. – Je réfléchis à la manière dont devrait se comporter une certaine personne dans une scène (d'une pièce de théâtre que j'écris). Il me devient difficile de concentrer mon attention sur ce problème. J'en suis bientôt au point où je ne sais plus très bien ce que je voulais (je suis parvenu à l'état caractéristique qui donne lieu aux symboles). Maintenant, je perçois une image visuelle : j'épluche une pomme.

L'apparition de ce symbole m'intéresse et me réveille. Je pense à la pomme et je ne peux pas m'en expliquer la signification. J'essaie donc de retrouver ma pensée première concernant la scène de la pièce. Mais ne voilà-t-il pas que je reprends l'épluchage de la pomme là où je l'avais laissé. La signification de cet épluchage m'apparaît tout à coup. Pour la comprendre, il faut connaître la base du symbole. Lorsque j'épluche des pommes, je cherche quelquefois à retirer la pelure en un seul morceau, non pas en forme de spirale, mais plutôt comme un serpentin. Je n'y parviens que si j'enchaîne correctement les courbes. Dans ce cas précis, il y avait un de ces enchaînements entre la première et la deuxième phase de l'épluchage (ainsi que l'a montré clairement le changement de position de la pomme dans ma main). Le symbole représente ainsi l'effort que je fais pour me prémunir contre la rupture possible d'un enchaînement.

DEUX EXPLICATIONS QUI NE S'EXCLUENT PAS

Cette explication *fonctionnelle* du phénomène semble beaucoup plus convaincante que l'explication *matérielle*, bien que les deux soient possibles. Je devais faire en sorte que l'attitude du personnage dans la pièce fournisse une *transition formelle cohérente* (pelure *ininterrompue*) entre son comportement préalable et la fin de la pièce déjà prévue.

Il n'est pas impossible, toutefois, que les deux rapports — le fonctionnel et le matériel — aient participé à la formation du symbole (surdétermination).

Exemple 12. — (Situation) : Assoupissement après que le réveil-matin ait sonné. Je reste au lit un peu plus longtemps, avec le vague désir de ne pas trop m'y attarder. Mon sommeil est donc superficiel.

Symbole : Une horloge « thermo-automatique ». (Horloge à balancier horizontal. Les mouvements du balancier vers le haut et le bas sont commandés par le réchauffement intermittent d'une boule placée à l'une des extrémités du balancier. Sous la boule, un réchaud à alcool s'allume dès que le balancier et la boule penchent vers lui. Une fois chauffé, le balancier remonte. De toute évidence, la boule contient un liquide ayant un point d'ébullition peu élevé — invisible de l'extérieur — qui s'évapore dans le balancier creux pour revenir ensuite, refroidi et condensé, dans la boule.)

Base du symbole : le balancier horizontal (état de la conscience) ne peut pas descendre profondément (dans le sommeil) : dès qu'il commence à descendre, la petite flamme (la volonté) le renvoie vers le haut (l'état de veille).

Source du symbole : Quelques jours plus tôt, j'avais vu un dessin représentant ce genre d'horloge dans une revue scientifique.

TROISIÈME GROUPE (PHÉNOMÈNES SOMATIQUES)

EXEMPLE 13. – Je respire profondément ; ma poitrine s'élargit.
Symbole : Aidé par quelqu'un d'autre, je soulève une table très haut.
EXEMPLE 14. – Ma couverture appuie si lourdement sur l'un de mes orteils, que cela m'énerve.
Symbole : La partie supérieure d'un char, couvert d'un dais décoré, frotte contre les branches des arbres. Une dame cogne son chapeau au plafond de son compartiment.
Source du symbole : J'avais assisté au défilé d'un corso fleuri ce jour-là. Les décorations, très hautes, des chars arrivaient souvent à la hauteur des arbres.
EXEMPLE 15. – Je souffre d'une rhino-laryngite accompagnée d'une irritation douloureuse qui m'oblige à avaler constamment ma salive. J'ai de la fièvre.
Symbole : Chaque fois que je suis sur le point d'avaler, je vois l'image d'une bouteille d'eau que je suis censé boire ; à chaque fois, cette bouteille est remplacée par une autre.
Commentaire sur les phénomènes somatiques : Les composantes somatiques sont fréquemment à l'origine des symboles des groupes I et II. Ainsi, dans l'exemple 1, (pour les phénomènes matériels), la position du morceau de bois que je rabote est celle de mon avant-bras ; je sens réellement que mon avant-bras représente ce morceau de bois. Dans ce cas, une sensation extrêmement récente est à l'origine du symbole.

PHÉNOMÈNES MIXTES

EXEMPLE 16. – Je voudrais, pour terminer, décrire un phénomène complexe, intéressant du fait d'une remarquable concentration de divers processus de formation de symboles.

Je voyage en train, et je suis très fatigué. Les yeux fermés, je m'appuie à l'angle du compartiment. A plusieurs reprises, le soleil couchant vient éclairer mon visage. Il me gêne, mais je suis trop fatigué pour me lever et pour baisser le store. Donc, je laisse le soleil taper sur moi et je regarde les impressions visuelles qu'il déclenche dès qu'il touche mes paupières. Aussi étonnant que cela paraisse, les figures

Ces formes étranges, que le pinceau de Magritte a su rendre avec talent, évoquent la série de symboles plus ou moins secrets apparaissant dans le phénomène d'auto-symbolisme (Magritte : « Les épaves de l'ombre », musée de peinture et sculpture, Grenoble). ▶

Magritte

varient à chaque fois, tout en étant chaque fois uniformes. Il s'agit apparemment d'un phénomène spécifique d'« aperception ». Je vois d'abord une mosaïque de triangles, ensuite une mosaïque de carrés, etc. J'ai alors l'impression de constituer moi-même ces figures en mosaïque par mouvements rythmiques. Je découvre bientôt que le rythme est celui des essieux du train, que j'entends constamment. Ceci laisse à penser que les images auto-symboliques peuvent être influencées par des perceptions acoustiques ; ainsi donc, on pourrait, en parlant à une personne se trouvant dans un état hypnagogique, diriger (« influencer ») les images qu'elle perçoit. Soudain, le phénomène auto-symbolique suivant se produit : je vois une vieille dame, à ma droite, disposant sur une table une nappe à carreaux ; chaque carreau renferme une figure ressemblant à l'une des mosaïques solaires mentionnées plus haut ; les figures sont toutes différentes les unes des autres.

La personne recouvrant la table, dans mon imagination, avec une série d'images, correspond à l'idée que je me fais de la possibilité d'influencer les phénomènes auto-symboliques de l'extérieur.

Je dois également, à ce stade, mentionner une autre source de symbole : le soir précédent, j'avais eu une conversation avec une vieille dame qui m'avait raconté toutes sortes d'histoires sur sa vie. Il était tard et j'étais déjà fatigué. J'étais assis à une table et cette dame était assise à ma droite.

HERBERT SILBERER
Traduit de l'anglais
par S.M. Abelleira

L'APPORT DE SILBERER A LA THÉORIE DU SYMBOLISME

Dès son premier travail, Silberer insiste sur les deux points les plus originaux de sa conception auxquels il a fait subir ultérieurement un développement très détaillé. L'un se rapporte aux conditions qui favorisent la production des symboles, l'autre à la distinction entre les différentes formes de symbolisme. Ainsi qu'on le verra, il attache à ce terme un sens beaucoup plus large que celui dans lequel il a été employé dans les deux parties précédentes. Le point de départ de sa conception lui a été fourni par l'observation personnelle suivante : lorsque, fatigué ou assoupi, il s'appliquait à penser à des problèmes difficiles, il voyait apparaître une image visuelle, que l'analyse révéla comme étant une représentation imagée des idées qui le préoccupaient. Il appela ce phénomène du nom peu approprié, à mon avis, de « phénomène auto-symbolique » et le divisa en trois catégorie selon le contenu symbolisé : 1) « phénomène fonctionnel », dans lequel est représentée la *manière dont l'esprit fonctionne* (rapidement, lentement, légèrement, lourdement, joyeusement, négligemment, avec succès, sans résultat, avec effort, etc.) ; 2) « phénomène matériel », dans lequel est symbolisé *ce que* l'esprit pense (les idées) ; 3) « phénomène somatique », dans lequel sont symbolisées les sensations corporelles. Silberer insistait sur le fait que cette division n'impliquait aucune différence génétique entre les trois catégories et il y a là, à mon avis, une grave erreur qui est devenue plus tard une source de nombreux malentendus. Il prétendait en outre que le symbolisme fonctionnel ne se produit jamais isolément, mais accompagne toujours les autres.

LES SYMBOLES NÉS D'UN CONFLIT

Suivons d'abord Silberer dans le développement de la première question, celle relative aux conditions dans lesquelles se produit le symbolisme. La première situation qu'il a étudiée est celle dans laquelle il s'agit d'un conflit « à armes égales » entre le désir de s'endormir et un facteur psychique (effort intellectuel) ou physique, qui perturbe ce désir. Il est à noter que cette situation ne diffère de la situation psychique qui, d'après Freud, créerait les conditions favorables aux rêves, que par le fait que, dans le dernier cas, il s'agit du désir de continuer à dormir ; dans les deux cas, toutefois, il y a conflit entre le désir de dormir et un empêchement à la réalisation de ce désir. Silberer n'a pas tardé à définir ces conditions d'une façon plus détaillée en disant que le conflit a lieu entre, d'une part, l'effort d'appréhender une idée et, d'autre part, un facteur qui rend cet effort difficile.

Ce facteur peut être temporaire, comme l'assoupissement, la fatigue, la maladie, ou plus ou moins permanent comme, par exemple, une incapacité intellectuelle relative par rapport à la complexité de l'idée. Dans son analyse la plus complète de la situation spychique, il formula les facteurs suivants. Le symbolisme, dit-il, tend à apparaître toutes les fois que se produit, par suite de fatigue, de maladie, etc., une diminution de l'aptitude intellectuelle, au point que le sujet *n'est plus* capable de saisir un ensemble d'idées qui lui étaient antérieurement accessibles, ou lorsque l'aptitude intellectuelle d'un individu ou d'une race *n'est pas encore* assez développée pour leur permettre de saisir une idée qui, cependant, leur deviendra accessible un jour. Dans les deux cas, il sera possible de reconnaître, à une autre occasion, que le symbolisme constitue soit une régression vers un mode de pensée inférieur et plus primitif, soit l'expression d'un tel mode de pensée, primitif parce que sensoriel au lieu de conceptuel. Ces facteurs qui interviennent dans le symbolisme peuvent se diviser en deux groupes : 1) les facteurs que Silberer appelle *positifs* : ils tendent à introduire une idée donnée dans la conscience ou à l'y maintenir ; 2) les facteurs *négatifs* : ils ne permettent pas à une idée de pénétrer dans la conscience sous la forme perceptive, mais seulement sous la forme sensorielle, c'est-à-dire en étant symbolisée.

FACTEURS POSITIFS ET FACTEURS NÉGATIFS

D'après Silberer, les facteurs positifs puiseraient leur énergie à deux sources : d'abord à l'affect qui s'attache à l'idée en question, c'est-à-dire à la tendance dynamiquement progressive du processus mental lui-même ; puis au désir conscient de penser dans une direction donnée. D'après ce que Silberer écrit au sujet du facteur positif : « Il force mon attention par l'affect dont il est chargé, ou bien je lui confère le droit à mon attention en faisant un effort de volonté pour choisir et maintenir une idée pour moi sans intérêt, en imposant cette idée à mon attention comme si elle était intéressante ! » Il ne s'agit pas là d'une chose que la distinction habituelle établie par le psychologue nomme l'attention passive et l'attention active. Pour le psychanalyste, la différence vient de ce que, dans le premier cas, l'intérêt (pour le Moi) est inhérent et direct, tandis qu'il résulte d'une association indirecte dans le second.

Silberer divise les facteurs négatifs également en deux catégories, l'une et l'autre caractérisées par un état d'insuffisance relative de la faculté d'aperception. Ces facteurs sont soit d'ordre intellectuel — il s'agit alors d'un développement (individuel ou racial) imparfait des habitudes mentales ou d'un affaiblissement passager de la fonction d'aperception par suite d'une diminution de l'énergie psychique (sommeil, fatigue) —, soit de nature affective — ils manifestent alors leur action en empêchant, à la faveur du mécanisme de plaisir-déplaisir, une certaine idée de pénétrer dans la conscience (refoulement) ou bien en permettant à des complexes autonomes de priver l'attention d'une partie de son énergie et d'amener ainsi une diminution générale de la faculté d'aperception. C'est ainsi que les affects, en tant que facteur négatif, exercent une action aussi bien spécifique que générale. Souvent aussi, ils agissent d'une manière positive, en se frayant eux-mêmes un accès dans la conscience à la place des idées qu'ils viennent d'inhiber, revêtant ainsi un caractère symbolique. Il est clair que Silberer pense ici aux forces répressives, aux sentiments d'inhibition auxquels Freud assigne les fonctions de « censeurs » — et nous verrons que c'est à cet aspect du conflit qu'il consacre principalement son attention. Son attitude à l'égard de la manière dont Freud conçoit le refoulement et la censure s'exprime dans la remarque selon laquelle la résistance à laquelle on se heurte dans les analyses de rêves constitue l'envers (*Kehrseite*) de l'insuffisance aperceptive.

CE QUI FAVORISE L'APPARITION D'UN PHÉNOMÈNE N'EST PAS CE QUI LE PRODUIT

Silberer reconnaît que la faiblesse aperceptive ne peut jamais être la cause déterminante d'un symbole spécifique, ce qui le conduit à formuler les propositions que nous avons citées plus haut concernant le « facteur positif », c'est-à-dire la cause déterminante. Ce qui l'intéresse cependant le plus, c'est l'autre côté de la question, les conditions générales qui prédisposent au symbolisme. Il s'occupe principalement des facteurs qui *favorisent* le symbolisme plutôt que de ceux qui le produisent en fait, de même que la plupart des psychologues s'occupent des facteurs qui favorisent le processus de l'oubli plutôt que de ceux qui nous font réellement oublier. C'est ainsi que lorsque Silberer en vient à définir les différents processus groupés sous le nom de symbolisme (et c'est ce que, à notre tour, nous nous efforçons de faire dans ce chapitre), il s'attaque au problème de ce côté seulement (c'est-à-dire du côté de la prédisposition générale). Parlant des différentes causes de l'insuffisance aperceptive, il dit : « C'est que nous avons réellement la clef de la conception unitaire de toutes les formes possibles de symboles [2]. A mon avis, les différences essentielles qui existent entre les divers phénomènes du symbolisme ne portent pas sur le processus comme tel. En effet, bien que ces phénomènes puissent se diviser en catégories, les différences ne sont que des manifestations secondaires qui n'intéressent pas la formation des symboles. La différence primordiale, au contraire, porte sur les facteurs mêmes qui causent l'insuffisance aperceptive. » Nous allons maintenant examiner la classification que l'auteur effectue à partir de ces données.

2. Ce passage a d'autant plus de signification que l'auteur emploie le mot « symbolisme » dans le même sens compréhensif que celui dans lequel nous employons le terme « représentation indirecte ».

LE « SYMBOLISME FONCTIONNEL » NE SE PRÉSENTE-T-IL QUE CHEZ CERTAINS INDIVIDUS ?

Nous suivrons d'abord le développement des idées de Silberer concernant la nature des différentes formes de symbolisme que l'auteur distingue d'après leur contenu (voir plus haut). Il n'apporte rien de nouveau à la conception des « phénomènes somatiques » ; je ferai seulement remarquer que cette conception se rapproche davantage de celle des « phénomènes fonctionnels » que de celle des « phénomènes matériels ». Ces deux dernières catégories correspondent de si près à celles que l'auteur instaure, suite à une classification faite sur une autre base, que les unes et les autres peuvent être établies parallèlement. Dans cette dernière classification, Silberer divise les symboles, non plus d'après leur contenu, comme précédemment, mais d'après les facteurs ayant occasionné l'insuffisance aperceptive qu'il considère comme la base essentielle de tout symbolisme. Il obtient ainsi ce qu'il appelle tout simplement le premier type et le second type, tout en faisant ressortir ailleurs que le premier est caractérisé par les phénomènes « matériels », le second par les phénomènes « fonctionnels ». Le premier type doit son origine à l'insuffisance perceptive de nature intellectuelle, l'idée symbolisée ne subissant l'incidence inhibitrice d'aucun complexe affectif ; le second type, au contraire, doit son origine à l'insuffisance aperceptive de nature affective. C'est ainsi que la classification fondée sur le contenu (mais non sur la nature) des facteurs positifs[3] aboutit au même résultat que celle qui a pour base la variété des facteurs négatifs ou prédisposants[4]. Nous pouvons nous servir des qualificatifs « matériel » ou « fonctionnel » pour désigner ces deux types respectivement. Nous avons vu plus haut que dans la première conception de Silberer le *symbolisme fonctionnel* représentait la manière dont l'esprit fonctionne (lentement, rapidement, etc.). Ma propre expérience, comme d'ailleurs celle du professeur Freud (communication orale), me permet d'affirmer que c'est là une éventualité tout à fait exceptionnelle, et qui ne se présente qu'à des esprits d'une tournure philosophique et introspective particulièrement prononcée, comme c'est le cas de Silberer lui-même, qui a emprunté à son expérience personnelle la plupart des exemples qu'il cite à ce sujet. Je doute fort, en outre, de la possibilité d'une représentation imagée du fonctionnement de l'esprit, en dehors

3. Pour le sens de ces termes, voir plus haut.

4. Pour le sens de ces termes, voir plus haut.

des cas où l'esprit sent réellement ce fonctionnement ou y pense. Tel serait notamment le cas d'une intéressante variété du symbolisme fonctionnel, à laquelle Silberer a donné le nom de *Schwellensymbolik* (symbolique liminaire), et qui est caractérisé par le fait que le passage d'un état de la conscience à un autre, par exemple du sommeil à la veille et inversement, est marqué par une représentation imagée.

LE RÔLE DES PROCESSUS AFFECTIFS

Quoi qu'il en soit, Silberer ne tarda pas à élargir d'une façon surprenante sa conception du symbolisme fonctionnel. Il avait commencé par voir dans le processus du « refoulement » un simple mode du fonctionnement psychique, pour lequel il avait proposé la dénomination de « symbolisme cryptogénique ». Il étendit ensuite cette conception, de façon à y faire entrer pratiquement toutes les fonctions de l'esprit, excepté celle qui préside à la formation des idées, et plus particulièrement à tous les processus affectifs. Dans sa conception élargie, il n'est plus question *de la manière dont* l'esprit fonctionne, mais *de ce qui* fonctionne dans l'esprit. Plus le rôle que les moments affectifs jouent dans la production d'un symbole donné est grand, plus certainement ce symbole ferait partie de ce que Silberer a appelé plus haut « phénomènes fonctionnels ». Cette manière de voir s'accorde également avec les remarques très intéressantes qu'il a formulées au sujet des rapports qui existent entre le symbolisme fonctionnel d'une part, le geste, le langage, la mimique de l'autre, lesquels ne sont, bien entendu, que de simples expressions des émotions.

LES « PHÉNOMÈNES FONCTIONNELS » DE SILBERER : PRÉCONSCIENTS PLUTÔT QU'INCONSCIENTS

Si maintenant nous revenons au sens strict du mot symbole, nous voyons qu'un symbole représente non seulement l'idée symbolisée, mais aussi les affects qui s'y rapportent ou, tout au moins, quelques-uns d'entre eux, de la même manière qu'une image indique un attribut adjectif en assimilant l'objet en question à un autre qui possède sûrement un attribut. La seule différence est que, dans le symbolisme, il y a substitution totale d'une idée à une autre. L'attitude affective ainsi indiquée peut être positive ou négative, c'est-à-dire inconsciente ou consciente, primaire ou provoquée par le refoulement. A titre d'exemple, prenons le symbole bien connu du serpent. Le serpent symbolise à la fois le phallus lui-même par les attributs objectifs qui sont communs à l'un et à l'autre (aspect, érectibilité, émission de poison, habitude de s'insinuer dans les cavités), ainsi qu'une attitude subjective composée de peur, d'horreur, de dégoût qui se manifeste éventuellement dans certaines circonstances particulières, lorsque, par exemple, le sujet est une vierge prude et que l'objet appartient à une personne repoussante[5]. Silberer dirait que, des deux choses ainsi symbolisées, l'une est un phénomène matériel, l'autre un phénomène fonctionnel, et on accuserait les psychanalystes d'accorder une trop grande attention au premier au détriment du dernier. Cette attitude des psychanalystes s'explique cependant par le fait que, dans l'interprétation de symboles de ce genre, ils s'attachent avant tout à la signification positive du symbole, se réservant de s'occuper de ses aspects négatifs lorsqu'ils auront à discuter d'autres points comme la résistance, le refoulement, etc. Il convient de noter ici que Silberer ne tient guère compte que des affects négatifs ou secondaires, de sorte qu'en fait le « symbolisme fonctionnel » devient presque synonyme de la « censure » des psychanalystes, c'est-à-dire des affects inhibiteurs ou tout au plus des affects positifs qui ont été *modifiés* par la censure[6]. Pour Silberer, un symbole psychanalytique se compose donc d'un phénomène matériel (l'idée symbolisée) et d'un phénomène fonctionnel (affects rationnels), l'un et l'autre généralement conscients ou à peu près ; il a tendance à négliger la raison réelle de tout le symbolisme, à savoir les affects positifs inconscients auxquels il n'est pas permis d'apparaître dans la conscience. C'est pourtant là l'aspect essentiel du problème, et c'est pour l'avoir négligé que Silberer a pu avancer cette curieuse proposition que l'universalité ou la validité et l'intelligibilité parfaite d'un symbole varient en raison inverse du rôle que les facteurs affectifs jouent dans sa production, alors que ce sont précisément les symboles dans la formation desquels les facteurs affectifs jouent un rôle prépondérant qui sont le plus caractéristiquement universels. S'il avait été plus familiarisé avec l'inconscient, il n'aurait certainement pas sous-estimé comme il l'a fait le degré de généralité des tendances affectives primitives. Il est cependant juste de reconnaître que dans certains passages il admet cette généralité.

5. Il est évident que les affects positifs du complexe sont également représentés ; autrement, le culte du serpent ne serait jamais né.

6. Bref, les affects du préconscient, non ceux de l'inconscient.

DES INTERPRÉTATIONS SYMBOLIQUES QUI MASQUENT DES DÉFENSES

C'est encore probablement ce manque de familiarité avec l'inconscient ou un manque de conviction, qui fait dire à Silberer que des symboles « matériels » peuvent se transformer en « fonctionnels », affirmation qui mérite une attention particulière car son examen est, à mon avis, de nature à révéler les différences essentielles qui existent entre le symbolisme vrai et la métaphore. Voici ce qu'il écrit à ce propos : « Les récentes recherches psychanalytiques ont montré que des symboles primitivement matériels sont susceptibles de revêtir une signification fonctionnelle. Si on analyse les rêves d'une personne pendant un temps suffisamment long, on constate que certains symptômes qui, tout d'abord, ne se présentaient qu'occasionnellement et servaient à désigner le contenu d'une représentation, d'un désir, etc., ont tendance à revenir de plus en plus fréquemment et finissent par devenir une figure permanente, « typique ». Et plus une pareille figure typique se consolide et s'accentue, plus elle s'éloigne de sa signification première et éphémère ; plus aussi elle devient la substitution symbolique de tout un groupe d'expériences internes du même genre, de tout un chapitre psychique, pour ainsi dire, jusqu'à devenir représentative d'une seule tendance psychique (amour, haine, tendance à la frivolité, à la cruauté, à l'angoisse, etc.) Il s'est effectué un passage du matériel au fonctionnel à la faveur de ce que j'appelle une *intensification.* » A mon avis, cette conclusion constitue une interprétation inexacte d'une observation exacte. On observe, en effet, qu'après avoir découvert la signification d'un symbole (vrai), le sujet cherche à l'atténuer et à la rendre plus acceptable en donnant au symbole une autre interprétation, « fonctionnelle », plus générale. Il est vrai que ces interprétations abstraites et métaphoriques ne sont pas sans rapport avec la signification fondamentale du symbole que nous allons examiner dans un instant, mais la grande curiosité du patient pour ces interprétations n'est qu'une manifestation de sa résistance à accepter la signification la plus profonde, à assimiler l'inconscient... Certains malades deviennent tout à fait experts à se servir de ce moyen de protection contre la réalisation de leur inconscient ; lorsqu'ils interprètent leurs rêves, toute course nautique apparaît comme le symbole de leur ambition de réussir dans la vie, toute somme de monnaie qu'ils répandent par terre devient un symbole de richesse, des coups de revolver tirés en face des femmes et dans le dos des hommes se transforment en symboles de puissance ; même des rêves manifestement érotiques sont désexualisés et transformés en allégories poétiques[7]. Si le psychanalyste se laisse convaincre par ces interprétations défensives et ne juge pas utile de surmonter la résistance du patient, l'inconscient de celui-ci restera pour lui à jamais inaccessible, et encore moins sera-t-il en mesure d'apprécier l'importance relative des tendances inconscientes et de celles de la surface. Je ne veux pas dire par là que ces dernières doivent être négligées ou sous-estimées à leur tour, mais qu'il ne faut pas mettre la charrue avant les bœufs ; c'est ce que font ceux qui postulent que le secondaire et le moins important peuvent être *symbolisés* par le primaire et le plus important.

DU SYMBOLE A LA MÉTAPHORE

Dans ses travaux ultérieurs, Silberer cherche à montrer que le processus dont nous venons de parler, c'est-à-dire la transformation du symbolisme matériel en symbolisme fonctionnel, s'effectue non seulement au cours de la psychanalyse, mais spontanément aussi au cours du développement individuel et racial. Sans doute se produit-il un *nivellement* de cette sorte, mais seulement — et ce point est de la plus grande importance — dans les couches plus ou moins conscientes de l'esprit, de sorte qu'en décrivant le symbolisme dans les termes de ce *nivellement*, on n'énonce qu'une partie de la vérité. L'ordre des événements est plutôt le suivant : par suite du refoulement, les idées et les attitudes mentales inconsciemment représentées dans le symbolisme vrai engendrent, en dehors du symbolisme, un grand nombre d'autres manifestations. Celles-ci peuvent être soit positives, telles les conséquences d'une sublimation ou d'autres modifications, soit négatives, comme les formations réactionnelles. Tout comme les symboles, ce sont des substitutions conscientes de processus mentaux inconscients, ou des produits de ces processus. On comprend alors qu'un grand nombre de ces manifestations conscientes aient un rapport d'association avec différents symboles, puisqu'elles dérivent des mêmes sources, mais ce rapport est plutôt collatéral que linéaire. Dire, comme le fait l'école post-analytique, qu'une idée consciente symbolise une autre, équivaut à prétendre qu'une personne a hérité ses traits ancestraux d'un cousin. Il est vrai qu'un symbole dérivé peut être employé pour représenter ou indiquer (pour des raisons de commodité ou pour donner à l'image plus de relief) une attitude mentale collatérale découlant de la même source ; c'est en fait par ce procédé qu'un symbole reçoit un sens secondaire, métaphorique, mais plus ce sens se

7. Voir à ce propos Jung.

Pour Jones, l'image « auto-symbolique » de Silberer ▶
est à la fois symbolique et métaphorique.

trouve accentué, plus nous nous écartons du symbolisme proprement dit. A cet égard, il n'est pas rare de se trouver en face d'une combinaison, si bien que l'image en question est en partie symbolique — c'est-à-dire qu'elle représente des attitudes mentales et des idées inconscientes — et en partie métaphorique — c'est-à-dire qu'elle indique d'autres idées collatérales. Dans quelques cas, la signification symbolique peut être tout à fait absente : c'est ce que j'appelle « nivellement » ; mais, alors que Silberer parle à ce propos du passage du symbolisme matériel au symbolisme fonctionnel, il serait à mon avis plus exact de parler (et ce n'est pas là une simple différence portant sur les mots) de remplacement du symbolisme par une métaphore, c'est-à-dire par une association entre des éléments collatéraux. En outre, plus souvent qu'on ne le croirait, la signification symbolique existe en même temps que le sens métaphorique, bien qu'elle soit plus susceptible que ce dernier d'échapper à l'attention ou de n'être pas prise en considération. Nous en avons un exemple particulièrement frappant dans les superstitions courantes qui, en plus des interprétations conscientes, se prêtent à un très grand nombre d'autres interprétations dans lesquelles le symbolisme inconscient, qui forme la base de tant de superstitions, joue souvent un rôle des plus actifs et des plus importants.

L'OPINION DE L'AUTEUR : SILBERER S'ÉCARTE DU VÉRITABLE SYMBOLISME

Ces dernières considérations peuvent se résumer d'une manière plus générale. En premier lieu, une idée concrète peut être symbolisée par une autre idée concrète qui présente avec elle un double rapport : 1°) un rapport objectif, l'objet ou le processus employé à titre de symbole se composant des mêmes matériaux que l'idée symbolisée ; 2°) un rapport subjectif, l'attitude psychique à l'égard de l'objet qui sert de symbole ressemblant, sous certains rapports, à celle qui existe en regard de l'idée primaire symbolisée. Le symbole contracte ensuite des liens d'association avec d'autres attitudes psychiques provenant de la même source et sert souvent à les désigner. Le développement mental s'accentuant, ces attitudes tendent à devenir de plus en plus abstraites et générales, car, ainsi que l'indique le mot lui-même, toute idée abstraite se forme par abstraction à partir d'une idée concrète dont elle provient en dernière analyse ; de sorte que nous voyons finalement une idée concrète, qui servait primitivement à symboliser une autre idée concrète refoulée, devenir l'expression d'une idée abstraite. D'où l'opinion généralement répandue, mais erronée, que le symbolisme en général se caractérise par le fait qu'il représente l'abstrait dans les termes du concret. En détournant la notion de « symbolisme fonctionnel » de son sens primitif pour la faire servir à la représentation concrète des processus affectifs en général, en réservant ensuite l'application de cette notion aux seuls processus affectifs de nature secondaire, Silberer s'écarte de la conception du vrai symbolisme pour rejoindre, une fois de plus, la conception populaire qui voit dans le symbolisme la présentation de l'abstrait dans les termes du concret.

SYMBOLISME ET SEXUALITÉ SELON LA PSYCHANALYSE

Il est temps d'élucider ces points à l'aide d'exemples pris dans la réalité, et nous commencerons par celui du serpent déjà cité plus haut. Le serpent constitue un des symboles les plus constants du phallus[8], et la « sexualité » déroule en partie des expériences et des idées se rattachant à cet objet. D'après l'école représentée par Jung et Silberer, un serpent symboliserait dans le rêve[9] l'idée abstraite de la sexualité plutôt que l'idée concrète du phallus, tandis que d'après l'école psychanalytique, l'image d'un serpent symbolise seulement le *phallus* tout en étant généralement associée à l'idée abstraite de sexualité...

D'après l'école de Jung et Silberer, le désir inconscient de tuer le père « symboliserait » seulement notre tendance à dépasser le vieil Adam qui réside encore en nous, à conquérir cette partie de nous que nous avons héritée du père et, plus généralement, à dépasser un point de vue antérieur. Ainsi qu'on peut s'y attendre, ces mêmes idées de parricide et de castration du père se rencontrent fréquemment dans la mythologie et les religions anciennes, mais les mythologues les ont dépouillées de toute signification littérale, les interprétant comme des représentations anodines et intéressantes de phénomènes naturels : phases du Soleil et de la Lune, transformation de végétaux, changements saisonniers, etc.

8. Dans quelques occasions, rares il est vrai, il peut également symboliser les intestins ou leur contenu, mais, autant que je sache, rien d'autre.

9. Je parle des cas où l'image du rêve est symbolique, mais, bien entendu il n'en est pas toujours ainsi.

Freud[10] a montré le rôle essentiel que cette tendance au meurtre a joué dans le développement non seulement de systèmes religieux primitifs comme le système totémique, mais aussi dans celui des religions supérieures ; il est probable que le culte phallique, qui occupe une place centrale dans les religions primitives (et qui est loin de faire défaut dans les religions de notre époque), découle non seulement de l'extraordinaire surestimation (selon nous) de l'importance des fonctions sexuelles, caractéristique de l'esprit primitif, mais aussi d'un mouvement de révolte contre le phallus patriarcal et, en même temps, contre le phallus divin. Dans la conscience, l'adoration du phallus patriarcal subit une emphase d'autant plus grande qu'éclate une attitude contraire d'hostilité dans l'inconscient refoulé. Le culte phallique est donc déterminé par plus d'une cause mais il est certain qu'il avait pour objet un phallus réel...

POURQUOI L'ÉCOLE POST-PSYCHANALYTIQUE S'ENGAGE DANS LE MYSTICISME

Il nous reste à examiner brièvement un quatrième aspect, celui auquel Silberer a donné le nom d'« anagogique » et qui ressemble en fait à ce qu'Adler appelle la signification « programmatique » et Jung la signification « prospective » du symbolisme. Ces deux derniers sont beaucoup plus larges et comprennent aussi bien la conception du « développement de l'idée future » que la conception « anagogique » ; aussi ne nous occuperons-nous que de cette dernière.

On entend par « signification anagogique du symbolisme » la doctrine mystique, hermétique ou religieuse que le symbole est censé contenir. Le symbole est considéré comme l'expression d'une aspiration vers un idéal moral supérieur. Cet idéal étant inaccessible, on s'en tient au symbole, en postulant toutefois que l'idéal ultime se trouve impliqué dans le symbole et symbolisé par lui. En suivant cette voie, l'école post-psychanalytique s'engage elle-même dans un réseau inextricable de mysticisme, d'occultisme et de théosophie, dans lequel je ne propose pas aux lecteurs de s'aventurer. Silberer abandonne implicitement, et Jung explicitement, les canons et les méthodes de la science, surtout les conceptions de causalité et de déterminisme, ce qui les dispense de l'obligation de faire un examen plus ou moins attentif de leurs idées sur la question.

10. Freud, *Totem et Tabou*, trad. franç., Payot.

Il est évident que l'aspect anagogique du symbolisme n'est qu'un cas particulier de la conception de la « future idée » examinée plus haut, et il est également évident que les rapports existant entre le symbole et les idéaux moraux sont les mêmes que ceux que nous avons vu exister entre le symbole et ses différents aspects fonctionnels, surtout ceux qui se rattachent aux intérêts et aux activités sublimés. En fait, la seule différence que Silberer perçoit entre les aspects anagogiques et les aspects fonctionnels consiste en ce que les premiers se rapporteraient aux attitudes mentales futures et les derniers aux attitudes mentales présentes. Lorsque l'idéal anagogique a été atteint, il se transformerait en symbolisme fonctionnel, conclusion qui confirme le soupçon que j'ai exprimé plus haut concernant la tendance réactionnaire qui inspire la conception générale de Silberer relative au symbolisme fonctionnel.

ERNEST JONES

Chapitre II

La naissance des symboles

Dans l'Interprétation des rêves, *Freud s'attache notamment à l'étude des symboles. Toutefois, c'est essentiellement dans l'édition de 1914 qu'il aborde la symbolique du rêve. Il y note que les déments précoces (les schizophrènes) ont directement accès à la compréhension symbolique ; cependant, il s'agit là d'une aptitude ou d'un don qui n'a pas de signification pathologique en soi. Selon lui, enfin, la symbolique n'est pas non plus propre au rêve, puisqu'on la retrouve dans toutes sortes de représentations collectives, dans le folklore, les mythes, les légendes, etc.*

Freud émet une hypothèse selon laquelle le rapport symbolique (c'est-à-dire le rapport entre le symbole et le symbolisé) porte la marque d'une identité ancienne qui dépasse de beaucoup la communauté linguistique. Il reconnaît que Scherner a décelé avant lui l'existence d'une symbolique onirique : en effet, celui-ci avait montré que les édifices architecturaux et les paysages apparaissant dans les rêves symbolisent le corps ou des parties du corps. Il existe une symbolique propre au rêveur, mais aussi une symbolique collective : le roi et la reine représentent par exemple les parents ; les objets allongés, les armes longues et aiguës figurent le membre viril. Les boîtes, les coffrets, les caisses, les armoires, les vases symbolisent les femmes ou les organes génitaux féminins, etc. Tout ceci conduit à penser que si les symboles sont infinis, les symbolisés, eux, existent en nombre relativement restreint.

Dans son Introduction à la psychanalyse, *en 1917, Freud écrit que « le sens du symbole réside dans une comparaison », et ajoute que ces « comparaisons ne sont pas effectuées chaque fois pour les besoins de la cause, mais sont faites une fois pour toutes et toujours prêtes ». Aussi, si l'interprétation des rêves nécessite le contexte associatif du*

◄ *Certains symboles ont une signification universelle.*
La lune, la terre, la récolte sont des symboles féminins.
(Millet : « Les glaneuses »).

rêveur, elle peut parfois s'en passer, en raison de l'universalité de certains symboles. Selon Freud, la symbolique a constitué un motif de résistance à la psychanalyse particulièrement puissant.

Notons d'ailleurs que le terme de symbole tel qu'il est employé dans le langage courant ne coïncide pas avec le sens qu'il possède en psychanalyse, et que Ferenczi (1913) et Jones (1916) ont contribué à lui donner. En effet, l'acception courante du mot « symbole » ne diffère guère de concepts tels que « emblème » ou « signe », entre autres. C'est ainsi que l'on dira du drapeau tricolore qu'il symbolise la France. En psychanalyse, le rapport entre symbole et symbolisé implique pour la plupart des auteurs que ce dernier soit inconscient. Pour Ferenczi, l'enfant identifie le monde entier à son corps propre ou à des parties de celui-ci. Pour Jones, « n'est symbolisé que ce qui est refoulé et seul ce qui est refoulé à besoin d'être symbolisé. Cette conclusion doit être regardée comme la pierre de touche de la théorie psychanalytique du symbolisme ».

Nous ne pouvons considérer comme symboles, dans le sens psychanalytique du terme, que les choses (représentations) qui parviennent à la conscience avec un investissement affectif que la logique n'explique ni ne justifie, et dont l'analyse permet d'établir qu'elles doivent cette surcharge affective à une identification *inconsciente* avec une autre chose (représentation) à laquelle appartient en fait ce supplément affectif. Toute comparaison n'est donc pas un symbole, mais uniquement celle dont un des termes est refoulé dans l'inconscient[1]. Rank et Sachs donnent la même définition de la notion de symbole : « Nous appelons symbole – disent ces auteurs – un mode particulier de la représentation indirecte qui se distingue par des caractéristiques déterminées de la comparaison, de la métaphore, de l'allégorie, de l'allusion et des autres formes de représentation imagée du matériel de pensée (à la manière du rébus) »...« (le symbole) c'est une expression substitutive apparente qui supplée à quelque chose de caché[2]. »

Ces considérations incitent à ne pas confondre d'une façon générale les conditions d'apparition des symboles et les conditions de formation des comparaisons, mais à chercher les conditions spécifiques d'apparition de cette variété particulière de formation des comparaisons.

1. Voir à ce sujet mes articles : « Contribution à l'étude de l'onanisme » (*O.C.*, I, p. 249), « Le symbolisme des yeux », et « Critique de "Métamorphoses et symboles de la libido" de Jung » (*O.C.*, II).
2. « Importance de la psychanalyse pour les sciences psychologiques », Collect. Löwenfeld, Bergman, Wiesbaden, 1913, p. 11.

L'ENFANCE DU SYMBOLISME

L'expérience psychanalytique nous apprend en fait que la principale condition pour que surgisse un vrai symbole n'est pas de nature intellectuelle mais affective, bien que l'intervention d'une insuffisance intellectuelle soit également nécessaire à sa formation. Je désire justifier cette assertion par quelques exemples déjà exposés ailleurs, tirés du symbolisme sexuel.

Tant que le besoin ne l'oblige pas à s'adapter et par conséquent à prendre ainsi conscience de la réalité, l'enfant se préoccupe d'abord exclusivement de la satisfaction de ses pulsions, c'est-à-dire des parties de son corps qui sont le support de cette satisfaction, des objets qui sont à même de susciter celle-ci et des actes qui la provoquent. Des parties de son corps aptes à réagir à une excitation sexuelle (zones érogènes), ce sont par exemple la bouche, l'anus et l'organe génital qui retiennent tout particulièrement son attention.

« Le psychisme de l'enfant (et la tendance de l'inconscient qui en subsiste chez l'adulte) porte — en ce qui concerne le corps propre — un intérêt d'abord exclusif, plus tard prépondérant, à la satisfaction de ses pulsions, à la jouissance que lui procurent les fonctions d'excrétion et des activités telles que sucer, manger, toucher les zones érogènes. Rien d'étonnant à ce que son attention soit retenue en premier lieu par des choses et des processus du monde extérieur qui lui rappellent, en raison d'une ressemblance même lointaine, ses expériences les plus chères.

Ainsi s'établissent ces relations profondes, persistant toute la vie, entre le corps humain et le monde des objets que nous appelons *relations symboliques*. A ce stade, l'enfant ne voit dans le monde que les reproductions de sa corporéité et, d'autre part, il apprend à figurer au moyen de son corps toute la diversité du monde extérieur[3]. »

Ainsi apparaît la « sexualisation de l'univers ». A ce stade, les petits garçons désignent volontiers tout objet oblong par la dénomination infantile de leur organe sexuel, et voient en toute ouverture un anus ou une bouche, en tout liquide de l'urine, et en toute substance molle des matières fécales. Un petit garçon d'environ un an et demi, lorsqu'on lui montra pour la première fois le Danube, s'écria : « Que de salive ! » Quant à un petit garçon de deux ans, il appelait « porte » tout ce qui pouvait s'ouvrir, entre autres les jambes de ses parents qu'il pouvait

3. « Le développement du sens de réalité et ses stades », *O.C.*, II, p. 51 et *L'Identification : l'autre, c'est moi*, dans la même collection. (*N.d.Ed.*)

A l'opposé des symboles féminins, toute forme allongée peut symboliser le pénis, comme sur cette peinture de A. Lhotte le fond le mât et le clocher. (André Lhotte : « Le grand Voilier »).

également ouvrir et fermer (abduction et adduction). Nous trouvons aussi des assimilations analogues entre les différents organes du corps : l'enfant identifie le pénis et les dents, l'anus et la bouche, peut-être l'enfant trouve-t-il ainsi pour chaque partie de la moitié inférieure du corps investi affectivement un équivalent dans la moitié supérieure du corps (principalement le visage, la tête).

DE L'IDENTIFICATION AU SYMBOLE

Cependant une identification de cette sorte n'est pas encore un symbole. C'est seulement lorsque l'éducation culturelle a entraîné le refoulement d'un des termes de l'analogie (le plus important) que l'autre terme (le plus insignifiant à l'origine) gagne un supplément d'importance affective et devient un symbole du terme refoulé. A l'origine, la parité : pénis-arbre, pénis-clocher est consciente, et c'est par suite du refoulement de l'intérêt porté au pénis que l'arbre et le clocher acquièrent cette surcharge d'intérêt inexplicable et en apparence injustifiée ; ils deviennent des symboles du pénis.

C'est ainsi que les yeux sont devenus le symbole des organes génitaux auxquels ils ont été jadis identifiés sur la base d'une ressemblance superficielle ; c'est ainsi que la partie supérieure du corps en général a acquis le sur-investissement symbolique qu'elle détient à partir du moment où le refoulement a frappé notre intérêt pour la partie inférieure du corps ; et c'est probablement ainsi que ce sont constitués de façon ontogénique tous les autres symboles de l'organe sexuel (cravate, serpent, extraction dentaire, boîte, escalier, etc.) qui jouent un si grand rôle dans nos rêves. Gageons que dans les rêves des deux garçonnets mentionnés précédemment, la porte revenait chez l'un comme symbole du giron des parents, et le Danube, chez l'autre, comme symbole d'excrétion.

Je voulais montrer par ces exemples l'importance décisive des facteurs affectifs dans la formation des symboles authentiques. Nous devons donc, en premier lieu, fixer notre attention sur les facteurs affectifs si nous voulons distinguer les symboles des autres produits psychiques (métaphore, comparaison, etc.) qui sont également des formes de condensation.

La considération exclusive de conditions formelles et rationnelles peut facilement induire en erreur lorsqu'on explique les processus psychiques.

Autrefois, par exemple, on avait tendance à penser que l'on confondait les choses *parce qu'*elles se ressemblaient ; aujourd'hui nous savons qu'il y a des raisons déterminées à cette confusion et que la ressemblance n'est que l'occasion qui permet à ces raisons de se manifester. De même, nous pouvons affirmer que la seule insuffisance de perception n'explique pas suffisamment la formation des symboles si l'on ne tient pas compte des raisons qui poussent à former des comparaisons.

SANDOR FERENCZI

LE SYMBOLISME : UN PROBLÈME QUI INTÉRESSE LE DÉVELOPPEMENT DE LA CIVILISATION

C'est l'observation suivante qui a attiré pour la première fois mon attention sur la nécessité de mieux comprendre la nature théorique du symbolisme : dans le travail analytique, l'interprétation des symboles amène la « résistance » la plus importante. Par ailleurs, le symbolisme se trouve constituer le centre de la grande opposition à la psychanalyse en général. Ce fait (il est en effet permis de parler de fait, car l'observation peut être facilement vérifiée) est vraiment beaucoup plus curieux qu'on ne pourrait le penser, puisque la signification des symboles est la partie de la psychanalyse qui échappe le plus à l'arbitraire du psychanalyste ; elle lui est, pour ainsi dire, extérieure et constitue un ensemble de connaissances communes à beaucoup d'autres branches de la science : anthropologie, folklore, philologie, etc.

A mesure, cependant, qu'on approfondit la question du symbolisme, on voit son intérêt et son importance croître rapidement. De nouveaux problèmes surgissent à chaque instant et on s'aperçoit finalement, surtout si le terme « symbolisme » est pris dans son sens le plus large, qu'on se trouve en présence d'une question qui, par sa généralité, intéresse tout le développement de la civilisation. En effet, qu'est-ce que la civilisation, sinon une série sans fin de substitutions, un remplacement incessant de certains intérêts, de certaines idées et tendances par d'autres ? Du point de vue génétique, il s'avère que les progrès de l'esprit humain, loin de résulter de l'addition d'éléments venus du dehors, résultent de deux processus : d'une part, l'extension ou le transfert de l'intérêt et de la compréhension d'idées simples et primitives vers des idées plus difficiles et plus complexes qui, dans un certain sens, continuent et symbolisent les premières ; d'autre part, le remplacement constant de symbolismes par d'autres, la reconnaissance du fait que ceux qu'on pensait vrais ne correspondent en réalité qu'à certains aspects, à certaines représentations de la vérité ; pour des raisons affectives ou intellectuelles, ces représentations étaient les seules que l'esprit pouvait concevoir à une époque donnée. Il suffit de réfléchir, par exemple, au développement de la science ou de la religion pour percevoir l'exactitude de cette description.

QUELQUES SYMBOLES HISTORIQUES ET LINGUISTIQUES

Il devient donc nécessaire pour nous de chercher à mieux comprendre la nature du symbolisme et la manière dont il opère. Dès le début, notre effort se heurte à la difficulté suivante : le terme « symbolisme » a été utilisé pour désigner un très grand nombre de choses, certaines d'entre elles n'ayant pas de rapports avec les autres et toutes ayant besoin d'être différenciées. Ceux qui s'intéressent à la question liront avec profit l'ouvrage historique de Schlesinger[4] dans lequel se trouvent réunies plusieurs centaines de sens et de définitions du mot. L'étymologie ne nous est ici d'aucun secours, étant donné que le sens le plus ancien du mot grec *sumbolon* ne paraît pas être celui d'aujourd'hui *(signe)*, mais réunir, entremêler, ce qui s'explique peut-être par le fait que beaucoup de symboles avaient plusieurs significations. La racine du mot, *gal* en sanscrit, *bal* en indo-germanique, désignait plus particulièrement la réunion de plusieurs courants d'eau.

Le terme « symbolisme » est employé couramment dans un sens large, qui est à peu près celui de signe, et dans un sens plus limité (comme en psychanalyse), qui sera défini plus loin. Pour donner une idée de la diversité des phénomènes inclus dans la première de ces catégories, nous citerons les exemples suivants. Tout d'abord, le mot symbole s'applique à l'idée de divers objets : emblèmes, amulettes, devises, marques, insignes, talismans, trophées, charmes, phylactères. On emploie aussi ce terme pour désigner différentes figures du discours et différents modes de la pensée : analogie, métaphore, apologue, métonymie, synecdoque, allégorie, parabole, tous différenciés par les philologues. En outre, on qualifie souvent de symboliques les modes de penser mythologique, artistique, magique, religieux, mystique, ainsi que la métaphysique et la science primitives. Il y a un symbolisme du cubisme, de l'Église catholique, de la franc-maçonnerie, un symbolisme des couleurs et même une logique symbolique. Sont également considérés comme symboliques certains signes, certaines formules, certaines coutumes. On dit, par exemple, que le fait de s'incliner symbolise l'ancienne coutume de la prosternation, c'est-à-dire le respect sans intention hostile. Autrefois, porter une chemise ou une blouse rouge symbolisait le garibaldisme, comme il y a quelque temps la chemise noire symbolisait le mussolinisme. La cérémonie vénitienne au cours de laquelle le doge épousait l'Adriatique en jetant une bague

4. Schlesinger, *Geschichte des Symbols*, 1912.

dans la mer symbolisait la puissance navale de Venise. D'après la loi franque, le vendeur d'un terrain remettait à l'acheteur une pierre en faisant partie, ce qui symbolisait la transaction, et d'après l'ancienne loi bavaroise une branche était remise par le vendeur à l'acheteur d'une forêt. Après avoir dépouillé son frère de la Normandie, Louis XI brisa solennellement l'anneau ducal devant une assemblée réunie exprès à Rouen en 1469 : cet acte symbolisait la destruction complète de l'autorité de son frère. Il serait facile de multiplier à l'infini des exemples similaires de l'emploi de ce mot.

LES SIX CARACTÈRES COMMUNS DES « SIGNES »

Existe-t-il des caractères communs à tous ces sens, aussi multiples que variés, des mots « symbole » et « symbolique » ? En ce qui me concerne (et je pense que personne ne me contredira sur ce point), je trouve qu'ils possèdent tous en commun les attributs suivants qui, sans être essentiels, n'en sont pas moins assez caractéristiques pour nous fournir le point de départ d'une définition plus précise du problème.

1. Un symbole représente ou remplace une autre idée dont, d'après le contexte, il tire une signification secondaire que par lui-même il ne possède pas. Il importe de noter que la signification va de l'idée primaire à l'idée secondaire, c'est-à-dire qu'elle se porte sur le symbole, de sorte qu'une idée essentielle se trouve symbolisée par une idée qui l'est moins. C'est ainsi que des choses très importantes peuvent être représentées par un lambeau d'étoffe appelé drapeau.

2. Un symbole représente l'élément primaire parce qu'il a quelque chose de commun avec lui. Ce serait donc faire une entorse à la langue que de dire que le nœud que nous faisons à notre mouchoir pour nous souvenir d'une chose symbolise l'idée dont nous voulons nous souvenir (c'est ce que font à tort, selon moi, certains auteurs)[5]. L'association peut être externe ou interne. Cependant, une association qui apparaît superficielle au jugement de la raison peut souvent avoir une profonde signification affective, surtout dans l'inconscient.

3. Ce qui caractérise un symbole, c'est qu'il est sensible et concret, alors que l'idée qu'il représente peut être *relativement* abstraite et complexe[6]. Le symbole tend donc à être plus bref et plus condensé que l'idée qu'il représente. Nous en avons un exemple dans le geste de s'incliner dont nous avons parlé plus haut.

5. Ferrero, par exemple, dans *les Lois psychologiques du symbolisme*, 1895, p. 25 et suiv.

6. Dans le symbolisme vrai, l'idée est générale plutôt qu'abstraite.

4. Les modes de penser symboliques sont les plus primitifs, tant au point de vue ontogénétique que phylogénétique, et représentent une réversion vers des phases d'évolution mentale plus ancienne. Cette réversion est par conséquent favorisée par certains états tels que la fatigue, l'engourdissement, la maladie, la névrose, la folie, mais on l'observe surtout dans les rêves lorsque la vie mentale consciente se trouve réduite au minimum. C'est ainsi qu'un homme fatigué préfère généralement, plutôt que lire, feuilleter un illustré qui lui présente les idées sur un plan sensoriel.

5. Dans la plupart de ses usages, le terme « symbole » exprime une idée plus ou moins cachée, secrète ou tenue en réserve. Fait très caractéristique, la personne se servant d'un symbole n'est pas toujours consciente de ce qu'il représente réellement.

6. Les symboles ressemblent aux « mots d'esprit » en ce qu'ils sont, au sens large du terme, automatiques et inconscients. Cette proposition est d'autant plus vraie que le sens qu'on attache au mot symbolisme est plus étroit.

Ces deux derniers attributs expliquent fort bien l'attitude de l'esprit conscient à l'égard de l'interprétation du symbole, tant au point de vue de la compréhension que du sentiment. La signification d'un symbole est perçue d'autant plus facilement et son interprétation est acceptée d'autant plus volontiers que le symbole employé est plus large et plus flou. Lorsque au contraire il s'agit d'un symbole employé dans un sens étroit, l'individu qui l'emploie n'a aucune notion de sa signification et en rejette l'interprétation, souvent avec répugnance.

VERS UNE DÉFINITION DU VÉRITABLE SYMBOLISME

Par l'énumération de ces attributs, nous avons quelque peu rétréci et précisé le champ de nos recherches, mais il nous reste encore beaucoup à faire, car ils s'appliquent à un très grand nombre de phénomènes mentaux, en fait à la plupart des formes de représentation figurée indirecte. *La thèse que nous nous proposons de démontrer ici est que le vrai symbolisme, au sens strict du mot, doit être distingué des autres formes de représentation indirecte*, et cela non seulement pour des raisons de convenance, parce qu'il diffère du reste, mais parce qu'une connaissance exacte de ces différences est de nature à nous faire comprendre les niveaux les plus primitifs du développement psychique dans leurs rapports avec la pensée consciente. Avant, toutefois, de chercher à définir les caractères distinctifs du vrai symbolisme, il ne sera pas inutile d'examiner rapidement une question d'ordre linguistique : l'emploi métaphorique des mots[7] ; il est, en effet, certain que la métaphore est l'un des procédés d'expression (et celui qui nous est le plus familier) que nous avons à distinguer du symbolisme.

La comparaison constitue la figure la plus simple du discours ; logiquement, elle précède même la métaphore, et certainement l'adjectif. Certaines langues primitives, par exemple le tasmanien, n'ont pas d'adjectifs, lesquels sont remplacés par des images. La raison en est sans doute qu'il est plus facile d'observer un objet concret susceptible de servir de comparaison que d'abstraire la notion d'un attribut. La métaphore diffère de la comparaison par la suppression de l'un de ses termes. Nous disons par exemple : « Il parait les coups de sort » au lieu de dire : « Il luttait contre le mauvais sort comme s'il avait eu à parer des coups ». Une métaphore suppose donc toujours une image, qui est la figure la plus primitive ; dans la métaphore, les mots « à l'instar », « comme si », sont supprimés, bien que toujours impliqués. L'image fait ressortir une ressemblance entre des objets qui diffèrent par ailleurs, comme par exemple lorsque nous disons : « Les mots sont comme des oiseaux ; ils ont des ailes » ; un simple parallèle n'est pas une image. Nous employons des images pour orner notre phrase, lui donner plus de force et de vivacité, mais il est permis de supposer qu'à l'origine, comme en Tasmanie, elles servaient à indiquer, par le simple procédé de la comparaison, la présence d'un attribut. Le rêve se sert toujours de ce dernier expédient qui, en fait, constitue le moyen habituel d'indiquer un attribut ; on peut souvent obtenir une description compliquée d'une personne en l'identifiant (en la comparant) à une autre. Ce mécanisme d'identification, si fréquent dans le rêve, présente également des points de contact avec la métaphore. C'est ainsi que si une personne ressemble par son apparence ou sa façon d'agir à un animal, mettons à un lion ou à un taureau, elle peut se présenter dans le rêve sous la forme de l'un de ces animaux : ne disons-nous pas d'ailleurs : « Il s'est battu comme un lion » ?

L'évolution, ou ce que les philologues appellent la décadence, de la métaphore présente trois phases entre lesquelles il n'existe d'ailleurs pas de limites bien tranchées. Dans la première phase, un mot qui est employé le plus souvent dans son sens littéral peut être employé occasionnellement dans un sens figuré, ce qui en révèle immédiatement la nature métaphorique. Exemple : « la furie de la tempête ». Dans la seconde phase, les deux sens, le littéral et le figuré, sont bien connus,

7. Voir l'article de E.B. Maye, « Enlargement of Vocabulary », dans le *Guide to the English Language* de O'Neill, 1915.

de sorte que lorsque le mot est employé au figuré nous nous rendons compte soit immédiatement, soit après réflexion (préconsciemment diraient les psychanalystes) de sa nature métaphorique : c'est ainsi que, littéralement, nous parlons de la « profondeur de la mer » et, au sens figuré, de la « profondeur du désespoir ». Dans la troisième phase, le sens figuré est devenu le sens usuel, littéral et, soit par ignorance, soit par oubli, nous n'avons plus conscience de son sens littéral primitif : c'est ainsi que le mot « mélancolie » ne nous fait plus penser à de la bile noire, de même que l'expression « acuité d'esprit » ne nous fait plus penser à un couteau tranchant. La décadence de la métaphore est ici complète et le « symbole » figuré a acquis une réalité objective propre, à la place de la réalité subjective qu'il avait pendant les phases précédentes.

LE SYMBOLISME VRAI

Laissons pour l'instant la question de la métaphore de côté et abordons celle du symbolisme vrai. Je donne ce nom à l'une des variétés du groupe de représentations indirectes caractérisé par les attributs énumérés plus haut. Elle possède donc ces attributs, ainsi que d'autres par lesquels elle se différencie du reste du groupe. Avant de définir ces derniers et de les soumettre à une discussion détaillée, je tiens à attirer l'attention du lecteur sur le fait qu'un important caractère du symbolisme, c'est que l'interprétation du symbole provoque généralement une réaction de surprise, d'incrédulité et de répugnance de la part de ceux qui ne connaissent pas cette question. Nous avons un bon exemple de ceci dans l'interprétation de Polichinelle, ce personnage familier du théâtre de marionnettes, comme un symbole phallique ; il ne sera pas inutile de donner ici quelques explications.

La conception selon laquelle l'organe sexuel mâle est assimilé à un « petit homme » est très répandue ; suivant un processus que les mythologistes connaissent sous le nom de « décomposition »[8], il se trouve personnifié et incarné dans un personnage indépendant. La plupart des nains, des gnomes, des lutins, nés du folklore et de la légende, doivent leur origine à cette conception[9]. Leur caractéristique principale est de représenter des caricatures déformées et enlaidies de l'homme : ce sont

8. Voir Ernest Jones, *American Journal of Psychology*, vol. XXI, p. 105, 106.

9. Voir l'analyse des « Rumpelstilzchen » par Freud, *Internat. Zeitschr. f. ärztl. Psychoanalyse*, 1re année, p. 148.

des êtres malfaisants et même méchants (bien que parfois amicalement disposés et prêts à rendre service sous certaines conditions), capables d'accomplir des exploits merveilleux et magiques, réussissant toujours à se tirer d'affaire malgré les désavantages évidents qu'ils rencontrent sur leur chemin. A cet égard, la description de Polichinelle par Maurice Sand est typique[10] : « Il a le cœur aussi sec que son bâton, c'est un égoïste dans toute l'acception du mot. Sous une apparente belle humeur, c'est un être féroce ; il fait le mal pour le plaisir de le faire. Se souciant de la vie d'un homme comme de celle d'une puce, il aime et cherche des querelles... Il ne craint ni Dieu ni Diable, lui qui a vu passer sous son nez crochu et verruqueux tant de sociétés et de religions... » (Puis, parlant de son penchant pour les femmes :) « Malgré ses bosses et sa figure peu faite pour séduire, il est si caustique, si persuasif, si entreprenant et si insolent qu'il a des succès. » Nodier aussi[11] apostrophe Polichinelle bien à propos : « O Polichinelle, simulacre animé de l'homme naturel, abandonné à ses instincts. » Ses caractères physiques s'accordent bien avec cette interprétation : nez long et crochu, menton allongé, dos bossu, ventre proéminent, bonnet pointu.

POLICHINELLE, SYMBOLE DE L'ORGANE SEXUEL MASCULIN

Polichinelle semble avoir fait sa première apparition en Angleterre à l'époque de la Restauration[12], mais son histoire, comme celle de tant d'autres personnages analogues, est connue dans le monde entier[13]. En Angleterre, il ne tarda pas à être assimilé au clown anglais et à Jack Pudding, auxquels il a emprunté quelques traits, de même qu'en Allemagne, il ne tarda pas à être confondu avec Hanswurst. En Orient, il figure sous le nom de Karagheus. Le prototype de tous les polichinelles modernes est le *Polecenella* napolitain, dont on ne retrace pas l'origine au-delà de la Renaissance. Il est cependant fort probable qu'il descend en ligne directe du Maccus des « atellanes » romaines (farces populaires), introduites au VIᵉ siècle, la statue de Maccus du musée Capponi,

10. Maurice Sand, *Masques et Bouffons*, 1860, vol. I, p. 124.

11. Nodier, cité par Sand, *op. cit.*, p. 147.

12. Il est intéressant de noter que dans la première mention qu'on trouve en Angleterre *(Accounts of the Overseers of St. Martin's*, 1666), le directeur du théâtre forain figure sous le nom de Punchinello, exemple de l'identification de l'homme avec la marionnette.

13. De nombreux points ont été élucidés depuis la publication de l'ouvrage de Payne Collier, *History of Punch and Judy* (paru en 1828 sans nom d'auteur), qui est le plus complet sur la matière.

de Rome, trouvée en 1727, mais datant de l'époque romaine, présentant une ressemblance des plus étroites avec le personnage moderne.

Le caractère comique de ces personnages est d'un très grand intérêt sous plus d'un rapport. La représentation de l'organe mâle sous l'aspect d'un mannequin comique, d'un « drôle de petit homme », est une représentation très répandue, beaucoup plus naturelle parmi les femmes que parmi les hommes ; sa source et sa signification ne peuvent être examinées ici, car il s'agit là d'un problème dont la discussion nous entraînerait à soulever toute la question du comique en général et de sa nature propre[14]. La représentation de l'organe mâle est une subdivision du symbolisme phallique, dont nous rappellerons aux lecteurs les point suivants : il existe deux groupes de ces symboles, le groupe patriarcal où un aigle, un taureau, etc., représentent la puissance et les droits du père, et le groupe matriarcal comprenant des symboles qui représentent le fils aux tendances révolutionnaires. Ce dernier groupe se subdivise, à son tour, en deux sous-groupes, dont le premier comprend des symboles tels que le diable, le coq, le serpent, etc., qui sont tabous et interdits, l'autre se composant de symboles comme le singe, l'âne[15], qui sont méprisés comme ridicules et comiques.

Voyons maintenant sous quels rapports cet exemple diffère de ceux précédemment cités dans ce chapitre et commençons par examiner les définitions proposées par d'autres auteurs. La plus exacte de ces définitions est celle qui a été proposée par Rank et Sachs[16]. Nous la citerons textuellement : « Le symbole constitue un dernier moyen d'exprimer des idées et des sentiments refoulés, car il est particulièrement apte à dissimuler l'inconscient et à l'adapter (à la faveur de formations de compromis) à de nouveaux contenus de la conscience. Nous nous servons du terme *symbole* pour désigner un type particulier de représentation indirecte qui, par certaines particularités, diffère de l'image, de la métaphore, de l'allégorie, de l'allusion et de toutes les autres formes de représentation imagée du matériel intellectuel (à la manière d'un rébus), tout en ayant avec elles certains traits communs. Le symbole représente une union presque idéale de tous ces modes d'expression ; il constitue une expression perceptuelle substitutive, destinée à remplacer quelque chose de caché avec quoi il a en commun des caractéristiques évidentes ou à quoi il est rattaché par des liens d'association internes.

14. Voir Freud, *le Mot d'esprit et ses rapports avec l'inconscient*, Paris, Gallimard, 1953.

15. Voir Storfer, *Marias Jungfräuliche Mutterschaft*, 1914 (l'âne était un animal voué au culte de Priape auquel se trouve constamment associée la figure de Polichinelle).

16. Rand und Sachs, *Die Bedeutung der Psychoanalyse für die Geisteswissenschaften*, 1913, p. 11.

Les rêves, voie royale de l'inconscient

L'essence du symbole réside dans le fait qu'il possède deux ou plusieurs sens, s'étant formé par une sorte de condensation, d'amalgame d'éléments individuels caractéristiques. Sa tendance à perdre tout caractère conceptuel pour revêtir un caractère perceptuel le rapproche de la pensée primitive ; cette relation fait que la symbolisation est essentiellement du domaine de l'inconscient bien qu'en tant que formation de compromis, elle subisse également l'action de facteurs conscients qui, dans une certaine mesure, conditionne la formation du symbole et sa compréhension. »

« Dans le rêve, une chambre peut symboliser une femme ou l'utérus. »
(Van Gogh : « Sa chambre ». Musée du Louvre).

INCONSCIENT, INVARIABLE, INDÉPENDANT : LE VRAI SYMBOLE

D'après ces mêmes auteurs[17] le vrai symbole a les caractères suivants : représentation d'un matériel inconscient, signification invariable, indépendance par rapport aux facteurs déterminants individuels, assujettissement aux lois de l'évolution, rapports linguistiques, parallèles phylogénétiques dans les mythes, les cultes, les religions, etc. Nous allons étudier et commenter chacun de ces attributs.

1. *Représentation de matériel inconscient.* – C'est peut-être la caractéristique qui distingue le plus nettement le vrai symbolisme des autres processus auxquels on applique le même terme. Ceci ne veut pas dire que les concepts symbolisés ne soient pas connus de l'individu (car le plus souvent ils le sont), mais que l'affect inhérent au concept se trouve refoulé et, de ce fait, inconscient. En outre, le processus de symbolisation s'effectue inconsciemment, d'où il résulte que l'individu ne se rend compte ni de la signification du symbole qu'il emploie, ni, très souvent même, du fait qu'il a employé un symbole car il prend le symbole pour la réalité. La comparaison qui existe entre l'idée symbolisée et le symbole n'est jamais présente à la conscience ou, si elle l'est, ce n'est que pendant un temps très court et pour être oubliée aussitôt. Dans beaucoup de cas, il suffit d'attirer l'attention du sujet pour rendre cette comparaison évidente ; dans d'autres cas, le sujet a besoin d'une longue réflexion pour découvrir ce point de comparaison ; dans d'autres cas encore, tous les points de comparaison possibles entre deux idées semblent trop fragiles pour justifier le symbolisme, alors même que le fait du symbolisme paraît tout à fait certain.

2. *Signification invariable.* – La définition de cet attribut a besoin d'être quelque peu modifiée. Un symbole donné peut avoir deux et même, à l'occasion, plusieurs significations : dans un rêve, par exemple, une chambre peut symboliser une femme ou l'utérus. Dans ce cas, l'interprétation dépendra du contexte, des associations et du matériel qui s'offrira. La préférence pour l'une ou l'autre des significations dépend souvent de la classe sociale, de l'entourage ou de la race dont fait partie l'individu se servant du symbole, tandis que dans d'autres cas elle dépend de données purement individuelles. Les variations possibles dans la signification sont cependant très limitées et ce qui frappe plutôt, c'est la persistance d'une seule et même signification dans les manifestations les plus variées du symbolisme (rêves, mythes, etc.) et chez les personnes les plus diverses. En outre, il convient de rappeler

17. *Op. cit.*, p. 18.

que, dans l'interprétation, il est souvent question, non de telle ou telle signification, mais des deux à la fois. La condensation inconsciente qu'on observe, par exemple, dans les rêves, se compose de plusieurs couches, pour chacune desquelles une des interprétations est la vraie. Comme on le voit, il y a peu de place pour l'arbitraire dans l'interprétation des symboles.

3. *Indépendance du symbole par rapport aux facteurs déterminants individuels.* – Je trouve l'énoncé de ce caractère quelque peu ambigu, à moins qu'il ne s'agisse d'une différence de nuance entre les termes allemand et anglais. A mon avis, il s'agit, non d'une indépendance, mais d'une *non-dépendance* puisque le symbolisme n'est pas seulement déterminé par les facteurs individuels. La liberté de choix dont l'individu dispose dans la création d'un symbole donné, loin d'être illimitée, est au contraire fort restreinte, les facteurs déterminants les plus importants étant ceux qui sont communs à un grand nombre d'hommes ou, plus souvent encore, à l'humanité entière. Le rôle joué par les facteurs individuels est plus que modeste. Alors que l'individu ne peut pas choisir l'idée qui sera représentée par un symbole donné (pour la raison que nous venons d'indiquer), il peut, parmi de nombreux symboles possibles, choisir celui qui servira à représenter cette idée ; en outre, il peut quelquefois, pour des raisons personnelles, représenter une idée donnée par un symbole que personne d'autre n'a utilisé[18]. Ce qu'il ne peut pas, c'est donner à un symbole courant un sens différent de celui que lui donnent les autres ; il ne peut que choisir des symboles ou en créer de nouveaux et chaque symbole ainsi créé aura la même signification pour tous ceux qui auront à s'en servir.

HÉRÉDITÉ LINGUISTIQUE ET HÉRÉDITÉ DES IDÉES

Cette curieuse indépendance des significations symboliques soulève, bien que sous une autre forme, la vieille question de l'hérédité des idées. Certains auteurs, Jung entre autres, prétendent que le symbolisme anthropologique est hérité comme tel et voient là l'explication de son caractère stéréotypé. Pour des raisons que j'ai exposées ailleurs[19], je crois, au contraire, que chacun recrée, pour ainsi dire, le symbolisme avec les matériaux dont il dispose et que la stéréotypie tient à l'uniformité de l'esprit humain quant aux tendances particulières qui forment

18. Voir Freud, *l'Interprétation des rêves*, p. 302, 303.
19. *Imago*, 1re année, 1912, p. 486, 487.

la source du symbolisme, c'est-à-dire l'uniformité des intérêts fondamentaux et permanents de l'humanité. Si cette manière de voir est exacte, une étude approfondie du symbolisme pourrait nous fournir des conclusions importantes relativement à la nature de l'homme.

4. *Symbolisme et évolution.* – Nous traiterons plus loin de l'aspect génétique du symbolisme ; toute une partie de ce chapitre y sera consacrée.

5. *Rapports linguistiques.* – Nous avons vu que dans le symbolisme l'inconscient établit des comparaisons entre deux idées que notre esprit conscient ne songerait jamais à juxtaposer. Or l'étude de l'étymologie, et surtout de la sémantique, révèle un fait intéressant : bien que le mot désignant le symbole puisse ne pas désigner en même temps l'idée symbolisée, son histoire ne s'en rattache pas moins toujours à cette dernière, et cela de plusieurs manières. Ce rapport peut n'apparaître que dans un domaine particulier de la pensée, comme le mot d'esprit, et ne pas exister dans le langage courant. Ce rapport peut aussi apparaître dans un emploi ancien ou périmé du mot, ou dans la racine à partir de laquelle le mot s'est formé, ou dans d'autres mots qui lui sont apparentés.

L'exemple de symbolisme que nous avons cité plus haut permet d'illustrer ce point. Le mot « Punchinello » est une « contamination » anglaise (voir plus loin) du mot napolitain *Pol(l)ecenella (Pulcinella* en italien moderne), lui-même diminutif de *Pollecena,* dindonneau (le mot *Pulcino* en italien moderne signifie « poussin » et a pour diminutif *Pulcinello*) ; tout comme le coq domestique, le dindon est un symbole phallique reconnu, tant au point de vue de la représentation qu'au point de vue linguistique. La racine latine est *pullus*, mot qui sert à désigner le petit d'un animal en général. Pour des raisons évidentes, le phallus est souvent identifié à l'idée d'un enfant mâle, un petit garçon ou un petit homme. On pense que la raison pour laquelle on a utilisé le mot *Polecenella* pour la marionnette vient de la ressemblance entre le nez de l'acteur et le bec crochu de l'oiseau. Il ne faut pas oublier, par ailleurs, que nez et bec sont des symboles phalliques courants.

Ce mot, ou sa variante anglaise *Polichinello* (formée par l'intermédiaire du mot français *Polichinelle*), a été contaminé par le mot anglais « punch », qui sert principalement à désigner un outil servant à perforer certains matériaux, avec ou sans impression d'un dessin, plus précisément à percer des métaux ou à marquer des empreintes ; il désigne également un poignard (autre symbole courant). Le mot « punch » lui-même est une abréviation de « puncheon » qui signifie « poinçon » ou « poignard », et il est employé aujourd'hui par les charpentiers pour désigner une petite poutre servant à supporter une ou plusieurs poutres

Jones nous montre, à l'aide de la sémantique, en quoi le personnage de Polichinelle symbolise le pénis. (Gillot (1673-1722) « Personnage de la comedia dell'Arte) (Musée d'Abbeville).

plus longues ou un poids quelconque ; il provient du mot latin *punctiare* : piquer, poinçonner. Dans son *Journal*, à la date du 30 avril 1669, Pepys dit que *punch* est un mot « servant généralement à désigner tout ce qui est épais et court » et, à titre d'exemple, il cite un canon (autre symbole phallique, soit dit en passant) « qu'ils appellent Punchinello à cause de sa grosseur et de son peu de longueur ». Les « Punches » de Suffolk sont des chevaux de trait ayant un gros corps et des jambes courtes.

LES ATTRIBUTS PHALLIQUES DE POLICHINELLE

Pour nous résumer, le mot *Punchinello* évoque quatre idées : 1) celle d'un terme d'affection pour un enfant mâle, équivalent à « petit homme » ; 2) celle d'une partie saillante du corps ; 3) l'idée de percement et de pénétration ; 4) celle de grosseur et de brièveté ; bref, quatre idées se prêtant admirablement à la description de l'organe mâle, à l'exclusion de tout autre objet, car il n'en est pas d'autres auquel cette curieuse combinaison de grosseur et de force de pénétration s'applique d'une façon aussi parfaite. J'ajouterai que cette interprétation permet de mieux comprendre deux autres expressions : « Etre aussi fier (ou satisfait) que Punch » (dans l'inconscient, un orgueil trop présomptueux est, en effet, associé à l'auto-adoration exhibitionniste) ; et « Il est plein de *punch* » (dans cet américanisme moderne, le mot *punch* est employé comme synonyme des mots familiers : « épine dorsale », « amadou », « sable », etc.[20], autant de symboles associés à l'organe même et à son produit).

A propos de la signification phallique du bâton manié par Punchinello, on remarquera que le mot anglais *staff* (bâton) se rapproche du mot germanique *Stab* (bâton, verge) et que l'un et l'autre proviennent probablement de la racine pré-teutonique *sta* qui signifie « se redresser ». Nous savons aussi que le mot anglais *yard*, la mesure de longueur, avait deux autres significations courantes il y a trois siècles : 1) bâton et 2) phallus. Les marins l'emploient toujours dans ce dernier sens ; le mot persan *Khutka* signifie également gourdin et pénis ; c'est un équivalent du hochet du bouffon. En plus du nez long et du bâton déjà mentionnés, Punchinello présente encore plusieurs autres attributs, parmi lesquels figure le chien Tobie. Le fait qu'un symbole de ce genre peut, à son tour, se trouver associé à plusieurs symboles similaires – fait dont nous avons une illustration frappante dans les ornements phalliques que les femmes romaines portaient à titre d'amulettes[21] – confirme l'idée que nous avons exprimée plus haut quant à l'identification de l'homme avec le phallus, du tout avec sa partie.

20. Mots qui, en anglais, ont tous le deuxième sens de « cran », « caractère », « énergie ». *(N. d. T.)*
21. Voir Vorberg, *Museum Eroticum Nea politanum*, sect. « Bronzen ».

6. *Parallèles phylogénétiques.* – Un des traits les plus frappants du vrai symbolisme, c'est la remarquable ubiquité des mêmes symboles, qu'on retrouve non seulement dans les différents domaines de la vie psychique : rêves, mots d'esprit, folie, poésie, etc., dans une classe sociale donnée et dans une civilisation donnée, mais aussi chez les races les plus diverses et aux époques les plus différentes de l'histoire universelle. Par exemple, un symbole que nous trouvons aujourd'hui dans une plaisanterie obscène figurait déjà dans un culte mythique de la Grèce ancienne ; un autre, qui ne se révèle à nous que dans l'analyse d'un rêve, a déjà été utilisé, il y a des milliers d'années, dans les livres sacrés de l'Orient. Pour rendre cette correspondance plus tangible, nous citerons quelques exemples. Dans les rêves, l'idée de dents se trouve souvent symboliquement associée à celle d'accouchement, association complètement étrangère à la conscience. Or, on lit dans le *Cantique des Cantiques* : « Tes dents sont comme un troupeau de brebis qui remontent du lavoir ; chacune d'elle a mis bas des jumeaux et il n'en est pas une seule qui soit stérile. » Dans la conscience, l'idée du serpent n'est jamais associée à celle du phallus, mais, dans les rêves, le serpent est l'un des symboles les plus constants et invariables de l'organe sexuel mâle ; dans les religions primitives, ces deux idées sont parfaitement interchangeables, au point qu'il est souvent difficile de distinguer le culte phallique du culte ophitique. On trouve des traces de cette confusion jusque dans l'Ancien Testament. L'idée de père et de mère est constamment symbolisée dans les rêves par celles de roi et de reine. Le mot *king* (roi) provient en dernière analyse de la racine sanscrite *gan* qui signifie procréer, engendrer ; *ganaka* signifiait en sanscrit « père » et on retrouve également ce mot dans les Védas[22] en tant que nom d'un roi connu. Le mot anglais *queen* (reine) provient du sanscrit *gani*, qui signifie tout simplement « mère ». Le tsar de Russie était appelé « petit père », de même que le chef des Huns Attila (diminutif de Atta = père). Le titre « Landesvater » (père du pays) est assez répandu en Allemagne, et les Américains appellent toujours Washington « Father of his Country » (père de son pays). Le chef de l'Église catholique est appelé « Saint-Père », ou « Papa », l'équivalent latin de ce mot.

En ajoutant les six attributs que nous venons d'étudier aux six autres, plus généraux, dont nous avons parlé plus haut, nous avons formulé une conception du symbolisme propre à différencier celui-ci de

22. Livres sacrés des Hindous, écrits en langue sanscrite *(N. d. T.)*

tous les autres modes de représentation indirecte. Les différences et les rapports plus précis qui existent entre eux seront discutés plus loin et nous nous contenterons de conclure ce paragraphe par quelques brèves remarques sur le contenu réel du symbolisme.

CE A QUOI SE RAPPORTENT LES SYMBOLES

Le nombre des symboles pratiquement employés est extrêmement élevé et se chiffre certainement par milliers. Par contre, fait curieux, le nombre des idées ainsi symbolisées est très limité, au point que leur interprétation apparaît souvent d'une monotonie désespérante. L'importance de cette disproportion numérique entre les symboles et les idées symbolisées soulève un grand nombre de problèmes intéressants sur lesquels les hypothèses que nous développerons plus loin à propos de la genèse du symbolisme seront peut-être de nature à projeter un peu de lumière.

Tous les symboles représentent des idées se rapportant au soi et aux proches parents, ou bien aux phénomènes de la naissance, de l'amour et de la mort. En d'autres termes, ils représentent les idées et les intérêts les plus primitifs qu'on puisse imaginer. En réalité, cependant, les idées sont plus nombreuses qu'on ne pourrait le croire d'après ce bref exposé (elles sont peut-être d'une centaine environ). Cela nécessite quelques remarques complémentaires. Le *Soi* comprend soit la totalité du corps, soit une de ses parties, à l'exception de l'esprit, et il comporte une vingtaine d'idées susceptibles d'être symbolisées. Le cercle des parents se compose uniquement du père, de la mère, des frères, des sœurs et des enfants ; chacune des parties de leur corps peut être symbolisée. Les idées relatives à la naissance comportent celles de l'accouchement et de la conception, et celle de la naissance du sujet lui-même. L'idée de la mort se présente dans l'inconscient sous la forme très simple d'une absence prolongée et elle se rapporte toujours à la mort d'autres personnages, car l'idée de sa propre mort est probablement inconcevable dans l'inconscient où elle est toujours transformée en une autre idée. L'amour, ou plus précisément la sexualité, comprend un nombre considérable de symboles distincts, dans lesquels il en est qui ne sont généralement pas considérés comme ayant une portée sexuelle, les actes excrétoires par exemple. Leur énumération et leur description nous entraîneraient ici trop loin, aussi nous bornerons-nous à noter que la conception d'ensemble ainsi obtenue correspond de très près à

« L'idée de la mort est inconcevable dans l'inconscient, où elle est toujours transformée en une autre idée. (Grandville « Etude pour le voyage pour l'éternité ») Musée Carnavalet - Paris.

la théorie sexuelle de Freud[23]. Le domaine du symbolisme sexuel est étonnamment riche et varié et la plupart des symboles en font partie[24]. Ceux se rapportant au seul organe mâle sont peut-être plus nombreux que tous les autres réunis. C'est là une découverte tout à fait inattendue, plus inattendue peut-être que celle du nombre limité des idées symbolisées en général. Elle est si peu compatible avec notre sentiment des proportions qu'il nous faut des efforts pour échapper à la solution facile qui consiste tout simplement à nier les faits, solution vers laquelle nous penchons d'autant plus que les faits eux-mêmes, compte tenu de l'éducation que nous avons reçue, ne sont pas facilement accessibles.

23. Voir Freud, *Trois Essais sur la théorie de la sexualité* (Gallimard).
24. Voir Schlesinger, *op. cit.*, p. 437 et suiv.

LA NAISSANCE DES SYMBOLES : DEUX IDÉES INCONSCIENTES ET COMPARÉES

Après avoir formulé une conception relative à la nature, aux caractéristiques et au contenu du symbolisme, nous pouvons aborder les questions plus difficiles qui se rattachent à sa genèse. Notre point de départ est le fait que, dans le symbolisme, une comparaison s'établit inconsciemment entre deux idées étrangères l'une à l'autre dans l'esprit conscient et dont l'une, que nous appellerons secondaire, peut, à l'insu du sujet, remplacer et représenter l'autre que nous appellerons primaire. Cette proposition soulève aussitôt deux questions : pourquoi ces idées, entre lesquelles la conscience ne trouve aucune ressemblance, sont-elles identifiées par l'inconscient ? Et pourquoi l'une de ces deux idées symbolise-t-elle l'autre, sans réciprocité ?

En ce qui concerne la première question, nous noterons tout d'abord que c'est l'esprit primitif, et non l'esprit adulte et conscient, qui établit la comparaison entre les deux idées. Cette proposition est entraînée par tout ce que nous savons concernant le symbolisme, le groupe, les processus mentaux dont il fait partie, la haute antiquité des symboles actuels (aussi bien au point de vue individuel qu'au point de vue racial), etc. Même les quelques nouveaux symboles créés par l'adulte, par exemple celui du « Zeppelin », sont le produit de l'esprit primitif infantile qui persiste dans l'inconscient toute la vie durant.

De même que l'image forme la base de toute métaphore, une première identification forme la base de tout symbolisme. Il importe, avant tout, de ne pas confondre les deux processus. « Ce qui est aujourd'hui lié symboliquement », dit Freud[25] « fut vraisemblablement lié autrefois par une identité conceptuelle et linguistique. Le rapport symbolique paraît être un reste et une marque d'identité ancienne. »

UN ATTRIBUT ESSENTIEL DE L'ESPRIT : L'IDENTIFICATION INCONSCIENTE DE DEUX IDÉES

La tendance de l'esprit primitif – qui s'observe chez l'enfant, le sauvage, dans le mot d'esprit, les rêves, la folie et les autres produits du fonctionnement inconscient – à identifier différents objets et à fondre ensemble différentes idées, est universelle et caractéristique, mais ceux-là seuls qui sont familiarisés avec le matériel dont il s'agit sont à même

25. *L'Interprétation des rêves*, p. 302.

d'apprécier l'échelle colossale à laquelle cette tendance se manifeste. On est frappé de se trouver là en présence de l'un des attributs les plus fondamentaux et les plus essentiels de l'esprit. Deux hypothèses ont été proposées en vue de son explication, hypothèses dont nous ne dirons ici que quelques mots, étant donné qu'elles sont implicitement contenues dans cette partie et même dans le chapitre tout entier. L'une de ces hypothèses, la plus généralement admise, rattache le phénomène dont nous nous occupons, ainsi que la plupart des autres phénomènes se rapportant au symbolisme, à la structure d'un esprit incomplètement développé. C'est une hypothèse que l'on peut qualifier de statique ; elle s'appuie principalement sur l'incapacité intellectuelle d'opérer une discrimination entre certains faits. L'autre, l'hypothèse psychanalytique, tout en admettant l'importance de ce facteur, estime qu'il ne suffit pas à lui seul à expliquer tous les phénomènes ; elle suppose l'existence de certains facteurs dynamiques.

J'estime, quant à moi, que dans cette tendance à l'identification trois facteurs au moins manifestent leur action. Le premier, le seul parfaitement reconnu, mais le moins important à mon avis, est celui de l'incapacité de l'esprit. Le second, dont je vais parler dans un instant, se rattache au « principe de plaisir-déplaisir », tandis que le troisième, sur lequel Rank et Sachs ont plus particulièrement attiré l'attention, se rattache au « principe de réalité ».

LA PREMIÈRE DES HYPOTHÈSES : UNE INSUFFISANCE DE LA PENSÉE ?

Le premier de ces facteurs qui, ainsi que j'espère pouvoir le prouver, ne joue pas un rôle exclusif, se trouve assez bien défini dans les passages suivants : « Il est à remarquer », dit Pelletier[26], « que le symbole joue un très grand rôle dans les divagations des aliénés ; cela est dû à ce que le symbole est une forme très inférieure de la pensée. On pourrait définir le symbole comme la perception fausse d'un rapport d'identité ou d'analogie très grande entre deux objets qui ne présentent en réalité qu'une analogie vague. » Nous verrons que la disproportion dans l'évaluation de l'analogie provient plutôt de la différence entre les points de vue du patient et du médecin que d'une quelconque infériorité intellectuelle du premier. Abondant dans le même sens que Pelletier, Jung[27] écrit : « La faiblesse d'aperception se manifeste par des idées

26. Pelletier, *l'Association des idées dans la manie aiguë*, 1903, p. 129.
27. *Über die Psychologie der Dementia Praecox*, 1907, p. 12.

qui ne sont pas claires. Les idées n'étant pas claires, les différences qui existent entre elles ne le sont pas non plus. » Et plus loin : « Je veux seulement insister sur le fait que les nombreuses interprétations auxquelles se prête chacune des images d'un rêve (ce que Freud appelle *Überdeterminierung*[28]) témoignent seulement du manque de clarté et de l'indétermination de la pensée telle qu'elle fonctionne pendant les rêves... *Etant donné que la sensibilité aux différences est très diminuée dans les rêves*, les contenus de deux complexes peuvent facilement se confondre, ne serait-ce que sous une forme symbolique. » Les deux auteurs que nous venons de citer ont probablement subi dans une forte mesure l'influence de l'opinion courante, mais erronée, d'après laquelle les rêves et la folie seraient des produits d'un fonctionnement *défectueux* de l'esprit. Silberer[29], abordant la question par un autre côté, écrit à son tour : « Je ne crois pas m'écarter de la plupart des auteurs en affirmant que la formation de symboles a pour condition générale, et cela aussi bien à l'état de santé que de maladie, aussi bien chez l'individu que dans la race, une diminution de la faculté de préhension à l'égard de l'objet, autrement dit une *insuffisance aperceptive.* » Nous pouvons jusqu'à un certain point admettre l'intervention de ce facteur, mais il est facile de montrer, à mon avis, que ce qui apparaît comme une « incapacité aperceptive » n'est le plus souvent qu'un non-fonctionnement dû à des causes toutes différentes. Il est vrai que l'esprit primitif néglige souvent les différences, mais ce n'est pas par incapacité de les saisir car, lorsque c'est nécessaire, il en est tout à fait capable.

CE QUI FAIT ASSIMILER L'INCONNU AU DÉJA CONNU : LA « LOI DU MOINDRE EFFORT »

Le deuxième facteur, dont l'action a pour effet l'absence de discrimination, vient du fait que lorsque l'esprit se trouve en présence d'une expérience nouvelle, il saisit immédiatement les ressemblances, aussi légères soient-elles, qui existent entre elle et ses expériences antérieures, cela pour deux raisons qui, toutes deux, se rattachent au principe de plaisir-déplaisir. Tout d'abord, l'esprit primitif, qui se trouve sous la dépendance à peu près exclusive de ce principe, note principalement ce qui l'intéresse le plus personnellement, c'est-à-dire ce qui est de nature

28. Surdétermination.
29. Silberer, *Jahrbuch der Psychoanalyse,* vol. III, p. 680.

à lui procurer le plus de plaisir ou le plus de douleur. Il opère les distinctions entre deux idées lorsque ces distinctions sont sans intérêt pour lui et il ne remarque que celles qui l'intéressent. C'est une erreur (difficile à éviter dans la pratique) d'affirmer que les intérêts de l'esprit primitif sont nécessairement identiques à nos propres intérêts conscients, la vérité étant qu'il existe souvent entre les uns et les autres une différence étonnante. Les associations inattendues que forme un enfant, lorsqu'il se trouve en présence de quelque chose de nouveau, sont très amusantes, par exemple la remarque de l'eau gazeuse procure la même sensation qu'une jambe engourdie. On connaît l'exemple de Darwin, souvent cité : un enfant, ayant vu pour la première fois un canard, l'avait appelé par onomatopée « quack » et avait ensuite appliqué le même nom aux mouches et même à un sou (à cause de l'aigle ailé figurant sur une de ses faces). Meumann[30] a donné une explication assez juste de ce cas, notant que l'enfant n'a remarqué que ce qui l'intéressait, le vol et le rapport avec l'eau, et qu'il s'est servi du mot « quack » pour désigner les deux phénomènes, sans se préoccuper de la forme qu'ils pouvaient affecter ; le mot « quack » fut primitivement appliqué non au canard comme tel, mais seulement à certains attributs abstraits qui conservent ce nom, même en l'absence du canard. La deuxième raison pour laquelle l'esprit primitif saisit les ressemblances entre chaque expérience nouvelle et des expériences antérieures est beaucoup plus importante et d'un caractère plus général. Lorsqu'une expérience nouvelle se présente à l'esprit, il est certainement plus facile de percevoir les points de ressemblance existant entre elle et les expériences antérieures. On entend souvent dire, par exemple : « Les idées exprimées dans ce livre sont trop nouvelles pour moi pour que je puisse les assimiler du premier coup ; pour me faire une opinion sur cela, il faut que je relise l'ouvrage. » Dans des cas de ce genre, lorsque quelqu'un ne note que les points de ressemblance, c'est en vertu de la tendance à économiser l'effort, tendance qui constitue un des traits les plus caractéristiques de la nature humaine et que Ferrero[31] désigne sous le nom de « loi de l'inertie mentale » et de « loi du moindre effort ». Cette tendance se trouve manifestement sous la dépendance du principe de plaisir-déplaisir, fait qui a été souvent obscurci par des auteurs qui se laissaient guider d'une façon trop exclusive par des considérations morales. L'association entre la facilité et le plaisir, ou entre la difficulté et le travail ou la souffrance est une association principale, ainsi

30. Meumann, *Die Sprache des Kindes*, 1903.
31. Ferrero, *op. cit.*, p. 6, 18, 23.

que cela ressort du vocabulaire courant. Le mot *painful* (douloureux, pénible) était employé dans l'anglais du Moyen Age dans le sens d'« industrieux », d'où les expressions « paintaking » (appliqué, diligent), « painfully correct » (consciencieux), etc. Le mot français travail correspond à l'italien *travaglio*, souffrance, le mot italien *lavoro* (travail) vient du mot latin *labor*, peine, douleur. Le mot grec πευομαι signifie à la fois travailler et souffrir ; il en est de même du mot hébreu *assab*. Nous disons d'une femme qui accouche qu'elle est en travail.

LE SYMBOLISME : UNE SORTE DE DÉBARRAS AUQUEL L'ADULTE N'A PLUS RECOURS

Le troisième des facteurs qui empêchent la discrimination est proche de celui dont nous venons de parler, bien qu'il se rattache plutôt au « principe de réalité ». Il est évident que la perception de ressemblances facilite l'assimilation d'expériences nouvelles. Dans ce cas nous sommes portés instinctivement à rattacher le nouveau à l'ancien et à trouver un terrain commun à l'un et à l'autre. Si nous pouvons rattacher la nouvelle expérience à ce qui nous est déjà familier, nous pouvons en quelque sorte la « situer » et la comprendre ; elle devient intelligible. Qu'est-ce au fond que comprendre, expliquer, sinon rapporter l'inconnu au connu ?

Ce processus de fusion et d'identification nous aide à saisir la réalité et nous permet d'agir sur elle d'une manière plus adéquate. Il est vrai que c'est là un processus gros de possibilités d'erreurs, étant donné qu'il nous arrive tous les jours d'exagérer notre tendance à assimiler le nouveau à l'ancien, mais cette assimilation est pour nous, au moins dans une certaine mesure, le seul moyen d'essayer de comprendre un fait nouveau. Rank et Sach ont publié des choses excellentes sur les rapports entre le symbolisme et cette identification primaire en tant que moyen d'adaptation à la réalité : « Du point de vue psychologique, la formation de symboles reste un phénomène régressif, un retour à une certaine phase de la pensée concrète qui, chez l'homme pleinement civilisé, ne s'observe dans toute sa netteté que dans des états exceptionnels, dans ceux notamment où l'adaptation consciente à la réalité se trouve restreinte, comme dans l'extase religieuse ou artistique, ou paraît totalement abolie, comme dans les rêves et les désordres mentaux. A cette conception psychologique correspond la fonction originale de l'identification, dont l'existence est attestée par toute l'histoire de la civilisation. L'identification forme la base du symbolisme, en tant que moyen d'adaptation à la réalité, moyen qui devient superflu et acquiert la simple signification d'un symbole dès que le but poursuivi, c'est-à-dire l'adaptation, est réalisé. C'est ainsi que le symbolisme apparaît comme le précipité inconscient de moyens primitifs d'adaptation à la réalité devenus inutiles, une sorte de magasin de débarras de la civilisation auquel l'adulte, lorsque sa puissance d'adaptation subit une diminution ou une atteinte quelconque, a très volontiers recours pour retirer ses vieux jouets d'enfant depuis longtemps oubliés. Ce que des générations plus avancées ne considèrent que comme un symbole revêt, à des phases plus primitives de l'évolution psychique, une valeur et une signification on ne peut plus réelles. A mesure que l'humanité évolue, la signification originale des symboles s'efface de plus en plus et subit même des changements, bien que le langage, le folklore, etc., conservent souvent des traces plus ou moins évidentes des associations originales.

UNE LANGUE ANCIENNE DONT ON RETROUVE QUELQUES TRACES

Le rôle de ces deux derniers facteurs (principes de plaisir-déplaisir et de réalité) dans ce qui constitue une incapacité primitive de discrimination éclaire un des phénomènes les plus curieux du symbolisme qui est l'extraordinaire prédominance des symboles sexuels. Dans un travail remarquable, un philologue suédois, Sperber, a formulé une hypothèse qui, pour d'autres raisons, a été avancée à plusieurs reprises par des biologistes. Selon cette théorie qui s'appuie sur des considérations d'une valeur indiscutable, les pulsions sexuelles auraient joué un rôle des plus importants aussi bien dans la naissance que dans le développement ultérieur du langage. Les premiers sons du langage avaient été destinés à attirer le partenaire amoureux (d'où l'importance sexuelle du langage, même de nos jours) et le développement ultérieur des racines de la langue se serait effectué pendant le travail. Le travail était accompli en commun et s'accompagnait de manifestations verbales rythmiques, comme cela se passe encore aujourd'hui. L'intérêt sexuel s'attachait alors au travail lui-même comme si l'homme primitif se résignait à cette tâche pénible mais nécessaire en la considérant comme un équivalent et un substitut du fonctionnement sexuel. Les mots dont on se servait pendant l'accomplissement de ces tâches communes avaient ainsi deux sens : l'un se rapportait à l'acte sexuel, l'autre au travail équivalent. Avec le temps, le premier des deux sens a fini par se détacher du mot qui ne s'appliquait plus qu'au travail « désexualisé ». Il en aurait été de même pour d'autres tâches, ce qui aurait eu pour effet une accumulation progressive des racines dont la signification sexuelle se serait perdue. Sperber montre ensuite, grâce à de nombreux matériaux, que des mots ayant une signification sexuelle sont susceptibles d'envahir avec une facilité étonnante des domaines non sexuels et de s'y développer. Parce que nos dictionnaires étymologiques ont été soigneusement expurgés, on ignore généralement qu'un très grand nombre de mots, qui sont aujourd'hui d'un usage courant, proviennent de cette source et n'ont acquis leur signification actuelle qu'à travers une association sexuelle aujourd'hui oubliée. A la lumière des travaux de Sperber, nous commençons à comprendre pourquoi il existe tant de symboles pour les fonctions et les objets sexuels, pourquoi, par exemple, les armes et les outils sont toujours des symboles mâles, tandis que les matériaux sur lesquels on travaille sont toujours des symboles femelles. L'association symbolique et ce qui reste de l'ancienne identité verbale des objets qui autrefois avaient le même nom qu'un organe génital peuvent aujourd'hui nous apparaître dans les rêves, etc., en tant que symboles de cet organe. Avec justesse, Freud[32] compare le symbolisme à une langue ancienne à peu près disparue, mais dont on retrouve de vagues traces çà et là.

LE BESOIN DE S'ADAPTER A LA RÉALITÉ PAR LES VOIES LES PLUS FACILES

Si la manière de voir que nous venons d'exposer est exacte, l'identification qui est à la base du symbolisme résulterait principalement de l'action des deux facteurs étudiés plus haut : la tendance à rechercher le plaisir et à fuir la souffrance, et le besoin de s'adapter à la réalité par les voies les plus faciles et les plus économiques. C'est exactement ainsi que l'homme primitif a dû appréhender le monde, son désir de facilité et de plaisir s'opposant aux exigences de la réalité. Sa réponse a été un compromis par lequel il a sexualisé ses tâches.

A l'appui de ce que nous venons de dire, on peut citer quelques exemples empruntés au vaste sujet des associations existant entre le labourage, ou plus généralement l'agriculture, et les activités sexuelles. La plupart des outils dont on se sert sont des symboles phalliques (dans beaucoup de langues, le mot « outil » lui-même constitue la désignation phallique la plus vulgaire), fait facile à prouver à l'aide du folklore et de la mythologie. Par ailleurs, la conception de la terre comme

32. *Introduction à la psychanalyse,* trad. franç., Payot, p. 151.

une femme, particulièrement une mère[33], est universelle et fondamentale. L'Œdipe de Sophocle ne cesse de parler du « champ maternel dans lequel j'ai germé ». Shakespeare fait dire à Blount, sur le point de déflorer la récalcitrante Marina[34] : « Si elle était un terrain plus épineux, il faudrait la labourer avec une charrue. » Les mots correspondant au mot « labourer » servaient également en latin, en grec et dans les langues orientales à désigner l'acte sexuel[35], et nous employons toujours des mots tels que « graine », « fécondité », « stérilité » aussi bien dans leur application au monde végétal qu'au monde humain. L'association devient tout à fait manifeste dans la fameuse magie fécondante qui s'est perpétuée jusqu'à l'époque civilisée : elle consistait à faire accomplir l'acte sexuel en plein champ par un couple nu afin d'encourager le champ à imiter l'exemple. Les mots grecs qui servaient à désigner le jardin, le pré, le champ, symboles féminins, très fréquents dans les rêves, étaient également employés pour désigner les organes sexuels féminins.

DU CONCRET AU GÉNÉRAL, PUIS A L'ABSTRAIT

S'il est vrai (et c'est la thèse que nous soutenons ici) que chaque enfant recrée ce symbolisme, c'est-à-dire qu'il perçoit (inconsciemment en grande partie) ces comparaisons étrangères à l'esprit adulte et conscient, il est évident que nous aurons à soumettre à une révision radicale nos idées sur l'esprit de l'enfant, particulièrement en ce qui concerne la sexualité. Ceci a déjà été fait par Freud pour d'autres raisons, lorsque l'expérience psychanalytique lui a fait découvrir que l'inconscient de l'enfant, et même sa conscience, sont de nature infiniment plus sexuelle qu'on ne l'avait jamais supposé[36]. En fait, tout le processus auquel il a donné le nom de « sublimation » n'est probablement qu'une répétition ontogénique de celui que nous venons de décrire, c'est-à-dire la dérivation progressive de l'énergie sexuelle dans des directions non sexuelles. L'activité, qu'elle s'exprime dans les travaux de l'homme primitif ou dans les jeux de l'enfant, se détache peu à peu de cette source d'intérêt, mais l'ancienne association subsiste dans l'inconscient où elle peut, dans des conditions données, se manifester sous la forme de symboles.

33. Voir Dietrich, *Mutter Erde*, 2ᵉ édit., 1913.
34. Périclès, acte IV, scène VI.
35. Kleinpaul, *Das Leben der Sprache*, vol. III, 1893, p. 136.
36. Freud, *Trois Essais sur la théorie de la sexualité*.

Les lecteurs n'auront sans doute pas manqué de constater que nous avons insisté, au cours de cette discussion, sur les défauts de la qualité de discrimination de l'esprit primitif, alors que nous n'avons rien dit des cas où celui-ci fait preuve, au contraire, d'une puissance de discrimination peu commune. Ceci est d'ailleurs vrai aussi bien du sauvage que de l'enfant, mais non de l'esprit inconscient.

On sait que les termes abstraits naissent primitivement de mots concrets et les exemples que nous avons cités montrent qu'ils se transforment de concrets en abstraits à la faveur d'une généralisation ayant pour point de départ un seul cas. L'ordre de développement serait le suivant : concret, général, abstrait. En faveur de cette conclusion, on peut citer les faits tirés de l'ordre de développement des parties du discours. C'est ainsi que d'après Wundt[37] les adjectifs, qui se sont développés relativement tardivement, ont eu primitivement la même forme que les substantifs ; ils ne furent, au début, que de simples noms particuliers. Il y avait, par exemple, des mots distincts pour désigner une feuille brune et une feuille verte et ces deux mots n'avaient rien de commun avec ceux qui servaient à désigner les autres objets bruns ou verts. A un moment donné, un des mots « vert », probablement celui où le facteur vert dominait (peut-être le mot « feuille verte ») a été étendu à d'autres objets dont on voulait faire ressortir l'aspect vert (par exemple : un tissu feuille verte). A mesure qu'augmentait le nombre d'objets auxquels on l'appliquait, le mot « feuille verte » perdait sa forme substantive. On sait, par exemple, que les Groenlandais ont un nom séparé pour chaque doigt et qu'ils se servent du nom par lequel ils désignent le doigt principal (le pouce) lorsqu'ils veulent parler de doigts en général. Les Groenlandais ont donc effectué le passage du particulier au général ; il ne leur reste plus qu'une seule étape à franchir pour atteindre l'abstrait.

POURQUOI UNE IDÉE PEUT-ELLE EN REMPLACER UNE AUTRE ALORS QUE LA RÉCIPROQUE N'EST PAS VRAIE ?

Il est facile de se rendre compte qu'en employant le mot « bateau » pour désigner n'importe quel navire, nous retournons à l'habitude primitive, infantile, qui consiste à négliger de faire la discrimination par manque d'intérêt. En un certain sens, c'est d'ailleurs ce qui caractérise toute généralisation. La différence essentielle qui sépare une généralisation valable (par exemple, une généralisation scientifique) du simple

37. Wundt, *Völkerpsychologie*, vol. I, 2e partie, 1904, p. 289.

« groupage » auquel se livre l'esprit primitif, résumera la valeur pratique de la généralisation. Sans doute, les identifications opérées par l'enfant lui sont-elles personnellement aussi claires que le sont au savant les grandes généralisations ; cependant, si les unes et les autres peuvent avoir la même utilité subjective, on ne peut en dire autant de leur utilité objective. Les généralisations du savant tiennent davantage compte des faits de la réalité extérieure, elles sont situées sur un plan plus réel et moins subjectif ; bref, il y a entre les unes et les autres toute la différence qui sépare le simple principe de « plaisir-déplaisir » du principe de réalité. Ce point de vue nous ouvre la perspective d'une théorie de la découverte scientifique, de l'invention, etc. (théorie que nous ne pouvons développer ici). En effet, psychologiquement, cela suppose un triomphe sur les résistances qui, à l'état normal, empêchent une régression vers la tendance infantile et inconsciente à noter « l'identité dans les différences » ; le tout se passant naturellement sur le plan de la réalité.

Nous abordons maintenant la seconde des deux questions posées au début de ce paragraphe : pourquoi, de deux idées inconsciemment soudées, est-ce toujours l'une qui symbolise l'autre sans que la réciproque se produise jamais ? Pourquoi, dans les rêves comme en anthropologie, un clocher symbolise-t-il souvent (nous disons souvent et non toujours) le phallus, alors que jamais un phallus ne se présente dans le rêve comme le symbole d'un clocher ? A lui seul, ce fait suffit à abolir l'hypothèse selon laquelle le symbolisme ne serait que la conséquence d'une insuffisance aperceptive, car, si cette hypothèse était vraie, la non-réciprocité du symbolisme serait inexplicable. Ce point est bien mis en évidence par Ferenczi, qui écrit : « On avait autrefois tendance à croire que la confusion entre les choses était due à leur ressemblance ; nous savons aujourd'hui que si une chose est confondue avec une autre, c'est en raison de certains facteurs internes auxquels la ressemblance ne fournit qu'une occasion de se manifester. » Si donc nous supposons que deux idées se sont étroitement associées de la manière définie plus haut, quelles sont les raisons qui font que l'une remplace l'autre alors que l'inverse ne se produit jamais ? On ne peut, bien entendu, répondre à cette question qu'après examen du contenu matériel des idées elles-mêmes. Ce qui frappe surtout, c'est d'abord que les idées symbolisées sont les plus primordiales qu'on puisse concevoir, celles auxquelles s'attache l'intérêt le plus puissant. On découvre par ailleurs que leur sont associés, en état de refoulement psychique, des processus affectifs et volitifs puissants qui ne peuvent pas entrer dans la conscience et s'exprimer librement. Il s'agit en fait des processus mentaux les plus complètement refoulés qui soient.

N'EST SYMBOLISÉ QUE CE QUI EST REFOULÉ : LA PIERRE DE TOUCHE DU SYMBOLISME

Il est impossible de ne pas relier ces deux observations. C'est un fait bien établi par la clinique psychologique que lorsqu'une forte tendance affective est refoulée, elle aboutit souvent à une formation de compromis (les symptômes névrotiques en sont peut-être l'exemple le mieux connu) : les tendances refoulées et les tendances répressives se trouvent fondues, et le résultat de cette fusion se manifeste par un produit de substitution. Il est tout naturel de penser que les symboles sont de cette nature car, comme les autres formations de compromis, ils se composent à la fois d'éléments conscients et inconscients. Le symbolisme joue certainement un rôle important dans nombre de symptômes névrotiques. C'est ainsi, par exemple, qu'un complexe de castration aboutit souvent à une phobie de la cécité, l'œil étant l'un des symboles somatiques les plus courants du phallisme. Tous les psychanalystes admettent d'ailleurs que le symbolisme résulte d'un conflit intrapsychique entre tendances refoulées et tendances répressives, et cette manière de voir est implicite dans la définition de Ferenczi, qui voit dans les symboles des « idées auxquelles s'attache dans la conscience un affect logiquement inexplicable et sans raison. L'analyse permet d'établir que ces idées doivent cet affect supplémentaire à des identifications inconscientes avec une autre idée à laquelle le surplus de l'affect appartient réellement. C'est pourquoi toutes les images ne sont pas des symboles, seulement celles dans lesquelles un des termes de comparaison est refoulé dans l'inconscient. » Selon lui, la forme la plus primitive du symbolisme est sans doute le remplacement d'une partie du corps par une autre, qui, par la suite, en remplace une autre. L'accent se porte alors sur le haut du corps en général, l'intérêt pour la moitié inférieure étant refoulé (c'est ce que Freud appelle le « déplacement de bas en haut »).

L'expérience psychanalytique révèle que les idées se rattachant aux côtés les plus élémentaires de la vie, les seules qui puissent être symbolisées (notamment celles concernant le soi corporel, les relations avec la famille, la naissance, l'amour et la mort), gardent dans l'inconscient leur importance primitive toute la vie durant et fournissent à la conscience un très grand nombre d'intérêts secondaires. Comme l'énergie vient d'elles mais ne va jamais vers elles, et qu'elles constituent la partie la plus refoulée de l'esprit, on comprend que le symbolisme ne puisse suivre qu'une seule direction. N'est symbolisé que ce qui est refoulé et seul ce qui est refoulé a besoin d'être symbolisé. Cette conclusion doit être regardée comme la pierre de touche de la théorie psychanalytique du symbolisme.

ERNEST JONES

Hanna Segal expose comment deux de ses patients ont utilisé le même symbole, le violon, comme représentant des organes génitaux. (P. Deltombe : « Jeune homme au violoncelle » Musée des Beaux-Arts, Nantes).

Chapitre III

Le processus de symbolisation

Dès 1923, puis en 1930, dans le premier extrait que nous présentons ici, Mélanie Klein s'attache à montrer quelle est la fonction de la formation des symboles dans le développement du Moi. Elle décrit l'inhibition de la fonction symbolique chez le petit Dick[1]*, un garçonnet psychotique âgé de quatre ans : Dick était terrifié par son agressivité qui visait le corps de sa mère. Selon Mélanie Klein, le monde extérieur représente, dans l'inconscient et pour chacun d'entre nous, une extension du corps maternel. Une trop grande angoisse et un sadisme trop important peuvent inhiber toute recherche d'objet substitutif symbolisant l'objet maternel primaire — son corps ou des parties de son corps. Ainsi, le monde ne revêt pour cet enfant autistique aucune signification symbolique et, de ce fait, ne présente pour lui aucun intérêt. Dans un développement normal, au contraire, l'angoisse résultant de la perte de l'objet ou les défenses qui s'opposent aux pulsions destructrices constituent, lorsqu'elles se maintiennent dans certaines proportions, une incitation à l'activité symbolique, dans la mesure où l'enfant qui cherche à protéger ou à retrouver ses objets d'amour tend à leur trouver des substituts successifs et nombreux, à même de maintenir une relation fertile entre lui, son entourage et la réalité.*

Hanna Segal, psychanalyste anglaise et disciple de Mélanie Klein, a rédigé un passionnant article sur ce qu'elle nomme « l'équation symbolique » chez le schizophrène : nous le découvrirons en second lieu. Pour le schizophrène, il n'existe pas de différence entre le symbole et le symbolisé. C'est ainsi qu'un schizophrène à qui son médecin demande un jour pourquoi il a cessé de jouer du violon réplique avec violence : « Quoi ! pensez-vous que je vais me masturber en public ? » Hanna

1. Non reproduit ici. Voir Mélanie Klein, *Essais de psychanalyse,* chapitre XI (Payot).

Segal explicite cette connaissance immédiate du sens du symbole chez le schizophrène, déja signalée par Freud dans l'Interprétation des rêves, *comme étant à la base de la pensée concrète schizophrénique. Les perturbations dans la différenciation entre le Moi et l'objet entraînent des troubles dans la différenciation entre le symbole et l'objet symbolisé : « Dans cette pensée, des substituts des objets originaux ou de parties du Soi peuvent être utilisés tout à fait librement, mais, comme dans les deux exemples de patients schizophrènes que j'ai cités, ces substituts sont à peine différents de l'objet original : ils sont ressentis et traités comme s'ils étaient identiques à cet objet*[2]. »

La thèse présentée dans cet article se fonde sur l'idée qu'il existe un stade précoce du développement psychique où le sadisme agit sur toutes les sources du plaisir libidinal[3]. Si je me rapporte à mon expérience, le sadisme atteint son point culminant au cours de la phase qui débute avec le désir sadique-oral de dévorer le sein de la mère (ou la mère elle-même) et qui s'achève à l'avènement du premier stade anal. Pendant cette période, le but principal du sujet est de s'approprier les contenus du corps de la mère et de détruire celle-ci avec toutes les armes dont le sadisme dispose. Cette phase constitue en même temps une introduction au conflit œdipien. Les tendances génitales commencent alors à exercer leur action, mais elles ne sont pas encore évidentes, car les tendances prégénitales l'emportent. Ma thèse tout entière s'appuie sur le fait que le conflit œdipien débute à une période où le sadisme prédomine.

A l'intérieur du corps de la mère, l'enfant s'attend à trouver : (a) le pénis du père, (b) des excréments, et (c) des enfants, tous ces éléments étant assimilés à des substances comestibles. Selon les plus anciens fantasmes (ou « théories sexuelles ») de l'enfant concernant le coït des parents, le pénis du père (ou son corps tout entier) est incorporé par la mère au cours de l'acte sexuel. Les attaques sadiques de l'enfant ont ainsi pour objet le père autant que la mère ; dans ses fantasmes, il mord ses parents, les déchire, les broie ou les découpe en morceaux. Ces attaques éveillent son angoisse car il craint la punition de ses parents alliés contre lui ; cette angoisse, intériorisée à la suite de l'introjection sadique-orale des objets, vise donc déjà le Surmoi précoce. J'ai constaté que ces situations d'angoisse des premières phases

2. On confrontera avec profit cet article et le travail de Freud sur « l'inconscient » (1915) ; en particulier, ce qu'il y dit de l'investissement de choses chez le névrosé. C'est là une problématique que nous avons abordée dans *le Ça, le Moi, le Surmoi : la personnalité et ses instances*, paru dans la même collection.

du développement psychique sont les plus profondes et les plus accablantes. Mon expérience m'a appris que les attaques fantasmatiques contre le corps de la mère attribuent un rôle considérable au sadisme urétral et anal qui s'ajoute très tôt au sadisme oral et musculaire. Les excréments sont transformés dans les fantasmes en armes dangereuses : uriner équivaut à découper, poignarder, brûler, noyer, tandis que les matières fécales sont assimilées à des armes et à des projectiles. A une période ultérieure de la phase décrite ci-dessus, ces agressions violentes sont remplacées par des attaques secrètes où le sadisme déploie ses méthodes les plus raffinées, et les excréments sont assimilés à des substances empoisonnées.

LES FONDEMENTS DU SYMBOLISME : L'EXCÈS D'ANGOISSE ET L'IDENTIFICATION

L'excès de sadisme fait naître l'angoisse et met en action les premiers moyens de défense du Moi. Freud écrit[4] : « Il est possible que, avant que le Moi et le Ça ne se soient nettement différenciés, et avant que le Surmoi ne se soit développé, l'appareil psychique utilise des moyens de défense différents de ceux qu'il emploie après avoir atteint ces niveaux d'organisation. » D'après ce que l'analyse m'a permis de constater, la première défense établie par le Moi se réfère à deux sources de danger : le sadisme du sujet lui-même, et l'objet attaqué. Cette défense, en accord avec le niveau du sadisme, est de nature violente et diffère fondamentalement du mécanisme ultérieur du refoulement. Par rapport au sadisme du sujet lui-même, cette défense implique l'expulsion, alors qu'elle implique la destruction par rapport à l'objet. Le sadisme devient une source de danger parce qu'il permet une libération de l'angoisse, mais aussi parce que le sujet se sent attaqué lui-même par les armes dont il s'est servi pour détruire l'objet. Celui-ci devient une source de danger parce que le sujet craint de sa part des attaques semblables en représailles, selon le talion. C'est ainsi que le Moi, encore insuffisamment développé, doit faire face à une tâche qui, à ce stade, est tout à fait au-dessus de ses forces — la tâche de dominer l'angoisse la plus intense qui soit.

Ferenczi soutient que l'identification, précurseur du symbolisme, prend son origine dans les efforts du petit enfant pour redécouvrir dans

3. *Cf.* mon article sur « Les stades précoces du conflit œdipien ».

4. *Inhibition, Symptôme et Angoisse,* Paris, P.U.F., 1965.

chaque objet ses propres organes et leurs fonctions. Pour Jones, le principe de plaisir rend possible l'équation de deux choses tout à fait différentes, en vertu d'une similitude donnée par le plaisir ou l'intérêt. Il y a quelques années, dans un article fondé sur ces notions, je parvenais à la conclusion suivante : le symbolisme constitue la base de toute sublimation et de tout talent, puisque c'est au moyen de l'assimilation symbolique que les choses, les activités et les intérêts deviennent les thèmes des fantasmes libidinaux.

Je puis enrichir à présent ce que j'ai dit alors[5] en affirmant qu'à côté de l'intérêt libidinal, c'est l'angoisse née pendant la phase décrite plus haut qui met en marche le mécanisme de l'identification. Comme l'enfant souhaite détruire les organes (pénis, vagin, sein) qui représentent les objets, il se met à craindre ceux-ci. Cette angoisse le pousse à assimiler ces organes à d'autres choses ; à cause d'une telle équivalence ces choses deviennent à leur tour objets d'angoisse, et l'enfant est ainsi contraint à établir sans cesse des équations nouvelles qui constituent le fondement de son intérêt pour les objets nouveaux et du symbolisme lui-même.

LE SYMBOLISME NÉCESSITE UNE QUANTITÉ SUFFISANTE D'ANGOISSE ET UN MOI FORT

Le symbolisme n'est donc pas seulement la base de tout fantasme et de toute sublimation ; c'est sur lui que s'édifie la relation du sujet au monde extérieur et à la réalité en général. J'ai indiqué que le sadisme à son point culminant et la tendance épistémophilique[6] apparue en même temps que lui ont pour objet le corps de la mère et ses contenus imaginaires. Les fantasmes sadiques qui concernent l'intérieur du corps maternel constituent la relation première et fondamentale avec le monde extérieur et la réalité. Dans la mesure où le sujet traverse cette phase avec succès, il sera capable d'acquérir plus tard l'image d'un monde extérieur correspondant à la réalité. Nous voyons donc que la réalité première d'un enfant est entièrement fantasmatique ; il est entouré d'objets d'angoisse et à cet égard, les excréments, les organes, les objets, les choses animées et inanimées sont pour commencer équivalents les uns aux autres. A mesure que le Moi se développe, une relation authentique à la réalité s'établit progressivement à partir de cette

5. « L'Analyse des jeunes enfants ».
6. Qui concerne le besoin de connaître, de savoir. (*N. d. Ed.*)

réalité irréelle. Le développement du Moi et la relation à la réalité dépendent donc de l'aptitude du Moi, pendant une époque très précoce, à supporter le poids des premières situations d'angoisse. De plus, et comme à l'accoutumée, un certain équilibre optimum est nécessaire entre les divers facteurs. Il faut une quantité suffisante d'angoisse pour fournir une base à une abondante formation de symboles et de fantasmes ; une bonne aptitude du Moi à supporter l'angoisse est indispensable pour que celle-ci soit élaborée d'une manière satisfaisante, pour que cette phase fondamentale ait une issue favorable et pour que le Moi ait un développement normal.

ARRÊT DE LA RELATION SYMBOLIQUE ET PSYCHOSE

Je voudrais résumer mes conclusions théoriques. Je les ai tirées de certains cas de schizophrénie chez des enfants de cinq à treize ans, et enfin de l'ensemble de mon expérience analytique.

Les stades précoces du conflit œdipien sont dominés par le sadisme. Ils se situent à une période qui débute par le sadisme oral (auquel se joignent le sadisme urétral, musculaire et anal) et s'achèvent au moment où cesse la dominance du sadisme anal.

C'est seulement au cours des stades ultérieurs du conflit œdipien qu'apparaissent les défenses contre les pulsions libidinales ; pendant les stades précoces, les défenses s'opposent aux pulsions *destructrices* qui accompagnent le complexe d'Œdipe. La première défense établie par le Moi s'oppose au sadisme du sujet lui-même et à l'objet attaqué, conçus tous deux comme des sources de danger. Cette défense est d'une nature violente et diffère du mécanisme du refoulement. Chez le garçon, elle s'oppose également à son propre pénis, organe exécuteur de son sadisme, et elle est une des sources les plus profondes de tous les troubles de la puissance sexuelle.

Telles sont mes hypothèses au sujet du développement des personnes normales et névrosées ; considérons maintenant la genèse des psychoses.

La première période de la phase où le sadisme est à son apogée est celle où l'enfant se fait des attaques une conception violente. J'ai été amenée à reconnaître cette période comme le point de fixation de la démence précoce. Dans la seconde période de cette phase, les attaques fantasmatiques consistent à empoisonner, et les pulsions urétrales et sadique-anales prédominent. C'est là que je situe le point de fixation de

Le jeu d'exploration des enfants est l'expression symbolique d'une appropriation du corps de la mère.

la paranoïa[7]. Je rappellerai qu'Abraham soutint que dans la paranoïa, la libido régressait au premier stade anal. Mes conclusions s'accordent avec l'hypothèse de Freud selon laquelle la démence précoce et la paranoïa doivent avoir toutes deux leur point de fixation au stade narcissique, celui de la démence précoce précédant celui de la paranoïa.

La défense excessive et prématurée du Moi contre le sadisme empêche l'établissement d'une relation avec la réalité et le développement de la vie fantasmatique. L'appropriation sadique et l'exploration du corps de la mère et du monde extérieur (qui représente le corps de la mère dans un sens plus large) se trouvent interrompues, ce qui entraîne une suspension plus ou moins totale de la relation symbolique aux choses et aux objets représentant les contenus du corps maternel, et par conséquent de la relation du sujet à son entourage et à la réalité.

7. Je citerai ailleurs le matériel sur lequel cette opinion se fonde en donnant plus de détails sur les raisons qui la soutiennent. (*Cf.* mon livre sur *la Psychanalyse des enfants.*)

Ce retrait constitue le fondement du manque d'affect et d'angoisse, qui est un des symptômes de la démence précoce. Dans cette affection, il s'agirait donc d'une régression allant jusqu'à la phase précoce du développement où l'appropriation sadique et la destruction de l'intérieur du corps maternel, telles qu'elles sont conçues dans les fantasmes, sont arrêtées ou freinées par l'angoisse, en même temps que l'établissement d'une relation à la réalité.

MÉLANIE KLEIN

L'INTERPRÉTATION DU SYMBOLISME INCONSCIENT : UN OUTIL PRÉCIEUX POUR LE PSYCHANALYSTE

La compréhension et l'interprétation du symbolisme inconscient est l'un des principaux instruments du psychologue. Il est souvent confronté à la tâche de comprendre et de reconnaître la signification non seulement d'un symbole particulier, mais aussi de tout le processus de la formation du symbole. Ceci s'applique particulièrement au travail effectué avec des patients qui présentent un trouble, ou une inhibition dans la formation ou la libre utilisation des symboles, comme, par exemple, des patients psychotiques ou schizoïdes.

Prenons l'exemple très élémentaire des deux patients suivants : l'un – que j'appellerai A... – était un schizophrène placé en hôpital psychiatrique. Son médecin lui demanda un jour pourquoi, depuis qu'il était malade, il avait cessé de jouer du violon. Il répliqua avec une certaine violence : « Quoi ! vous pensez que je vais me masturber en public ? »

Un autre patient, B..., rêva une nuit qu'il était en train de jouer un duo de violon avec une jeune fille. Il associa sur le tripotage[8] la masturbation, etc. Il en ressortait clairement que le violon représentait ses organes génitaux, et que jouer du violon représentait un fantasme masturbatoire de relation avec la jeune fille.

Voilà donc deux patients qui, apparemment, utilisent les mêmes symboles dans la même situation – un violon représentant les organes génitaux masculins, et le fait de jouer du violon représentant la masturbation. Cependant, le mode de fonctionnement des symboles est très différent dans les deux cas. Pour A..., le violon était devenu si complètement équivalent à ses organes génitaux, que le toucher en public s'avérait impossible. Pour B..., à l'état de veille, jouer du violon était

8. *Fiddling* : aussi bien « le fait de jouer du violon » que celui de tripoter. *(N.d.T.)*

une sublimation importante. Nous pourrions dire que la principale différence entre eux réside dans le fait que, pour A..., la signification symbolique du violon est consciente, alors que pour B..., elle est inconsciente.

Pourtant, je ne pense pas que ce soit là la différence la plus importante entre ces deux patients. Dans le cas de B..., le fait que la signification du rêve soit devenue complètement consciente ne l'avait nullement empêché d'utiliser son violon. Par ailleurs, on trouvait chez A... beaucoup de symboles agissant dans son inconscient de la même façon que le violon sur le plan conscient.

Prenons un autre exemple — tiré cette fois du cas d'un patient schizophrène en situation analytique : dans les premières semaines de son analyse, il arriva à une séance rougissant et pouffant de rire, et ne me parla pas durant toute la séance. Ultérieurement, nous découvrîmes que, juste avant cette séance, il avait fréquenté un atelier de thérapie occupationnelle dans lequel il faisait de la menuiserie, construisant un *tabouret*[9]. La raison de son silence, de son rougissement et de ses rires étouffés résidait dans le fait qu'il ne pouvait pas se résoudre à me parler du travail qu'il était en train de faire. Pour lui, le *tabouret de bois (wooden stool)* auquel il travaillait, le *mot (stool)* qu'il aurait eu à utiliser pour parler du tabouret, et les *selles (stool)* qu'il déposait dans les toilettes, étaient ressentis à tel point comme étant une seule et même chose, qu'il se trouvait incapable de m'en parler. Son analyse révéla ultérieurement que cette équation entre les trois *stools,* le mot, le siège et les fèces, était à ce moment-là complètement inconsciente. Tout ce dont il se rendait compte consciemment était le fait qu'il se sentait embarrassé et incapable de me parler.

QU'EST-CE QU'UN SYMBOLE ?

La différence essentielle entre l'utilisation que faisaient les patients A... et B... du violon comme symbole des organes génitaux masculins ne réside pas dans le fait que, dans un cas, le symbole était conscient, et que dans l'autre il était inconscient, mais bien dans le fait que, dans le premier cas, le violon était ressenti comme *étant* les organes génitaux, alors que, dans le deuxième cas, il était ressenti comme les *représentant.*

Selon la définition d'Ernest Jones, le violon de A..., le schizophrène, serait à considérer comme un symbole. De même, celui qui apparaît

9. En anglais, *stool* signifie aussi bien « tabouret » que « selles ». (*N.d.T.*)

dans le rêve de B... Mais le violon ne serait pas un symbole lorsqu'il est utilisé par B... comme sublimation à l'état de veille.

Dans un article écrit en 1916[10], Jones distinguait le symbolisme inconscient des autres formes de « représentation indirecte », et définissait le vrai symbolisme inconscient selon les critères suivants :
1) Un symbole représente ce qui a été refoulé de la conscience, et tout le processus de symbolisation s'effectue inconsciemment ;
2) Tous les symboles représentent des idées concernant « le Soi et les relations parentales immédiates, ainsi que les phénomènes de la naissance, de la vie et de la mort » ;
3) Un symbole a une signification constante. Plusieurs symboles peuvent être utilisés pour représenter la même idée refoulée, mais un symbole donné a une signification constante qui est universelle ;
4) Le symbolisme apparaît comme le résultat du conflit intrapsychique entre « les tendances refoulantes et le refoulé ». Plus loin, Jones ajoute : « Seul ce qui est refoulé est symbolisé. Seul ce qui est refoulé a besoin d'être symbolisé. »

Il distingue ensuite la sublimation de la symbolisation : « Les symboles, dit-il, apparaissent lorsque l'affect qui investit l'idée symbolisée ne s'est pas montré, en ce qui concerne le symbole, capable de cette modification qualitative que l'on définit par le terme de sublimation. »

Pour résumer le point de vue de Jones, on pourrait dire que, lorsqu'un désir doit être, à cause d'un conflit, abandonné et refoulé, il peut s'exprimer de façon symbolique, et l'objet du désir qui avait dû être abandonné peut être remplacé par un symbole.

UNE NÉCESSITÉ POUR LA PSYCHANALYSE : ÉLARGIR LA NOTION DE « SYMBOLE »

Depuis lors, le travail analytique, et particulièrement l'analyse par le jeu avec de jeunes enfants, a largement confirmé quelques-uns des points de vue essentiels de cette formulation de Jones. Les premiers intérêts et les premières impulsions de l'enfant sont dirigés vers le corps de ses parents et vers le sien propre, et ce sont ces objets et ces impulsions existant dans l'inconscient qui donnent naissance à tous les intérêts ultérieurs, au moyen de la symbolisation. Cependant, l'affirmation de Jones selon laquelle les symboles se forment là où il n'y a pas de sublimation fut rapidement contestée. En fait, Jones lui-même, aussi bien que Freud, écrivit plusieurs articles intéressants qui analy-

10. *Cf.* chapitre précédent, et *Théorie et pratique de la psychanalyse* (Payot) : « la théorie du symbolisme ». *(N.d.Éd.)*

saient le contenu de certaines œuvres d'art. En 1923, dans son article sur l'analyse des jeunes enfants, Mélanie Klein ne partagea pas ce point de vue concernant la relation entre symbolisation et sublimation. Elle s'attacha à montrer que le jeu des enfants – une activité sublimée – est une expression symbolique des angoisses et des désirs.

Nous pourrions considérer cela comme une question de terminologie et accepter le point de vue de Jones selon lequel nous ne devrions appeler symboles que ceux des substituts qui remplacent l'objet sans qu'il y ait aucun changement d'affect. Mais d'autre part, il y a de très grands avantages à étendre la définition du symbole à ceux qui sont utilisés dans la sublimation. Tout d'abord, une définition plus large correspond mieux à l'usage courant du mot « symbole » dans les autres sciences et dans le langage quotidien. Deuxièmement – et je développerai ce point plus loin – il semble y avoir une continuité de développement entre les symboles primitifs tels que Jones les décrit, et les symboles utilisés dans l'expression personnelle, la communication, la découverte, la création, etc. Troisièmement, il est difficile d'établir une relation entre les désirs et les processus mentaux les plus primitifs et le développement ultérieur de l'individu, si l'on n'admet pas le concept élargi du symbolisme. Du point de vue analytique, l'intérêt de l'enfant pour le monde extérieur est déterminé par une série de déplacements d'affects et d'intérêts de l'objet primitif à des objets toujours nouveaux. Or, comment un tel déplacement pourrait-il se faire autrement qu'au moyen de la symbolisation ?

En 1930, Mélanie Klein[11] souleva le problème de l'inhibition dans la formation du symbole. Elle décrivit un petit garçon autistique de quatre ans, Dick, qui ne pouvait ni parler ni jouer ; il ne montrait ni affection ni angoisse et ne manifestait aucun intérêt pour son entourage, sauf pour les poignées de portes, les gares et les trains, qui semblaient le fasciner. Son analyse révéla que l'enfant était terrifié par son agression contre le corps de sa mère, et par ce corps même, qu'il ressentait comme étant devenu mauvais à cause de ses attaques contre lui ; en raison de la force de ses angoisses, il avait érigé de puissantes défenses contre ses fantasmes concernant sa mère. Il en résultait une paralysie de sa vie fantasmatique et de la formation des symboles. Il n'avait doté le monde environnant d'aucune signification symbolique, et n'y prenait, pour cette raison, aucun intérêt. Mélanie Klein parvint à la conclusion que si la symbolisation n'apparaît pas, tout le développement du Moi est bloqué.

11. Mélanie Klein, « l'Importance de la formation du symbole dans le développement du Moi » (1930). Trad. fr. *in Essais de psychanalyse* (Payot). Extrait dans le présent chapitre *(N.d.Ed.)*

LE SYMBOLISME : UNE RELATION ENTRE LE MOI, L'OBJET ET LE SYMBOLE

Si nous acceptons ce point de vue, il s'ensuit que les processus de symbolisation nécessitent une étude nouvelle et plus attentive. Tout d'abord, je trouve utile, suivant en cela C. Morris, de considérer l'activité symbolisante comme une relation à *trois* termes, c'est-à-dire une relation entre la chose symbolisée, la chose fonctionnant comme un symbole, et une *personne* pour qui l'une représente l'autre. En termes psychologiques, le symbolisme serait une relation entre le Moi, l'objet et le symbole.

La formation du symbole est une activité du Moi cherchant à élaborer les angoisses nées de la relation du Moi avec l'objet. C'est-à-dire, avant tout, la crainte des mauvais objets, et la crainte de la perte ou de l'inaccessibilité des bons objets. Les perturbations de la relation du Moi aux objets se reflètent par des perturbations dans la formation du symbole. En particulier, des perturbations dans la différenciation entre le Moi et l'objet entraînent des perturbations dans la différenciation entre le symbole et l'objet symbolisé, et, par conséquent, mènent à la pensée concrète caractéristique des psychoses.

La formation du symbole débute très tôt, probablement aussi précocement que les relations d'objet, mais ses caractéristiques et ses fonctions se modifient parallèlement aux changements intervenant dans les caractéristiques du Moi et des relations d'objet. Ce n'est pas seulement le contenu lui-même du symbole, mais aussi la façon même dont les symboles sont formés et utilisés, qui me semble refléter très précisément l'état de développement du Moi et sa manière de traiter ses objets. Si l'on considère le symbolisme comme une relation à trois termes, les problèmes de la formation du symbole doivent toujours être examinés dans le contexte de la relation du Moi avec ses objets.

LE MOI DANS LA FORMATION DES SYMBOLES

Je vais tenter de décrire brièvement quelques attitudes de base du Moi vis-à-vis des objets, et la façon dont ces attitudes influencent, selon moi, les processus de la formation du symbole et le fonctionnement du symbolisme. Ma description se base ici sur les concepts de position schizo-paranoïde et de position dépressive dus à Mélanie

Klein. Selon elle, le stade oral du développement se subdivise en deux phases, la première constituant le point de fixation du groupe des maladies schizophréniques, la seconde, du groupe des affections maniaco-dépressives. Dans ma description, qui sera nécessairement très schématique, je ne sélectionnerai que les points qui concernent directement le problème de la formation du symbole.

Les principales caractéristiques des premières relations d'objet du nourrsson sont les suivantes : l'objet est vécu comme divisé en un objet idéalement bon et un objet totalement mauvais. Le but recherché par le Moi est l'union totale avec l'objet idéal, et la totale annihilation du mauvais objet, aussi bien que des mauvaises parties du Soi. Le sentiment de toute-puissance est souverain, le sens de la réalité n'est qu'intermittent et précaire. La notion d'absence existe à peine. Toutes les fois que l'état de fusion avec l'objet idéal n'est pas réalisé, ce n'est pas l'absence qui est vécue ; le Moi se sent assailli par la contre partie du bon objet : le, ou les mauvais objets. C'est l'époque de la satisfaction hallucinatoire du désir, décrite par Freud, où la pensée crée des objets qui sont alors ressentis comme étant adéquats. Selon Mélanie Klein, c'est aussi l'époque de l'hallucinose mauvaise au moment où, si les conditions idéales ne sont pas remplies, le mauvais objet est, lui aussi, halluciné et ressenti comme étant réel.

L'identification projective est un mécanisme de défense prévalent au cours de cette période. Dans l'identification projective, le sujet projette en fantasme d'importantes parties de lui-même dans l'objet, et cet objet devenant alors identifié aux parties du Soi qu'il est ressenti comme contenant en lui. De même, les objets internes sont projetés à l'extérieur et identifiés aux parties du monde extérieur qui viennent à les représenter. Ces premières projections et identifications constituent le point de départ du processus de formation du symbole.

Cependant, les premiers symboles ne sont pas ressentis par le Moi comme étant des symboles ou des substituts, mais comme étant l'objet original lui-même. Ils sont si différents des symboles formés ultérieurement, que je pense qu'ils méritent d'être désignés par un nom qui leur soit propre. Dans mon article de 1950[12] j'ai proposé le terme « équation ». Pourtant, ce terme les différencie trop du mot « symbole », et je voudrais le modifier ici en « équation symbolique ».

L'équation symbolique entre l'objet original et le symbole dans le monde intérieur et extérieur est, selon moi, la base de la pensée concrète du schizophrène ; dans cette pensée, des substituts des objets

12. Hanna Segal : « Some Aspects of the Analysis of Schizophrenics » (1950). *International Journal of Psycho-analysis*, vol. 31.

originaux ou de parties du Soi peuvent être utilisés tout à fait librement, mais, comme dans les deux exemples de patients schizophrènes que j'ai cités, ces substituts sont à peine différents de l'objet original : ils sont ressentis et traités comme s'ils étaient *identiques* à cet objet. Cette non-différenciation entre la chose symbolisée et le symbole fait partie d'une perturbation dans la relation du Moi à l'objet. Des parties du Moi et des objets internes sont projetées sur un objet et identifiées à lui. La différenciation entre le Soi et l'objet est obscurcie. Dès lors, puisqu'une partie du Moi est confondue avec l'objet, le symbole – qui est une création et une fonction du Moi – se confond à son tour avec l'objet symbolisé.

LORSQUE L'ÉQUATION SYMBOLIQUE DOIT ÊTRE SUPPRIMÉE

Là où des équations symboliques se forment en relation avec des mauvais objets, on observe une tentative de traiter celles-ci comme l'objet original, c'est-à-dire par une annihilation et une scotomisation totales. Dans l'article de Mélanie Klein cité plus haut, il semblait que Dick n'avait formé aucune relation symbolique avec le monde extérieur. Cet article a été écrit très au début de l'analyse de Dick, et je me demande, sur la base de ma propre expérience avec des schizophrènes, s'il n'est pas apparu peut-être par la suite que Dick avait formé de nombreuses équations symboliques dans le monde extérieur. Dans ce cas, ces équations symboliques auraient alors porté tout le poids de l'angoisse vécue en relation avec l'objet persécutoire ou culpabilisant original : le corps de la mère, de telle sorte qu'il aurait dû les traiter par l'annihilation, c'est-à-dire par un retrait total de son intérêt. Quelques-uns des symboles qu'il avait formés alors qu'il progressait dans son analyse et commençait à témoigner de l'intérêt pour certains objets de la chambre de consultation, semblent avoir présenté les caractéristiques de telles équations symboliques. Par exemple lorsque, voyant des débris de crayon taillé, il dit : « Pauvre Mme Klein ! » Pour lui, les débris étaient Mme Klein coupée en morceaux.

Ce fut aussi le cas dans l'analyse de mon patient Edward[13]. A un moment donné de son analyse, un certain degré de formation du symbole était survenu, sur la base de l'équation symbolique, de telle sorte qu'un peu d'angoisse fut déplacé de la personne de son analyste, ressentie comme un mauvais objet interne, sur des substituts dans le

13. Hanna Segal, *op. cit.*

monde extérieur. Dès lors, les nombreux persécuteurs projetés dans le monde extérieur furent traités par la scotomisation. Cette phase de son analyse, qui dura plusieurs mois, fut caractérisée par une extrême réduction de ses intérêts dans le monde extérieur. A ce moment, son vocabulaire devint également très pauvre. Il interdisait, à lui comme à moi, l'utilisation de nombreux mots qu'il ressentait comme ayant le pouvoir de produire des hallucinations et qui, par conséquent, devaient être abolis. Ceci frappe par sa similitude avec le comportement d'une tribu du Paraguay, les Abipones, qui ne peuvent tolérer quoi que ce soit qui leur rappelle les morts. Lorsqu'un membre de la tribu meurt, tous les mots qui ont une affinité quelconque avec les noms du défunt sont immédiatement éliminés du vocabulaire. Par conséquent, leur langage est très difficile à apprendre, car il est rempli de clichés et de néologismes remplaçant les mots défendus.

LES PROGRÈS DU MOI FAVORISENT LA CRÉATION DE SYMBOLES

Le développement du Moi et les changements dans la relation du Moi avec ses objets se font graduellement, et il en est de même de l'évolution des symboles primitifs, que j'ai appelés « équations symboliques », qui deviendront des symboles complètement formés lors de la position dépressive. Ce n'est donc que par souci de clarté que je ferai ici une différenciation très marquée entre les relations du Moi dans la position schizo-paranoïde et dans la position dépressive, et une différenciation également marquée entre les équations symboliques et les symboles qui se forment pendant et après la position dépressive.

Lorsque la position dépressive a été atteinte, la principale caractéristique de la relation d'objet réside dans le fait que l'objet est ressenti comme un objet total. Corrélativement, il existe un plus grand degré de conscience et de différenciation de la distinction existant entre le Moi et l'objet. En même temps, puisque l'objet est reconnu comme une totalité, l'ambivalence est plus pleinement éprouvée. Durant cette phase, le Moi se débat avec son ambivalence, et sa relation à l'objet est caractérisée aussi bien par la culpabilité, l'angoisse de la perte, ou l'expérience réelle de la perte et du deuil, que par un effort, une lutte visant à recréer l'objet. En même temps, les processus d'introjection prennent le pas sur les processus de projection, en raison de la lutte menée par le sujet pour retenir l'objet à l'intérieur de lui-même, ainsi que pour le réparer, le restaurer et le recréer.

Dans les circonstances favorables d'un développement normal, après des expériences répétées de perte, de récupération et de recréation, un bon objet s'établit avec sécurité dans le Moi. Lors du développement et de l'intégration du Moi, trois changements dans la relation à l'objet affectent fondamentalement le sens de la réalité du Moi. En effet, une conscience accrue de l'ambivalence, la diminution de l'intensité de la projection, et la différenciation croissante entre le Soi et l'objet, entraînent un sens accru de la réalité, tant interne qu'externe. Le monde interne se différencie du monde externe. La pensée omnipotente, caractéristique de la phase précédente, cède graduellement la place à une pensée plus réaliste. Simultanément, et participant du même processus, il se produit une certaine modification des buts instinctuels primitifs. Auparavant, le but consistait en la totale possession de l'objet, s'il était ressenti comme bon, ou en sa totale annihilation, s'il était ressenti comme mauvais. Avec la reconnaissance que le bon et le mauvais objet sont un seul et même objet, ces deux buts instinctuels sont progressivement modifiés. Le Moi se préoccupe de façon croissante de protéger l'objet contre sa propre agression et son propre désir de le posséder. Ceci implique un certain degré d'inhibition des buts instinctuels directs, tant agressifs que libidinaux.

Cette situation est une puissante stimulation à la création de symboles, et les symboles acquièrent alors de nouvelles fonctions qui modifient leurs caractéristiques. Le symbole est nécessaire pour que l'agression soit déplacée de l'objet original sur un autre objet, et pour que s'atténuent ainsi la culpabilité et la crainte de perdre l'objet. Ici, le symbole n'est pas un équivalent de l'objet original, puisque le but du déplacement est de préserver l'objet, et la culpabilité éprouvée à l'égard de ce symbole est bien moins considérable que celle qui provient de l'attaque de l'objet original. Les symboles sont aussi créés dans le monde *interne* en tant que moyens de restaurer, recréer, capturer et posséder à nouveau l'objet original. Mais, en relation avec le développement croissant du principe de réalité, le sujet les vit à ce moment comme étant créés par son Moi et, pour cette raison, comme n'étant jamais complètement équivalents à l'objet original.

LA RELATION SYMBOLIQUE DANS LA CURE PSYCHANALYTIQUE

Freud[14] postule qu'une modification des buts instinctuels est la précondition de base de la sublimation. De mon point de vue, la formation des symboles lors de la position dépressive nécessite une certaine inhi-

14. *In le Moi et le Ça.*

bition des buts instinctuels directs dans leur relation avec l'objet original, et, pour cette raison, les symboles deviennent utilisables à des fins de sublimation. Les symboles, création interne, peuvent être ensuite reprojetés dans le monde extérieur, dotant alors celui-ci d'une signification symbolique.

La capacité d'expérimenter la perte de l'objet et le désir de recréer celui-ci à l'intérieur de soi donnent à l'individu une liberté inconsciente dans l'utilisation des symboles. Et, parce que le symbole est éprouvé par le sujet comme étant l'une de ses propres créations, il peut l'utiliser librement, ce qui n'est pas le cas pour l'équation symbolique.

Lorsque, dans le monde extérieur, un substitut est utilisé en tant que symbole, il peut l'être plus librement que l'objet original, puisqu'il n'est pas complètement identifié à celui-ci. Cependant, dans la mesure où ce substitut est distingué de l'objet original, il est aussi reconnu comme un objet en soi. Ses qualités propres sont reconnues, respectées et utilisées, parce qu'aucune confusion avec l'objet original ne vient entacher les caractéristiques du nouvel objet utilisé comme un symbole.

Au cours d'une analyse, nous pouvons parfois suivre très clairement les modifications dans les relations symboliques, en observant l'attitude du patient à l'égard de ses matières fécales. Au niveau schizoïde, le patient attend de ses fèces qu'elles soient un sein idéal ; s'il ne peut maintenir cette idéalisation, ses fèces deviennent persécutrices, elles sont éjectées comme un sein dévoré, détruit et persécuteur. Si le patient essaie de symboliser ses fèces dans le monde extérieur, les symboles dans le monde extérieur seront ressentis comme étant des fèces – des persécuteurs. Aucune sublimation des activités anales ne peut apparaître dans ces conditions.

Au niveau de la position dépressive, le sujet a le sentiment que le sein introjecté a été détruit par le Moi, et peut être recréé par lui. Les fèces peuvent alors être ressenties comme quelque chose qui a été créé par le Moi hors de l'objet, et qui peut avoir la valeur d'un symbole du sein, en même temps que d'un bon produit de la créativité propre du Moi.

Lorsque cette relation symbolique aux matières fécales et aux autres produits du corps s'est établie, il peut se produire une projection de cette relation sur des matériaux du monde extérieur tels que la peinture, la pâte à modeler, l'argile, etc., matériaux qui peuvent alors être utilisés à des fins de sublimation.

Lorsque ce stade du développement a été accompli, il n'est naturellement pas irréversible. Si les angoisses sont trop fortes, la régression à une position schizo-paranoïde peut survenir à n'importe quel stade du développement de l'individu, et l'identification projective peut êtra appelée à la rescousse comme défense contre l'angoisse. Alors, les symboles qui avaient été développés et avaient fonctionné en tant que symboles dans la sublimation, redeviennent des équations symboliques concrètes. Ceci est dû principalement au fait que, dans l'identification projective massive, le Moi se confond à nouveau avec l'objet, le symbole se confond avec la chose symbolisée, et, pour cette raison, tourne en équation symbolique.

Dans l'exemple du patient schizophrène A..., cité au début de cet article, il s'est produit un effondrement d'une sublimation déjà établie. Avant l'effondrement schizophrénique, le violon avait fonctionné comme un symbole et avait été utilisé dans un but de sublimation. C'est seulement au moment de la maladie que le violon était devenu concrètement équivalent au pénis. Des mots qui s'étaient certainement développés à un moment où le Moi était relativement mûr, deviennent équivalents aux objets qu'ils sont censés représenter, et sont vécus comme des objets concrets, lorsque surviennent l'identification projective et la confusion qui en résulte, confusion entre les symboles créés par le Moi — le mot, ou même la pensée — et l'objet que ceux-ci devaient symboliser.

LE SYMBOLE RÈGNE SUR LA COMMUNICATION AVEC SOI-MÊME ET AVEC AUTRUI

Arrivée à ce point de mon exposé, je voudrais résumer ce que j'entends par les termes « équation symbolique » et « symbole », ainsi que les conditions dans lesquelles ces phénomènes apparaissent : dans l'*équation symbolique*, l'objet-substitut est vécu comme *étant* l'objet original. Les qualités propres du substitut ne sont ni reconnues ni admises. L'équation symbolique est utilisée pour nier l'absence de l'objet idéal, ou pour contrôler un objet persécuteur. Elle appartient aux tout premiers stades du développement.

Le *symbole* à proprement parler, utilisable pour la sublimation et pour l'épanouissement du développement du Moi, est vécu comme *représentant* l'objet ; ses caractéristiques propres sont reconnues, respectées et utilisées. Il prend naissance lorsque les sentiments dépressifs prédominent sur les sentiments schizo-paranoïdes, lorsque la séparation d'avec l'objet, l'ambivalence, la culpabilité et la perte peuvent être vécues et tolérées. Le symbole est utilisé, non pour nier, mais pour surmonter la perte. Quand le mécanisme d'identification projective est utilisé comme défense contre les angoisses dépressives, des symboles déjà formés et fonctionnant en tant que symboles peuvent se reconvertir en équations symboliques.

La formation du symbole règne sur la capacité de communiquer, puisque toute la communication est faite au moyen des symboles. Lorsque surviennent des perturbations schizoïdes dans la relation d'objet, la capacité de communiquer est également perturbée : premièrement, parce que la différenciation entre le sujet et l'objet est brouillée, deuxièmement, parce que les *moyens* de communication viennent à manquer, puisque les symboles sont ressentis de façon concrète, et ne sont, par conséquent, pas utilisables dans un but de communication. Cette difficulté de communication est l'une des difficultés qui reviennent sans cesse dans les analyses de patients psychotiques. Des mots, par exemple, qu'ils viennent de l'analyste ou du patient, sont vécus comme étant des objets ou des actions, et ne peuvent pas facilement être utilisés dans un but de communication.

Nous n'avons pas seulement besoin des symboles dans la communication avec le monde extérieur, mais aussi dans la communication interne. En fait, nous pourrions nous demander ce que cela signifie lorsque nous parlons de personnes qui sont bien en contact avec leur inconscient. Cela ne veut pas dire qu'elles ont consciemment des fantasmes primitifs tels que ceux qui apparaîtront dans leur analyse, mais simplement qu'elles ont une certaine intuition de leurs propres impulsions et sentiments. Cependant, je pense que nous voulons dire davantage que cela ; nous voulons dire que ces personnes ont une véritable *communication* avec leurs fantasmes inconscients. Et ceci, comme n'importe quelle autre forme de communication, ne peut se faire qu'à

Dans son dessin, l'enfant utilise les symboles.
Pour Mélanie Klein, le symbole est à la base de toute communication.

l'aide de symboles. De sorte que, chez les personnes qui sont « bien en contact avec elles-mêmes », il y a une formation symbolique constante et libre grâce à laquelle elles peuvent prendre conscience et contrôler les *expressions symboliques* des fantasmes primitifs sous-jacents. La difficulté de traiter des patients schizophrènes et schizoïdes ne vient pas seulement du fait qu'ils ne peuvent pas communiquer avec nous, mais encore davantage du fait qu'ils ne peuvent pas communiquer avec eux-mêmes. Toutes les parties du Moi peuvent être clivées les unes par rapport aux autres, sans qu'il y ait aucune communication valable entre elles.

Je pense que la capacité de communiquer avec soi-même en utilisant des symboles est la base de la pensée verbale – qui est la capacité de communiquer avec soi-même au moyen de mots. Toute communication interne n'est pas de la pensée verbale, mais toute pensée verbale est une communication interne au moyen de symboles – les mots.

L'intégration par la symbolisation des désirs, angoisses et fantasmes précoces, dans les phases ultérieures du développement, constitue un aspect important de cette communication interne. Par exemple, dans la fonction génitale pleinement développée, tous les buts pulsionnels antérieurs – anaux, urétraux, oraux – peuvent être exprimés et satisfaits symboliquement : le *Thalassa* de Ferenczi illustre magnifiquement ce point de vue.

L'ACCÈS A LA SYMBOLISATION PERMET DE RÉSOUDRE DES CONFLITS ANTÉRIEURS

Et ceci m'amène au dernier point de mon exposé. Je pense que l'une des tâches importantes accomplies par le Moi au cours de la position dépressive consiste à s'occuper, non des seules angoisses dépressives, mais aussi des conflits antérieurs non résolus. Nouvelle acquisition appartenant à la position dépressive, la capacité de symboliser et, par là, de réduire l'angoisse et de résoudre le conflit est utilisée dans le but de remanier les conflits *antérieurs* non résolus, en les symbolisant. Des angoisses, ressenties auparavant comme intolérables en raison de l'aspect extrêmement concret de l'expérience avec l'objet ou l'objet-substitut – sous forme d'équations symboliques –, peuvent être graduellement abordées, par un Moi mieux intégré, au moyen de la symbolisation et, de cette façon, elles peuvent être intégrées. Dans la position dépressive et ultérieurement, les symboles ne sont pas formés seulement à partir de l'objet-total-détruit-et-recréé, caractéristique de la position dépressive[15], mais aussi à partir de l'objet clivé – extrêmement bon et extrêmement mauvais ; de même, ces symboles ne sont pas créés seulement à partir de l'objet total, mais aussi à partir des objets partiels. On peut considérer la symbolisation de certaines relations à un objet persécutoire ou idéalisé, ainsi que la symbolisation de certaines angoisses, comme faisant partie du processus intégratif de la position dépressive.

Le conte de fées est un exemple en la matière. Il y est principalement question de sorcière, de marraine-fée, de Prince Charmant, d'ogre, etc. ; il recèle donc une bonne dose de contenus schizophréniques. Il constitue cependant une production hautement intégrée, une création artistique qui symbolise très richement les premières angoisses et les premiers désirs de l'enfant. Je voudrais illustrer la fonction du conte de fées par un fragment de matériel tiré de l'analyse d'une adolescente schizophrène. Cette enfant avait été hallucinée et franchement schizophrène dès l'âge de quatre ans. Cependant, elle avait un grand nombre de traits dépressifs, et il y avait, dans sa vie, des phases où l'intégration était relativement meilleure. Au cours de ces périodes, alors qu'elle se sentait moins persécutée et pouvait éprouver, comme elle me le disait, le sentiment de s'ennuyer de ses parents, elle avait coutume d'écrire des contes de fées. Dans les mauvaises périodes, les mauvais personnages de ses contes de fées s'animaient et la persécutaient. Un jour, après plusieurs semaines de silence durant lesquelles elle était manifestement hallucinée de façon très persécutoire, elle se tourna soudain vers moi et me demanda, remplie d'une grande frayeur : « Qu'est-ce que c'est, les sorcières du Lancashire ? » Je n'avais jamais entendu parler des sorcières du Lancashire, elle ne les avait jamais mentionnées auparavant, mais je savais qu'elle-même venait du Lancashire.

LE PROCESSUS DE SYMBOLISATION : UN ACQUIS CAPITAL POUR L'ENFANT

Après quelques interprétations, elle me dit que, lorsqu'elle avait onze ans environ – elle avait eu effectivement à ce moment-là une année complète sans hallucinations –, elle avait écrit un conte de fées sur les sorcières du Lancashire. La phase de son analyse qui suivit cette séance fut très révélatrice. Il apparut que les sorcières du Lancashire représentaient à la fois elle-même et sa mère. La situation anxiogène remontait tout droit à sa petite enfance, où elle voyait sa mère et elle-même s'entre-dévorant ou dévorant le père. Lorsqu'elle eut atteint

15. Sur les *positions* (dépressive et schizoïde) de même que sur l'*objet partiel* et l'*objet total*, voir *les Stades de la libido*, dans la même collection *(N.d.Ed.)*

un plus grand degré d'intégration et établi une relation plus réaliste avec ses parents, la situation antérieure fut remaniée à l'aide de la formation du symbole : en écrivant le conte de fées qui parlait des sorcières du Lancashire. Dans la détérioration que subit ultérieurement sa santé, la situation persécutoire de sa petite enfance réapparut avec une intensité toute concrète, mais sous une forme nouvelle. Le conte de fées s'anima : les sorcières du Lancashire — les personnages fantasmagoriques qu'elle avait créés — étaient devenues une réalité extérieure concrète. Dans mon cabinet de consultation, on pouvait voir tout à fait clairement comment cette concrétisation du conte de fées dépendait de l'identification projective. Elle se tourna vers moi et me posa une question à propos des sorcières du Lancashire. Elle s'attendait à ce que je sache qui elles étaient. Elle avait fantasmé inconsciemment qu'elle avaït mis en moi la partie d'elle-même qui avait inventé les sorcières du Lancashire et elle avait perdu le contact avec cette partie-là. Dans cette projection, elle perdait tout sens de la réalité et tout souvenir d'avoir créé ce symbole, « les sorcières du Lancashire ». Son symbole s'était confondu avec moi, objet externe réel, et il était ainsi devenu pour elle une réalité extérieure concrète — j'étais devenue une sorcière du Lancashire.

La façon dont le Moi en évolution traite, au cours du processus d'élaboration de la position dépressive, les toutes premières relations d'objet, revêt une importance considérable. Une certaine intégration ainsi que des relations d'objet total peuvent êtra atteintes au cours de la position dépressive, tout en s'accompagnant du clivage des expériences plus précoces du Moi. Dans cette situation, il existe quelque chose comme une poche de schizophrénie, isolée dans le Moi, qui représente une menace constante pour l'équilibre psychique. Au pire, il se produit un effondrement psychique, et les angoisses primitives, ainsi que les équations symboliques clivées, envahissent le Moi. Au mieux, un Moi relativement mûr, mais étriqué, peut se développer et fonctionner.

Quoi qu'il en soit, si le Moi se montre assez fort et capable de supporter l'angoisse au cours de la position dépressive, un nombre d'autant plus grand de situations primitives pourront être intégrées dans ce Moi, et élaborées au moyen de la symbolisation, enrichissant ainsi le Moi de tout l'apport des premières expériences.

Le mot « symbole » vient d'un terme grec signifiant « jeter ensemble, réunir, intégrer ». Je pense que le processus de la formation du symbole est un processus continu qui consiste à réunir et intégrer l'intérieur avec l'extérieur, le sujet avec l'objet, et les anciennes expériences avec les nouvelles.

HANNA SEGAL

TROISIÈME PARTIE

De nouvelles découvertes sur le rêve

Chapitre I

Le Moi dans le rêve

Longtemps président de la Société psychanalytique de Vienne, Paul Federn est connu pour ses travaux de pionnier en matière de psychoses et pour ses études sur les « états du Moi » tels qu'ils se présentent dans la dépersonnalisation, dans le sentiment d'étrangeté et de « déjà vu », ainsi que dans certains cas de modification temporaire du sentiment du Moi, observables chez chacun d'entre nous.

Ici, Federn va utiliser le rêve, l'endormissement et l'éveil afin d'étudier les variations dans le sentiment du Moi. On doit souligner que son ouvrage, la Psychologie du Moi et les Psychoses *(1953)*[1] *constitue un modèle d'application à la clinique des éléments de la seconde topique freudienne (Moi, Ça, Surmoi)*[2] *ainsi qu'un développement des implications liées à l'introduction du narcissisme dans la théorie psychanalytique en 1914*[3].

Pourtant son entreprise ne saurait en aucune façon se confondre ni avec la psychologie du Moi académique, antérieure à la psychanalyse, ni avec la psychologie du Moi telle qu'elle est conçue par les psychanalystes américains contemporains.

Tout comme la plupart des psychanalystes qui travaillent avec les psychotiques, Paul Federn accorde une très grande attention aux altérations du sentiment du Moi et de l'image du corps qui surviennent dans les affections mentales. On verra donc qu'ici il différencie le Moi psychique du Moi corporel.

1. A paraître prochainement sous ce titre aux Presses Universitaires de France, que nous remercions vivement d'avoir bien voulu nous autoriser à reproduire ici cet extrait, en tant que pré-publication.
2. Voir *le Ça, le Moi, le Surmoi : la personnalité et ses instances*, dans la même collection.
3. Voir *le Narcissisme : l'amour de soi*, à paraître dans la même collection.

◀ *Federn s'est attaché à découvrir le sens des modifications du Moi corporel dans le rêve.*

Jusqu'à l'avènement de la psychanalyse, toute la psychanalyse était psychologie du Moi. Un sentiment du Moi accru ou diminué faisait partie des émotions communes même si on lui donnait d'autres noms. Depuis que les psychiatres se sont intéressés au phénomène de dépersonnalisation, de nombreuses recherches ont été faites sur les perturbations du sentiment du Moi. Dans son travail sur la conscience de soi, la conscience de la personnalité et l'organisation somatique, Schilder a décrit cet état de façon assez détaillée mais il s'est surtout préoccupé de ses manifestations dans des cas pathologiques graves. La présente communication sera centrée sur des états voisins de la normale et fondée sur mon auto-observation et les auto-observations qui m'ont été fournies par des patients.

Toutes les définitions du Moi échouent dans la mesure où elles représentent le Moi comme une entité distincte, quelque chose qui s'opposerait à la réalité extérieure. On peut décrire le « sentiment du Moi » comme sentiment des relations corporelles et mentales, du point de vue du temps et du contenu, relations considérées comme une unité interrompue ou restaurée.

LE TEMPS DES RÊVES

En ce qui concerne le rapport au temps, nous savons depuis Freud que pour le système Ics[4] le temps n'existe pas. Dans la mesure où l'auto-observation nous permet de nous rappeler nos expériences rêvées, il est très rare que le « Moi des rêves » ait le sentiment de son unité dans le temps, encore que ceci ne soit pas toujours absent. Cependant on a le sentiment que les événements des rêves suivent un certain ordre chronologique. Ceci ne contredit pas la thèse de Freud, car dans les rêves, le système Cs est partiellement éveillé. Quand dans la vie éveillée le sentiment d'unité du Moi eu égard au temps est absent, alors surgit l'état bien connu de dépersonnalisation (et aussi le *déjà vu*). Alors que le présent semble normalement situé quelque part entre le futur et le passé, dans ces états-là il est constamment vécu comme commençant *de novo*. Ceci dépend du sentiment du Moi et non de la faculté de percevoir le passage du temps puisque l'orientation temporelle demeure.

4. Ics, Pcs, Cs désignent naturellement l'Inconscient, le Préconscient et le Conscient. *(N.d.Ed.)*

SENTIMENT PSYCHIQUE ET SENTIMENT CORPOREL DU MOI

En ce qui concerne le contenu, nous pouvons distinguer dans le Moi un sentiment mental et un sentiment corporel ; le *cogito ergo sum* est une formulation rationnelle du sentiment mental du Moi. Depuis que Freud a distingué le Surmoi et défini plus clairement ses composantes inconscientes, de nombreux psychanalystes ont eu tendance à considérer la distinction comme une simple formulation ou construction réunissant plusieurs institutions déjà connues dans le Moi et exerçant une fonction de censure. L'auto-observation montre que dans chaque cas de conflit mental on rencontre des sentiments du Moi distincts, associés respectivement avec le Moi et le Surmoi qu'on peut distinguer l'un de l'autre. (Une description adéquate de ces sentiments du Moi n'a pas encore été publiée.) Dans certains cas le sentiment du Moi associé au Surmoi est purement mental et dénué de contenu corporel. Ceci est en accord avec le fait que le Surmoi n'a pas normalement accès à la motilité. Mais ceci ne semble pas s'appliquer à la mélancolie, ce qui rend compte du lien que le suicide entretient avec cette maladie, plus étroit qu'avec d'autres formes de dépression d'intensité aussi forte. De plus, nous pouvons savoir par l'auto-observation que le Surmoi n'a pas d'accès direct à la volonté mais peut l'inhiber ou influencer la direction volontaire de l'attention. Cela peut n'être pas identique chez tous, on pourrait sans aucun doute trouver des différences dans cette forme de sentiment du Moi. Dans la mesure où impulsion, pensée ou idée obsessionnelle viennent du Surmoi, elles sont comme toutes les compulsions accompagnées d'un sentiment dont l'intensité varie avec celle de l'investissement inconscient : le sentiment qu'elles sont sur le point d'atteindre une décharge motrice à laquelle elles ne parviennent jamais réellement. Leur fort caractère moteur, et dans le cas des pensées leur caractère intentionnel, crée une augmentation des inhibitions et des sentiments de tendance contraire, et stimule une constante anxiété que ces idées ne passent aux actes.

D'un autre côté le sentiment du Moi qui relève du Moi comme distinct du Surmoi a accès à la motilité et aux sensations corporelles du Moi. Étant donné que dans les névroses les processus mentaux peuvent être projetés (en utilisant le mot dans un sens élargi) dans le corps, c'est-à-dire « convertis », tandis que dans les psychoses ils peuvent être projetés (au sens habituel) hors du corps dans le monde extérieur, nous pouvons décrire le Moi mental comme un « Moi intérieur » en adoptant ainsi un point de vue topique qui n'a, bien sûr, aucun lien immédiat avec la topique des niveaux de conscience.

PARFOIS, SEUL LE MOI « PSYCHIQUE » SUBSISTE DANS LE SOMMEIL

Le sentiment corporel du Moi est un sentiment composite qui inclut tous les souvenirs moteurs et sensoriels concernant notre propre personne. Il n'est pas cependant identique à ces souvenirs mais représente plutôt un sentiment unifié des investissements libidinaux des appareils moteur et sensoriel. Il n'est pas non plus identique à l'organisation somatique avec l'unité de perception correctement ordonnée de notre propre corps. L'un peut disparaître sans mettre l'autre en cause. On pourrait être tenté de considérer le sentiment corporel du Moi comme faisant partie du sentiment mental du Moi, la distinction entre les deux n'ayant d'autre utilité que de simplifier la présentation. Mais ceci est contredit par l'observation de cas où les deux sont tout à fait distincts. Ceci se produit dans le « Moi du rêve », dans la perte de conscience, l'endormissement et le réveil. Scherner, le plus pénétrant des observateurs du rêve avant Freud, a décrit ces états en employant une terminologie qui paraît peu familière aujourd'hui.

Le processus le plus simple est celui où une personne en état de somnolence tombe dans un sommeil sans rêve, sans symptômes hypnagogiques. L'intensité du sentiment du Moi se trouve alors presque immédiatement réduite à zéro. On doit insister sur ce point car, quand Freud décrit le sommeil comme un état narcissique, on pourrait être tenté de croire que le Moi est pendant le sommeil investi spécialement de libido narcissique. Il veut dire seulement que la libido du système Ics est utilisée à des fins plus narcissiques, sans l'être exclusivement. Déplacement, retrait de la libido et nouveaux investissements dans le système Ics concernent aussi des représentations objectales, et ceci explique que celles-ci soient parfois totalement altérées après un cours sommeil sans rêve. Nous pourrions en être plus certains si nous pouvions démontrer l'absence de rêve dans un état de sommeil. Quoi qu'il en soit, on peut généralement observer que dans le retrait des investissements qui accompagnent l'endormissement soudain, le sentiment corporel du Moi disparaît plutôt que le sentiment mental du Moi ou le sentiment du Surmoi. Le Moi corporel (pour abréger, j'emploierai parfois « Moi » à la place de « sentiment du Moi ») peut disparaître complètement pendant qu'on s'endort et être réinvesti et réveillé par le Moi « mental » qui est demeuré éveillé. De cette façon, nous réussissons à retarder volontairement le sommeil. Il est probable que chez la plupart des gens qui s'endorment soudainement, le Surmoi perd son investissement avant le Moi. Même quand le Surmoi a disparu, le Moi peut, grâce à un souvenir, ou un stimulus extérieur, et avec le sentiment perceptible de son effort volontaire, réinvestir le Moi corporel. Alors seulement apparaissent les innervations corporelles. Le mouvement ne précède le retour du Moi corporel que dans le cas d'un réveil dans la terreur.

DIFFÉRENTS TYPES DE RÉVEIL LIÉS AU SURMOI OU AU MOI

D'une façon semblable au processus normal de l'endormissement soudain, il existe un processus normal du réveil qui se produit apparemment d'une façon spontanée sans être accompagné de rêves d'éveil, grâce à des stimuli extérieurs et somatiques comprenant ceux du rythme interne. Le Moi corporel et le Moi mental se réveillent alors simultanément. En même temps, on peut observer une légère avance du sentiment mental du Moi sans aucun sentiment d'étrangeté. Nous nous redécouvrons au début d'une nouvelle journée. Le Surmoi ne se réveille en règle normale qu'après le Moi.

D'un autre côté, quand nous nous réveillons au sortir d'un rêve, il nous est possible de faire une distinction très claire entre le Moi corporel et le Moi mental (nous en rapporterons plus tard un exemple particulier). Les rêves qui réveillent proviennent en partie de stimuli corporels ou extérieurs et en partie du Surmoi. Quand nous rêvons que nous avons achevé un travail désagréable ou que nous avons regardé l'heure et qu'il est trop tard pour faire quoi que ce soit d'efficace, le Moi va cependant réussir à se protéger du Surmoi en se réveillant à temps. D'un autre côté, quand une personne dont l'identité a trait au contrôle du Surmoi apparaît dans un rêve au moment du réveil, ou quand les devoirs qui l'attendent sont rappelés au rêveur dans un rêve, c'est le Surmoi qui se manifeste à temps et qui a repris l'investissement le premier.

Dans un évanouissement où la perte de conscience est graduelle, la distinction entre Moi corporel et Moi mental est plus claire que dans l'endormissement. Dans ce cas, on sent le Moi corporel s'échapper et glisser vers le bas de la façon la plus étrange ; parfois les extrémités distales fuient avant les parties proximales ; pendant un cours moment, seul le Moi mental est senti d'une façon précise dans une expérience qui ne se produit jamais dans d'autres conditions. Peut-être est-ce cela qui accompagne les états d'extase et est responsable de la conviction dualiste auto-évidente de l'existence séparée du corps et de l'âme. Le mythe de l'ascension est la représentation projetée de telles expériences. On trouve une condition totalement opposée dans les états d'épuisement mental extrême où seul est présent le sentiment corporel du Moi.

LE SOMMEIL ET LES PRINCIPES DE PLAISIR ET DE RÉALITÉ

Dans l'endormissement graduel, les deux sentiments du Moi sont présents et les manifestations hypnagogiques conduisent graduellement à l'état de rêve. Ici, le Moi mental et le Moi corporel subissent des modifications variées qui nous rappellent les états d'éveil de nature semblable. Dans un état de somnolence, le principe de plaisir domine dans le Moi mental le principe de réalité. De nombreuses personnes s'endorment invariablement au milieu de ces fantasmes de désir. Ceux-ci deviennent plus actifs parce que la régression vers un investissement centrifuge de la fonction sensorielle donne lieu aux visions hypnagogiques bien connues ; une plus grande attention est portée au processus végétatif ; la motilité et la volonté reculent. C'est pourquoi l'endormissement est perturbé par toute pensée qui met en jeu le principe de réalité, par les stimuli sensoriels extérieurs qui tendent vers un investissement centripète de la fonction sensorielle, et en dernier ressort par les processus des organes végétatifs d'une intensité si légère qu'ils échappent à l'observation durant la vie éveillée. Ces modifications correspondent à un autre sentiment mental du Moi, le sentiment du Moi de l'enfant. Le fait que bien des individus en vieillissant trouvent qu'il leur est plus difficile de s'endormir est largement dû à la difficulté croissante d'abandonner le principe de réalité. Les fantasmes qui auparavant leur permettaient de s'endormir ont perdu leur caractère de plaisir ; ces gens ne sont plus infantiles et ne peuvent plus exprimer de désirs infantiles.

La régression du sentiment corporel du Moi au stade infantile nous est moins familière. Nous pouvons supposer que le premier sentiment du Moi de l'enfant ne s'étendait qu'à des sensations provenant des zones érogènes les moins végétatives tandis que le sentiment corporel du Moi semblable à celui de l'adulte se développe graduellement plus tard. Dans l'endormissement graduel, cependant, le Moi corporel régresse au stade où il se trouvait quand les différentes parties du corps en vinrent pour la première fois à être incluses dans le Moi.

LE VISAGE ET LA TÊTE SONT LES PARTIES DU CORPS LES MOINS SUJETTES A DISTORSIONS

Cette régression a lieu de différentes manières. Souvent le Moi corporel perd tout sens des dimensions ; il se déforme et se tord dans toutes les directions. On peut voir sur soi-même quand on s'endort la représentation la plus bizarre de l'art moderne du portrait ; les parties symétriques du corps apparaissent souvent de longueur inégale ou bien les dimensions spatiales perdent toute proportion. Si deux ou trois parties du corps sont perçues correctement, le reste devient une masse plus ou moins vague, agrandie ou réduite, sur un seul côté ou s'étendant tout autour. Les plans du corps sont déplacés en toutes directions. Parfois la modification est seulement un raccourcissement ; le sentiment corporel du Moi ne dépassera pas le tronc ou les genoux, ou bien les parties centrales du corps pourront perdre le sentiment corporel du Moi. Fréquemment le corps perd sa délimitation dans une direction et, à la place, on sent dans cette direction un mouvement de ces parties qui n'est pas transmis au corps comme à un tout. Il y a là perte réelle des frontières du Moi.

Le sentiment corporel du Moi relatif au visage et à la tête demeure le plus longtemps inaltéré par ces modifications. Les parties du corps qui agissent comme support dans la position allongée sont aussi plus stables bien qu'elles puissent être impliquées dans la disparition du sentiment corporel. Ce n'est pas une coïncidence si un malade qui s'était endormi avec le sentiment que son crâne s'était élargi dans une direction a fait le lendemain l'expérience d'un sentiment de dépersonnalisation précisément dans le domaine de la voix, c'est-à-dire a eu une sensation d'étrangeté auditive.

Les modifications du sentiment corporel du Moi que nous avons décrites ne sont associées à aucun sentiment d'étrangeté. Elles n'attirent pas notre attention à moins que nous ne la dirigions vers elles, et si nous les observons nous avons la certitude qu'il nous suffit de diriger plus d'attention vers la forme corporelle. Parfois il nous suffit de faire le plus léger mouvement pour que l'illusion disparaisse. Cet exercice de la volonté assurément nous empêche de nous endormir, mais normalement il rétablit le Moi corporel tout entier. Nous sommes incapables de dire si dans l'enfance des distorsions semblables du Moi corporel se produisent pendant le processus de sa formation.

Quand le Moi corporel devient de cette façon habituellement instable chez des gens qui trouvent difficilement le sommeil, on peut

« Nous pouvons observer en nous-même, au moment de nous endormir, les représentations les plus étranges de la peinture moderne... Les plans du corps sont déplacés en tous sens. »
(Picasso : « Portrait de Dora Maar ». Collection particulière)

observer un fait remarquable : les zones ou parties à signification érotique sont plus résistantes que les autres et elles sont plus résistantes chez ces gens-là que chez les autres gens. Par exemple, une personne dont la libido orale est fortement marquée ne perd pas le sentiment corporel de la bouche ; un patient qui dans sa jeunesse avait porté un grand intérêt à l'exhibition de ses fesses et plusieurs masochistes pour qui le dos avait une signification érotique gardaient l'investissement de ces parties du corps importantes du point de vue érotique. D'une façon analogue, le fait que chez tous le sentiment corporel subjectif du visage est au moins modifié peut être expliqué par son fort investissement libidinal.

LE RÊVEUR A SOUVENT UN SENTIMENT CORPOREL INCOMPLET

Dans le cas d'un endormissement retardé, nous sommes incapables de dire si les visions hypnagogiques et les modifications hypnagogiques du sentiment du Moi se poursuivent toujours dans un rêve quand finalement le sommeil arrive parce que la mémoire du rêve qui suit le rêve d'endormissement ne demeure pas jusqu'au lendemain matin. Chez les gens normaux on entend rarement parler de rêve dans lesquels il y a distorsion du sentiment corporel du Moi. De tels rêves ont une signification spéciale.

D'un autre côté, même quand le Moi du rêve a un contour corporel délimité, il est généralement moins complet que celui du Moi corporel tout entier. Si nous évitons d'influencer le sujet et que nous lui demandons de dessiner les scènes de ses rêves, la silhouette complète du rêveur est rarement dessinée ; fréquemment elle n'est que vaguement indiquée, peut-être parfois seulement par la tête ou le buste. Dans la plupart des exemples le rêveur indique seulement l'endroit où il se tenait ; quelquefois il ne le sait même pas. (Les dessinateurs habiles complètent volontiers leur silhouette pour l'élaboration secondaire, et nous devons leur expliquer l'origine de cette impulsion.) De toute façon nous voyons que le Moi du rêve possède souvent un sentiment corporel incomplet. Dans d'autres cas cependant il peut être tout à fait complet et même souvent accentué. Dans de tels rêves un sentiment de bien-être est fréquemment très marqué.

Dans les rêves aux sensations caractéristiques douloureuses comme plaisantes, le sentiment corporel est toujours augmenté mais souvent incomplet. Il est à la fois accentué et complet dans des rêves où on vole

« Les Anges de la Nuit », de Degouves de Muncques, illustrent parfaitement les visions étranges présentes dans nos rêves de vol. (Degouves de Muncques : « Les Anges de la Nuit ». Rijskmuseum)

et où on nage qui sont accompagnés d'un sentiment marqué de bien-être. Cependant il y a des rêves avec un contenu semblable sans aucun sentiment de bien-être et avec un Moi corporel dont la délimitation n'est que vague. Si celle-ci est tout à fait absente on ne peut pas donner au rêve l'interprétation habituelle. Dans les rêves d'angoisse et d'inhibition, le sentiment corporel du Moi est toujours marqué mais il est souvent concentré dans des parties particulières du corps. Puisque ces rêves sont tout à fait typiques et se répètent dans la même personne sans changement, il est facile de noter toutes les variations du sentiment du Moi qui les accompagnent.

Comme preuve supplémentaire du fait que le sentiment corporel du Moi dans les rêves est déterminé par la structure érotique, on doit mentionner un rêve typique de masochiste qui avait un goût particulier pour exhiber ses jambes. C'était cette forme caractéristique de rêve de vol dans lequel on flotte vers le bas mais, dans ce cas, seules les extrémités postérieures étaient représentées dans le Moi corporel. Chez des gens normaux nous entendons rarement parler de rêves dans lesquels il y a distorsion du sentiment corporel ; de tels rêves ont une signification spéciale.

UN EXEMPLE DE DISTINCTION ENTRE MOI PSYCHIQUE ET MOI CORPOREL

Contrairement à de tels rêves dans lesquels le sentiment corporel du Moi est plus marqué que dans la vie éveillée, la majorité des rêves remémorés manifestent un manque total de tout sentiment corporel. Le « Moi des rêves » est dans de tels exemples le seul Moi mental. La libido qui a été retirée du corps dans l'endormissement, ou qui plutôt a régressé vers le Ça, n'a pas été redirigée vers le Moi corporel. La régression qui conduit au rêve rencontre des présentations d'objet et les active jusqu'au point de la réalité et même souvent plus loin ; pourtant, bien que son rêve soit le plus vivace possible, le rêveur ne sent rien de son propre corps. La conservation et le sentiment de sa propre identité dépendent du sentiment mental du Moi. Dans ces exemples, le caractère de rêve du rêve réside précisément dans cette absence de sentiment corporel du Moi. Le fait que les patients décrivent leurs états de dépersonnalisation comme « ressemblant à un rêve » relève de ce défaut du sentiment corporel du Moi.

La vivacité d'éléments isolés du rêve dépend de la concentration d'investissement libidinal par condensation, comme Freud l'a affirmé. Les rêves qu'on se remémore comme complets et particulièrement vivaces peuvent être divisés en deux groupes. Dans le premier on observe que l'élément de participation personnelle est accentué, l'affect est marqué, le Moi corporel est clair et il y a souvent des sensations vivaces d'un genre typique, tandis que les accessoires et le cadre sont souvent à peine suggérés, dénués de couleur, éphémères ou à peine tangibles. Dans le deuxième groupe, par contre, la représentation de ces derniers éléments possède une vivacité inhabituelle. Des images claires et détaillées de la ville ou de la campagne apparaissent aussi vastes que dans un panorama, sont vivement éclairées et les acteurs sont définis avec trop d'acuité. Dans ce groupe, le sentiment corporel du Moi est souvent complètement absent, ou se réduit à la tête ou aux membres inférieurs. Il semblerait que l'investissement libidinal soit insuffisant pour qu'il y ait à la fois présentation d'objet et corps ; par conséquent ou bien le sentiment mental, ou bien le sentiment corporel du Moi font défaut ; si les deux étaient pleinement investis le rêveur se réveillerait.

Un patient qui ne souffrait pas de dépersonnalisation dans la vie éveillée m'a raconté un exemple remarquable de distinction entre le Moi mental et le Moi corporel. Il avait eu un rêve sexuel extraordinairement complet et vivace avec présentation d'objets très vivace et sentiment du Moi de caractère sexuel agréable. Le rêve se passait dans sa chambre mais non pas dans son lit. Il se réveilla soudainement et se trouva dans son lit dans un état de dépersonnalisation complète ; il avait le sentiment que son corps était étendu à côté de lui et ne lui appartenait pas. Son Moi mental s'était éveillé le premier. Le sentiment corporel du Moi ne s'était pas éveillé avec le Moi mental parce que la libido utilisable à des fins narcissiques est essentielle pour le réveil du sentiment corporel du Moi et, dans le rêve précédent, toute la libido s'était investie dans la présentation objectale très vivace. Cet événement inhabituel montre clairement que l'investissement du Moi est en relation de compensation avec l'investissement d'un objet sexuel.

DES SENTIMENTS D'ÉTRANGETÉ OU D'INCOMPLÉTUDE DANS LE MOI CORPOREL A L'ÉTAT DE VEILLE

Il est facile de comprendre que dans des rêves où le sentiment corporel du Moi est présent le rêveur est représenté par lui-même, et seuls des objets fragmentaires ou des allusions à ces objets par d'autres silhouettes peuvent entrer dans le réve. Dans des rêves où il y a absence totale de sentiment corporel du Moi, quelque silhouette dans le rêve représente toujours le Moi du rêveur ; ceci montre que pour le Moi mental le Moi corporel constitue toujours un élément du rêve, même s'il n'est pas expérimenté en lui-même.

Nous avons donné plus haut de si nombreux exemples des variations et des limitations du sentiment du Moi dans les rêves des personnes normales que nous ne devons pas être surpris de trouver des états semblables dans leur vie éveillée. Dans tous les états d'épuisement extrême, en particulier dans ceux où la personne est empêchée de s'endormir seulement par des forces et des intérêts extérieurs, le sentiment corporel du Moi perd une partie de son étendue et de son intensité. Il se concentre souvent seulement dans les parties fatiguées du corps. Dans toutes les dépressions qui suivent l'épuisement, le Moi corporel devient incomplet.

Ceci est vrai aussi de toutes les dépressions endogènes ou exogènes et de la dépression mélancolique : dans les intervalles de névroses d'angoisse on trouve un sentiment corporel du Moi perturbé. Il est fréquemment limité à la tête et au visage. Il suffit cependant d'un effort de la volonté pour restaurer le sentiment corporel tout entier. Une activité peut produire ce résultat, ou une conversation avec une autre personne, ou la rencontre de quelqu'un, particulièrement si cette personne n'appartient pas au milieu habituel. La dépersonnalisation réelle au contraire ne commence que quand le sujet est seul ou se sent isolé, ou lorsqu'il rencontre des étrangers, ou dans des situations sociales qui ne flattent pas sa vanité. Les perturbations légères du sentiment du Moi que nous avons décrites sont différentes des états de dépersonnalisation, d'abord parce que dans la dépersonnalisation le Moi corporel réduit ne peut pas être investi de plus de libido, et, d'autre part, parce que quand on essaye automatiquement de le faire, la perception d'un objet produit chez le patient un sentiment d'étrangeté. Les variations que nous avons décrites sont rarement remarquées spontanément ; une dépression de degré varié et souvent très légère est présente, on ne sent pas l'étrangeté, et on peut toujours retrouver le Moi corporel tout entier. Dans certains états avant-coureurs de la schizophrénie, cependant, le patient fait spontanément l'expérience d'une limitation du Moi corporel et se plaint de ne pouvoir l'étendre en dépit de vigoureux efforts de sa volonté, bien que lui-même n'ait pas de sentiment d'étrangeté.

LE DÉVELOPPEMENT DU SENTIMENT DU MOI

Les gens qui trouvent que, lorsqu'ils s'endorment, des parties spéciales de leur corps résistent à la limitation du Moi corporel, et particulièrement les parties qui sont investies par les pulsions sexuelles qui les composent, présentent des particularités semblables dans la vie éveillée, c'est-à-dire des variations analogues de leur sentiment du Moi. Lorsqu'on demande à des cas extrêmes de perversion d'observer leur Moi corporel même lorsqu'ils ne sont pas engagés activement dans des pratiques sexuelles, on constate que les zones érogènes sont en permanence accentuées dans le sentiment corporel de leur Moi. Il y a un contraste frappant entre le sentiment du Moi des sadiques et celui des masochistes : chez les premiers l'organe de cohabitation est inclus dans le Moi corporel, chez les seconds il est exclu. Dans les cas extrêmes de sadomasochisme le sentiment du Moi alterne entre les deux directions. Le sentiment mental du Moi du sadique inclut aussi le sentiment génito-sexuel ; pour les masochistes, ce dernier est senti seulement de façon corporelle et comme extérieur au Moi.

Toutes ces manifestations peuvent être expliquées si l'on se réfère au développement du sentiment du Moi. Le sentiment mental du Moi qui correspond aux perceptions internes est le premier à être expérimenté par l'enfant ; le sentiment du Moi lié au corps et aux perceptions transmises par le corps n'apparaît que graduellement. Par la suite, le sentiment d'investissement des présentations objectales est distingué de l'investissement du corps lui-même et en même temps le contenu perceptif du monde extérieur est différencié de celui du corps. L'apparition d'une nouvelle partie de ce qui sera plus tard sentiment du Moi dans sa totalité représente un point de fixation dans le développement, le plus important étant la distinction entre Moi corporel et Moi mental. Quand une séparation violente du corps a lieu comme dans une perte de conscience temporaire, le sentiment du Moi régresse à ce point de fixation. On voit aussi des régressions partielles dans la vie éveillée résultant d'une frustration de la libido qui à son tour produit des états de dépression. Dans la dépersonnalisation complète le sentiment du Moi régresse de façon permanente à ce point de fixation.

CERTAINES NÉVROSES PEUVENT-ELLES TROUVER A SE DÉCHARGER DANS LE SOMMEIL ?

Dans la plupart des cas le sentiment du Moi régresse aux étapes du développement où les divers organes de la sensation corporelle sont graduellement incorporés dans le Moi, et tandis que le Moi corporel se consolide, le sentiment du Moi devient de plus en plus complet. Par conséquent mon opinion sur la cause de la dépersonnalisation est la suivante : quand les objets extérieurs sont perçus grâce à ces organes qui, soit tout entiers, soit en partie n'ont pas encore été inclus dans le Moi corporel, alors ces objets sont considérés comme étranges. Cela n'est pas parce que l'objet est reconnu avec plus de difficulté, mais parce que l'objet s'est heurté à une partie de la frontière du Moi qui n'a pas encore été investie de libido narcissique. Tous les cas de dépersonnalisation se plaignent de ne pouvoir « parvenir » à l'objet et que l'objet ne peut non plus « leur » parvenir.

Ceci rend compte aussi du fait observé d'abord par Nunberg et que j'ai confirmé personnellement dans tous les cas, que des symptômes de dépersonnalisation sont présents dans toutes les névroses de transfert. Quand la privation de l'objet se produit de façon soudaine, la libido d'objet est retirée de l'objet et la libido narcissique est retirée — du moins de façon temporaire — de la partie de la frontière du Moi qui est mise en jeu dans sa perception. Habituellement dans les névroses de transfert cet investissement de la libido narcissique est rapidement renouvelé. Dans la névrose obsessionnelle, si nous sommes suffisamment familiers avec les points de fixation, les frontières du Moi peuvent probablement être trouvées dans le sentiment mental du Moi.

Dans l'hystérie de conversion on les trouve entre le Moi corporel et le Moi mental.

La distinction entre le sentiment mental et le sentiment corporel du Moi, le fait que l'un ou l'autre garde l'investissement libidinal dans les rêves, et en dernier lieu le fait que le sentiment corporel du Moi est le plus marqué dans les rêves aux sensations typiques nous permettent de comprendre le mécanisme de la conversion. Dans ce cas, un processus investi de libido régresse dans l'inconscient jusqu'à un point de fixation entre le Moi mental et le Moi corporel et est projeté à partir de ceux-là dans le Moi corporel. Mais quand il y a projection de processus corporel dans le monde extérieur (événement habituel dans les rêves et symptôme permanent de la vie éveillée des psychotiques), la régression brise la frontière entre le sentiment du Moi corporel et la perception des objets. On pourrait dire que bien des gens apparemment sains se libèrent de leur névrose de conversion durant le sommeil par le moyen de sensations rêvées corporelles typiques. De façon semblable une névroae d'angoisse peut se décharger dans des rêves d'angoisse.

LES VARIATIONS DU SENTIMENT DU MOI A SOUMETTRE A L'ANALYSE

Nous pouvons comprendre bien des cas de dépersonnalisation en portant notre attention sur les variations du Moi corporel. Il est probable qu'on peut retrouver les origines des nombreux stades de dépersonnalisation dans tel ou tel point de fixation dans le développement du sentiment du Moi.

Les variations du sentiment du Moi que nous avons étudiées plus haut en détail forment un domaine dans lequel la conception dynamique de l'esprit est confirmée presque entièrement par le moyen de l'auto-observation de la décharge et du retrait des investissements *libidinaux*. Il est remarquable de voir à quel point l'identité de l'investissement narcissique du Moi et de l'énergie sexuelle apparaît clairement. Les variations du sentiment du Moi sont des symptômes endopsychiques qu'on peut analyser par le moyen de la psychanalyse et qui sont susceptibles de traitements psychanalytiques.

PAUL FEDERN

Traduit de l'anglais
par Anne Lewis Loubignac

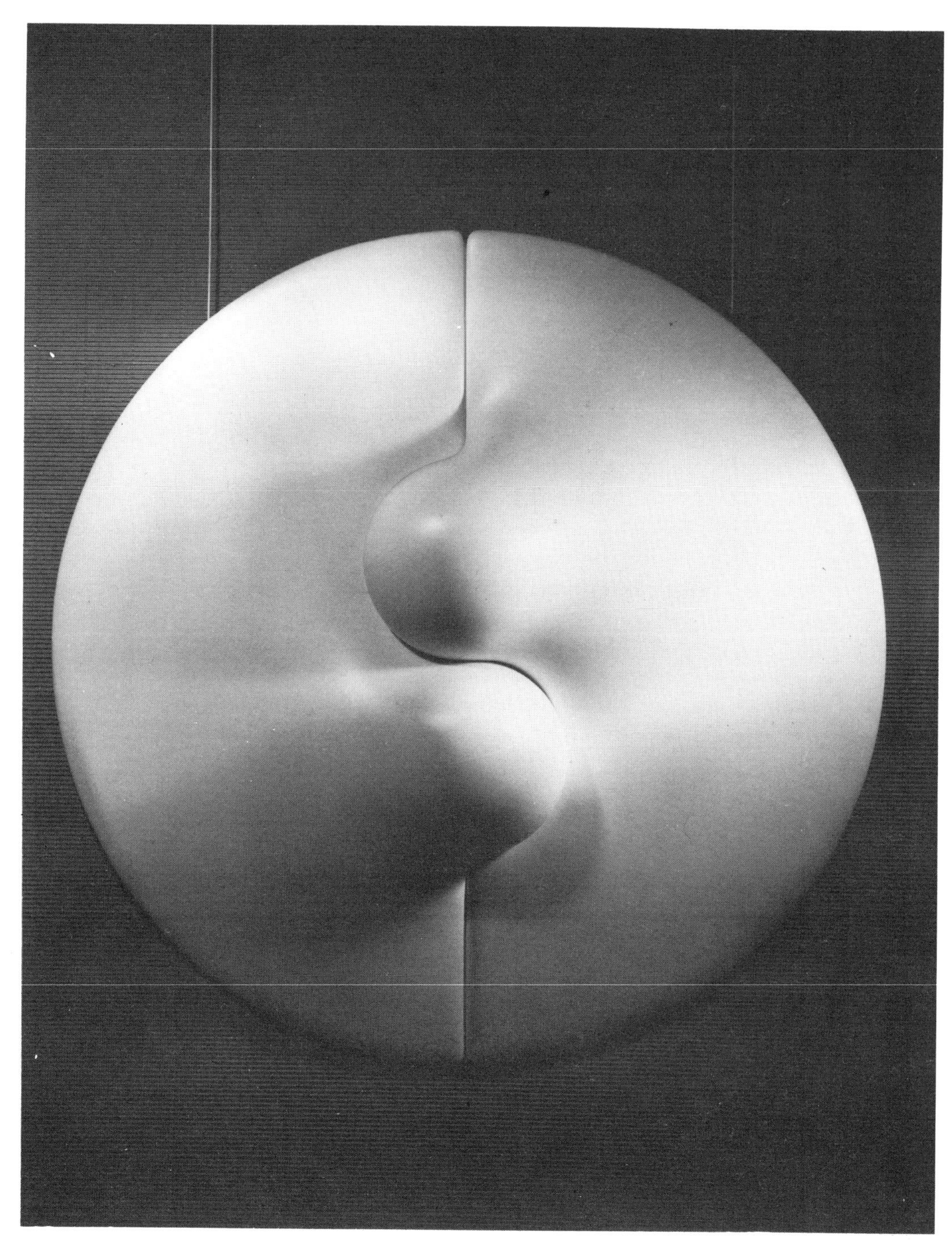

« L'écran du rêve »... Pour Lewin, l'écran du rêve représenterait le sein maternel. (J. Manders - Collection de l'Artiste)

Chapitre II

L'écran du rêve

Le psychanalyste américain Bertram D. Lewin s'est beaucoup intéressé au rêve et à l'oralité[1]*. Il a introduit dans la psychanalyse la notion d'« écran du rêve » ; selon lui tous les rêves se projetteraient sur un écran blanc qui représenterait le sein maternel, le sommeil s'associant chez l'adulte aussi bien que chez l'enfant à l'impression d'être un nourrisson rassasié. L'écran du rêve passe souvent inaperçu du rêveur ; cependant, un certain nombre de rêveurs le mentionnent, et ont donc permis à Bertram D. Lewin de dégager ce concept. L'écran du rêve est le représentant du désir de dormir, c'est-à-dire de la régression au narcissisme primaire*[2]*.*

Il existe des rêves « blancs » ou « vides », dont l'auteur suppose que c'est le genre de rêve fait par les nourrissons affamés lorsqu'ils sucent « à vide » avant de se réveiller pour réclamer leur nourriture. Bertram D. Lewin s'attache à montrer la relation existant entre le désir de dormir, l'écran du rêve et l'oralité.

Il établit ainsi des liens entre l'écran du rêve et divers phénomènes régressifs, par exemple psychotiques. Il évoque également les travaux de Federn dont nous avons découvert dans le chapitre précédent les hypothèses sur la perte des frontières du Moi dans le sommeil et dans les rêves.

Le premier sommeil du bébé est sans aucun contenu visuel ; il suit la satisfaction procurée par la tétée. Si l'écran du rêve représente le désir de dormir, les désirs inconscients surgissant dans le sommeil sont projetés par le Moi du rêveur qui tente ainsi, en quelque sorte, de s'en débarrasser sur l'écran du rêve.

1. Sur l'oralité, voir *les Stades de la libido : de l'enfant à l'adulte*, dans la même collection.
2. Voir *le Narcissisme : l'amour de soi*, à paraître dans la même collection.

Je fais appel, dans le présent article – pour élucider certaines manifestations associées au sommeil – à un bon vieux concept freudien, celui de la libido orale ; et j'applique les idées qui en découlent à d'autres observations dans le domaine de la théorie et de la pratique psychanalytiques.

VERS UN RETOUR A L'ÉTAT FŒTAL DANS LE SOMMEIL

Freud (1900-1901), dans *l'Interprétation des rêves*, part de l'hypothèse d'un désir de dormir constituant, pour lui, la raison fondamentale de tout rêve, le rêve étant le gardien du sommeil. Il ne nous dit pas grand-chose à propos de ce désir. Dans le « Complément métapsychologique à la doctrine des rêves » (1915), il note, de façon humoristique, que lorsque nous nous endormons, nous nous défaisons de la plus grande partie de notre Moi, en même temps que de nos vêtements, lunettes, dentier et autres accessoires, pour nous assimiler au nouveau-né ou au fœtus. Cette comparaison devait marquer très fortement M. J. Eisler (1921) qui fait état de plusieurs cas de troubles du sommeil (peut-être non entièrement élucidés) destinés à montrer que le sommeil est un phénomène régressif, un retour à un hypothétique stade pré-oral ou apnéique[3], tel qu'on peut l'imaginer chez l'enfant avant sa naissance. D'autre part, cependant, Eisler fit une constatation d'importance, en ce sens que le premier endormissement dont nous ayons connaissance se produit lorsque le nourrisson a tété le sein tout son content. Parmi les conclusions d'un intéressant colloque portant sur les troubles du sommeil, Simmel (1942) a jugé utile d'attirer notre attention sur cette ancienne remarque d'Eisler, considérant qu'elle était toujours valable[4]. Un autre auteur, Isakower (1936), dans un article important, se fonde sur cette même idée bien connue pour expliquer certains phénomènes hypnagogiques précédant le sommeil et les états similaires.

3. Qui suspend la respiration de façon plus ou moins prolongée. *(N. d. Ed.)*
4. *Cf.* également Windholz (1942), Maenchen (1942) et Fenichel (1942), lors du même colloque.

UNE NOUVELLE DÉCOUVERTE DE LA PSYCHANALYSE : L'ÉCRAN DU RÊVE

Rien de neuf, par conséquent, dans l'idée selon laquelle le sommeil – même chez les adultes – reproduit une situation infantile déterminée par l'oralité et se trouve consciemment ou inconsciemment associé à l'impression d'être un nourrisson rassasié ; cette idée n'a eu d'ailleurs qu'un écho limité dans les textes psychanalytiques. J'aimerais faire état de quelques nouvelles découvertes ayant trait à cette idée et l'exploiter d'une manière plus approfondie. Pour commencer, permettez-moi d'introduire le terme d'*écran du rêve*. L'écran du rêve, tel que je le conçois, est la surface sur laquelle un rêve semble projeté. Il s'agit d'une toile de fond blanche, présente dans le rêve quoique non nécessairement vue, et l'action perçue visuellement dans le contenu manifeste ordinaire du rêve se déroule sur cet écran ou devant lui. Théoriquement parlant, il peut faire partie du contenu latent ou manifeste du rêve, mais il s'agit là d'une distinction purement académique. L'écran du rêve n'est pas souvent remarqué ni mentionné par le malade en analyse et, dans la pratique courante de l'interprétation des rêves, l'analyste ne s'en préoccupe nullement.

« COMME UNE TOILE QUI S'ENROULE »

Mon attention fut attirée sur l'écran du rêve lorsqu'une jeune malade me fit le récit suivant : « Mon rêve était tout prêt à être raconté ; mais tandis que j'étais là à le regarder, il a reculé, s'est enroulé et s'en est allé en tournant sur lui-même, comme sur deux culbuteurs. » A ma demande, elle reprit ce récit à plusieurs reprises, pour que je pusse établir l'essence de son expérience, c'est-à-dire le recul de l'écran porteur du rêve, avant qu'il s'enroule comme un tapis ou une toile, et s'éloigne dans un mouvement rotatif semblable à celui des culbuteurs d'une machine. L'idée m'est venue que la malade décrivait des phénomènes hypnagogiques du genre de ceux que rapporte Isakower, lequel note également qu'ils se produisent au réveil, tout en n'interprétant que ceux du début du sommeil.

L'oubli des rêves, comme nous le savons, ne ressemble à aucun autre oubli. De même que les remarques d'un malade racontant son réveil ou un rêve (« C'est un rêve important » ou « un rêve idiot », etc.), l'oubli ou le souvenir d'un rêve appartient au contenu du rêve lui-même et peut être analysé en tant qu'élément manifeste de celui-ci. Par conséquent, lorsque le rêve de ma malade s'est écarté d'elle en s'enroulant sur lui-même, alors qu'elle était allongée sur mon divan, elle a mis un point final à ce rêve. D'un point de vue théorique, elle a fait, sous l'influence de ses résistances, en oubliant le rêve, un premier pas vers le réveil, qui s'est produit plusieurs heures après qu'elle se fût réveillée au sens conventionnel du terme, en reprenant conscience dans son lit. L'enroulement et le recul de l'écran du rêve ont constitué l'élément final de son réveil. On pourrait dire que tant qu'elle se souvenait du rêve elle était en partie endormie. Le sommeil partiel – idée provenant des phénomènes post-hypnagogiques et autres – a été utilisé pour expliquer certains états de veille apparente (Kubie, 1948)[5].

L'ENTRÉE EN SCÈNE DU SEIN DANS LE RÊVE

Isakower interprète les grandes masses qui s'approchent de celui qui s'endort comme des seins. Au fur et à mesure qu'elles s'approchent du dormeur, le sein semble grandir ; sa surface convexe s'aplatit, finit par fusionner avec le dormeur, ce qui s'accompagne souvent de sensations buccales. Le réveil à retardement de ma malade constituait l'expérience inverse. L'écran plat s'enroulait en une surface convexe et s'éloignait, ce qui semblait mettre fin au processus entamé avec l'endormissement. Lorsqu'on s'endort, le sein est saisi dans le monde perceptuel ; il s'aplatit ou devient presque plat, et il disparaît au réveil, renversant l'ordre de son entrée en scène. Le rêve semble se projeter sur ce sein aplani – l'écran du rêve – à condition, bien entendu, qu'il s'agisse d'un rêve visuel ; car, en l'absence d'un contenu visuel, l'écran du rêve resterait vide et le contenu manifeste consisterait uniquement en impressions provenant des autres domaines de la perception. Je vais tenter de montrer, dans le présent travail, qu'il existe de ces rêves blancs d'un point de vue visuel, ainsi que d'en dégager la signification.

Un autre rêve de la même malade semble nous donner un autre aperçu de l'écran du rêve. Elle avait rêvé d'un grand treillis métallique se dressant entre elle et le paysage. Il est apparu, dans l'analyse, que ce treillis représentait l'armature métallique portée par sa mère après l'ablation d'un sein. L'opération avait eu lieu quand la malade avait sept ans et son analyse tournait, en grande partie, autour de l'intervalle

5. *cf.* également Grotjahn et French, 1938, Grotjahn, 1942, et le colloque de 1942.

de trois ans qui avait séparé l'opération de la mort de la mère. Pour ce qui était de ces trois années, la malade souffrait d'une amnésie particulièrement tenace quant à tout ce qui touchait à sa mère. Sa vie onirique, en revanche, portait quasi exclusivement sur cette période ; en oubliant son rêve — lorsque celui-ci était parti en s'enroulant sur lui-même — elle avait donc réalisé son désir d'éviter et d'oublier les thèmes de la mère et du sein.

L'ÉCRAN DU RÊVE EST LE REPRÉSENTANT DU DÉSIR DE DORMIR

L'écran du rêve semble représenter le sein pendant le sommeil, mais il est, d'ordinaire, obscurci par les divers dérivés du préconscient et de l'inconscient se plaçant devant lui ou sur lui. Ces dérivés, de l'avis de Freud (1900-1901, 573 *sq.*) sont les intrus du sommeil. Ils menacent de

« Son rêve était parti en s'enroulant sur lui-même »...

nous réveiller et ce sont eux que nous voyons apparaître, sous un déguisement, dans les contenus visuels du rêve. D'autre part, l'écran du rêve représente le sommeil lui-même ; il ne s'agit pas uniquement du sein, mais aussi de ce contenu du sommeil ou du rêve qui satisfait le désir de dormir, désir que Freud suppose être une composante de toute activité onirique. L'écran du rêve est le représentant du désir de dormir. Les contenus visuels en représentent les ennemis, les « réveillaurs ». L'écran du rêve blanc est à l'image du premier sommeil infantile.

EXISTE-T-IL DES RÊVES RÉELLEMENT « BLANCS » ?

De ce fait, il devrait y avoir des rêves dépourvus de contenu visuel où l'écran du rêve apparaîtrait seul. Ces rêves sont évidemment rares. Ils représenteraient un pur accomplissement et, de ce fait, le dormeur pourrait ne pas s'apercevoir qu'il a rêvé. La déclaration selon laquelle une nuit donnée s'est déroulée sans le moindre rêve est toujours reçue par l'analyste avec quelque scepticisme, car les rêves s'oublient facilement et, souvent, reviennent ultérieurement à l'esprit, lorsque le rêveur – en analyse ou par hasard – surmonte une résistance. Je voudrais dire cependant que, dans un certain sens, il y a des rêves dépourvus de contenu, sens difficile à exprimer pour les Russes qui désignent le rêve comme l'action de « voir en dormant ». Je veux parler des rêves blancs, d'un point de vue visuel, s'accompagnant de sensations dites organiques, d'un niveau inférieur. Nous pouvons supposer que c'est le genre de rêves que font les nourrissons affamés lorsqu'ils sucent dans le vide avant de se réveiller et de réclamer leur nourriture.

Le fait que le rêve visuellement blanc existe réellement – et qu'il représente le sein pratiquement à l'état pur – s'est trouvé confirmé par les rêves d'une malade schizophrène. Cette jeune femme présentait – beaucoup plus clairement que mes autres malades – une fixation préœdipienne à la mère. Son hétérosexualité apparente était illusoire, parfois délirante ; ses véritables intérêts sexuels étaient exclusivement attachés (quoique d'une manière totalement inconsciente) à des substituts maternels. Le rêve auquel je fais allusion s'est produit à quatre reprises au cours de l'analyse, chaque fois à l'issue d'une journée passée à faire des achats et déjeuner avec une figure maternelle. Sous l'effet d'une telle journée, elle tombait dans un état de surexcitation et de béatitude érotiques. Ces soirs-là, elle ne faisait « pas de rêve » — ainsi qu'elle le disait elle-même — mais avait un orgasme sexuel. Ce rêve sexuel blanc constituait, chaque fois, le signe avant-coureur d'une crise d'hypomanie d'une durée variable et ayant un contenu de grandeur et d'érotomanie.

UN DÉSIR INCESTUEUX S'EXPRIME-T-IL DANS LES RÊVES « BLANCS » ?

L'orgasme qui intervient dans le sommeil sans souvenir de rêve est, bien sûr, un phénomène relativement connu. Ferenczi (1916-1917) déclare que les « pollutions » non accompagnées d'un rêve sont incestueuses, ce qui est vrai, sans toutefois élucider la question. Certains malades obsédés doivent se masturber avant de s'endormir pour éviter la pénétration de sensations sexuelles dans leurs rêves, manifestement incestueux mais émotionnellement blancs. Dans le cas auquel j'ai fait allusion, cependant — malgré certaines possibilités peu probables — j'ai tendance à faire confiance à la capacité d'introspection de ma malade et à supposer qu'elle disait vrai lorsqu'elle déclarait ne pas avoir fait de rêve visuel.

D'autres faits peuvent être cités à l'appui de cette thèse. Sa psychose avait commencé par un état de stupeur d'une durée de plusieurs jours, dont elle ne pouvait rien dire. Tous les efforts tentés pour percer l'amnésie entourant ces journées n'ont abouti à rien, si ce n'est à des affabulations manifestes mêlées de faux « souvenirs » d'enfance. L'oralité de la malade était intense et envahissante. Les états d'élation délirante succédant immédiatement au rêve précurseur peuvent être considérés comme un élément tardif du rêve. Le délire hétérosexuel de l'état de manie correspond au contenu absent du rêve blanc. Il constitue l'élaboration secondaire et le déni du désir réalisé purement et simplement dans le rêve : celui d'une union avec la mère, dans un sommeil vide de tout contenu visuel. Son délire constituait un renversement de contenu érotomane, tel que nous en rencontrons fréquemment dans l'élaboration secondaire des rêves. Il tenait davantage du rêve que de la conscience éveillée ; car elle croyait fermement à la vérité de ses fantasmes érotiques, de même qu'un dormeur croit à ce qu'il rêve. Les mêmes désirs oraux dominaient le rêve et les crises de manie.

LES RÊVES DU TOUT PETIT ENFANT APRÈS LA TÉTÉE

Il a déjà été dit — à l'époque du premier article d'Abraham (1911) sur les états maniaco-dépressifs — que les maniaques sont capables de rejeter totalement leur vie sexuelle dans le sommeil. Utilisant la terminologie de l'époque, Abraham attribuait ce phénomène à une accentuation du repli sur l'« auto-érotisme ». Le malade maniaque d'Abraham faisait des rêves érotiques ordinaires, et non pas des rêves blancs suivis de délires érotiques. Cela devait correspondre aux vues exprimées ultérieurement par Abraham (1924) sur le rôle de l'oralité dans les états de manie, consistant à dire que les manifestations du sommeil dans la manie sont d'origine orale même lorsque, chez les adultes, elles atteignent leur point culminant dans l'orgasme génital. Le rêve blanc de satisfaction génitale, consécutif à une stimulation orale intense et annonçant — ou entamant — une période d'élation, remplit les conditions du premier rêve hypothétique. Dans ce premier rêve, le Moi n'intervient pas et n'exerce nullement son influence déformante. Bref, ce rêve reproduit celui du très petit enfant après la tétée — le rêve constitué par un pur sein ou un pur écran et qui satisfait le désir de dormir.

« JE RÊVE DANS MA BOUCHE » : UNE PRÉCISION SUSCEPTIBLE DE BOULEVERSER LA THÉORIE DE PIAGET

Les rêves rapportés par Grotjahn (1938) chez un enfant de deux ans et quatre mois sont structuralement très en avance par rapport à l'écran blanc du rêve. Grotjahn écrit : « Le sommeil, auquel l'enfant consacre, dans sa toute petite enfance, le plus clair de son temps, semble être beaucoup plus important et bien préférable à la vie vigile pendant la première année... Durant la petit enfance, l'état de veille semble permettre l'obtention du même plaisir que dans le sommeil et par des moyens semblables. » Comme ma malade au rêve blanc, le Moi très jeune reporte ses désirs et ses mécanismes oniriques dans la vie vigile avec, certainement, moins de distorsion. Le Moi jeune ne distingue pas les rêves de l'état de veille. Les hallucinations gustatives du premier rêve du très petit enfant présentent les mêmes caractéristiques que toutes les autres sensations gustatives, à l'exception de la réalité chimique de base. Dans le rêve, cependant, elles ont la trompeuse réalité psychologique que le sommeil offre au rêveur ; et si, dans la vie vigile, le bébé recouvre cette impression de réalité du rêve, cela présage ce que pourrait être une psychose ultérieure. Comme dans le cas de ma malade, l'impression de réalité peut être déplacée du rêve à un délire élaboré de manière secondaire et servant de couverture, de défense et de tentative de recouvrement.

Les questions posées par Piaget à de jeunes enfants sur « l'endroit » où ils rêvent nous fournissent des renseignements utiles. Les enfants (plus âgés que ceux auxquels nous pensons) ont répondu, en général, que leurs rêves se passaient dans leur chambre, ou dans leurs yeux, bien qu'un petit garçon ait dit – ce qui est inexplicable par la méthode Piaget – qu'il rêvait dans sa bouche. Le fait de creuser cette réponse aurait débordé du cadre du questionnaire de Piaget et en aurait bouleversé les tableaux.

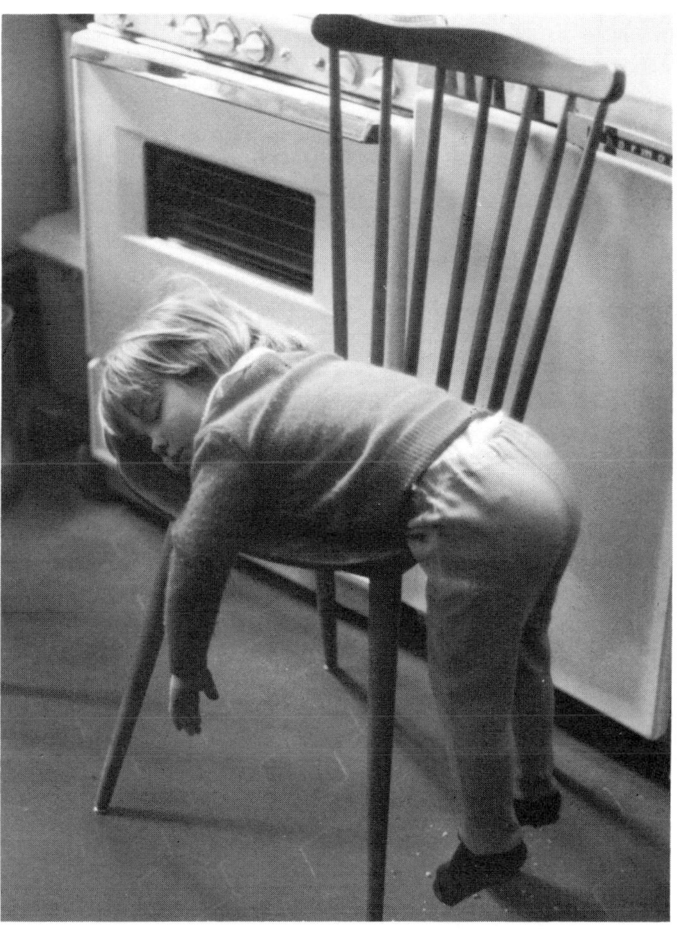

« Le sommeil, auquel l'enfant consacre le plus clair de son temps, semble être beaucoup plus important et bien préférable à la vie vigile... »

LE CAS DE NATALIJA A. : UNE MACHINE REPRÉSENTANT SON PROPRE CORPS

J'en reviens, à ce stade, à un élément de la description de l'endormissement donnée par Isakower – l'aplanissement du monde, assimilé ou réduit au sein tel qu'il est pris dans la bouche. Cet aplanissement fait penser à un processus identique dans le cas de la machine à influencer de Natalija A. décrite par Tausk (1919). Nous rappellerons que, de façon concomitante à l'apparition de nouveaux secteurs de dépersonnalisation dans le corps de Natalija A., un aplatissement se produisait dans les parties correspondantes de la machine, réplique de ce corps en forme de sarcophage. Lorsqu'elle perdit la faculté de ressentir des sensations génitales, les protubérances génitales de la machine disparurent, de même que les autres organes et las autres parties aliénées de son Moi corporel perdirent leur rondeur sur la machine et s'aplatirent. Au moyen d'une astucieuse opération d'algèbre psychanalytique, Tausk assimile la machine à l'appareil génital (en invoquant le symbolisme du rêve) et, puisque la machine représente également le corps, il assimile le corps à l'appareil génital. L'article de Tausk – qui déclare traiter des états du Moi les plus primitifs – ne fait pas la moindre allusion au sein ni à l'oralité. Sous l'influence de son équation, Tausk suppose que la libido est encore génitale et que, par conséquent, les formules qu'il applique sont dérivées de la sexualité génitale, comme le prouvent la terminologie et les analogies auxquelles il fait appel. Il parle, par exemple, d'une « découverte du corps », lorsque le bébé apprend à connaître son propre corps et en investit libidinalement des parties. Il invente ce terme par analogie avec celui de « découverte de l'objet », appartenant à la psychologie libidinale ultérieure. Suivant, avec cohésion, le schéma du développement génital, Tausk se sert uniquement de la notion de régression objectale pour expliquer les changements intervenus dans les symptômes et la répartition libidinale de Natalija A., ignore les phénomènes oraux précoces de même que le sein, et aboutit à un hypothétique stade intra-utérin du narcissisme élémentaire. Tausk considère la partie corporelle comme un objet d'amour et interprète le retrait de la libido de cette partie comme une régression de l'amour objectal vers le narcissisme. Cela l'entraîne dans des complications que ne résout pas, de façon satisfaisante, sa thèse selon laquelle il y aurait deux sortes de narcissisme. Tout en définissant l'objet de la libido (ou son absence) chez Natalija A., Tausk ignore l'autre attribut imputé par Freud à une pulsion érotique, c'est-à-dire son but.

L'ÉQUATION CORPS-APPAREIL GÉNITAL-SEIN

Le temps écoulé depuis la parution de l'article de Tausk, en 1919, ainsi que les nouveautés et les textes publiés entre-temps, justifient que l'on procède à une nouvelle appréciation de ses découvertes. Il sera bon, en particulier, de faire appel à des notions d'oralité, plutôt que de génitalité précoce, et au but libidinal, plutôt qu'à la relation objectale, pour expliquer certaines modifications intervenues dans la machine à influencer de Natalija A. L'aplanissement de la machine renvoie à celui du sein de l'hallucination hypnagogique. Nous pourrions, par conséquent, ajouter un troisième volet à l'équation classique de Tausk portant sur le corps et l'appareil génital, pour arriver à la conclusion suivante : corps = appareil génital = sein[7]. Dans cet ordre d'idées, l'effondrement des frontières du Moi corporel de Natalija A. serait dû à une ingestion orale des parties, à un auto-cannibalisme partiel (pour respecter la terminologie d'Abraham, 1924) et la disparition de chacune des parties de son corps signifierait qu'elle avait avalé cette partie de façon fantasmatique. Le fragment du monde représenté par l'organe-représentation fait l'objet d'une destruction (partielle) du monde.

LE DORMEUR SE MANGE LUI-MÊME

Nous rappellerons que Spring (1939), dans son étude des fantasmes de destruction du monde (Freud, 1911), parvient à la conclusion que la destruction du monde est un acte oral, une ingestion du monde. Les malades schizophrènes de Spring et le Dr Schreber (ainsi qu'il ressort de l'autobiographie revue par Spring) s'identifient au monde puis le détruisent en l'avalant. La destruction du monde et l'abolition des frontières corporelles suivent une même trajectoire. Certes, nous avons souvent rencontré l'idée selon laquelle les frontières corporelles disparaissent du fait d'une action orale dans d'autres contextes. Le petit enfant n'établit pas de distinction entre son corps et le sein et Isakower part de cette idée pour expliquer les événements hypnagogiques précédant le sommeil. Les frontières du Moi disparaissent lorsqu'il y a fusion avec le sein ; l'absence de frontière du Moi implique un événement oral antérieur.

7. Ce point est traité dans *Body as Phallus* (« Le Corps en tant que phallus »), p. 38 *sq.* et 44 *sq.*

Nous savons, grâce à l'article devenu classique de Federn (1932), que les frontières du Moi disparaissent pendant le sommeil et dans les rêves. J'aimerais faire appel à la découverte de Federn pour étayer ma thèse selon laquelle le rêveur – ou le dormeur – reste uni au sein, ce qui détermine certains caractères constants du rêve, tels que l'écran du rêve, qui ne sont pas toujours facilement reconnus. La trouvaille de Federn, selon laquelle le Moi corporel disparaît dans le sommeil, doit être mise en parallèle avec la perte analogue des frontières corporelles chez Natalija A. et interprétée de la même manière. Le dormeur, identifié au sein, a mangé et retenu toutes les parties de lui-même n'apparaissant pas – sous forme d'esquisse ou de symbole – dans le contenu manifeste du rêve. Le dormeur s'est mangé lui-même, totalement ou en partie, comme Natalija A. ou le Dr Schreber, et s'est trouvé dépossédé de son corps – lequel est alors perdu, fondu dans son identification au sein largement agrandi et aplani, l'écran du rêve. Bref, le dormeur a perdu les frontières de son Moi car, en s'endormant, il s'est uni au sein. Les représentations du corps ou de ses parties dans le contenu visuel du rêve signifient, par conséquent, que le corps – ou une partie de celui-ci – est éveillé. C'est un intrus qui trouble le sommeil. Des symboles phalliques, par exemple, apparaissant dans le rêve, représentent l'éveil – inconscient ou préconscient – de cette partie du corps et signifient une tendance à se réveiller, opposée à la tendance exprimée par l'écran du rêve, c'est-à-dire la tendance au pur accomplissement du désir de dormir. Le contenu visuel du rêve représente, en général, les réveilleurs, et l'écran du rêve, le premier sommeil infantile.

L'ORALITÉ DANS LE FANTASME DE RETOUR A LA MATRICE MATERNELLE

A part les remarques facétieuses citées plus haut le comparant à un déshabillage, Freud ne nous dit pas grand-chose du processus de l'endormissement. Dans *l'Interprétation des rêves*, il suppose que le désir de dormir constitue la grande motivation de tous les rêves, sans toutefois expliquer ce désir en tant que tel. Par conséquent, pour éviter que l'on puisse envisager les remarques quasi fortuites de Freud au sujet du retour à l'utérus comme faisant contrepoids à ce que j'ai avancé quant à la signification orale du sommeil, il y a lieu de signaler que notre connaissance de la régression dite intra-utérine est, en fait, celle des fantasmes de retour à la matrice maternelle (Freud, 1925 ; Ferenczi, 1927 ; Simmel, 1942). Dans la mesure où ils ont été étudiés, ces fantasmes semblent être fondés sur des notions orales. Ainsi, dans

Le rêve : une régression intra-utérine ? ▶

le cas de la claustrophobie, le retour à l'utérus est utilisé comme une défense et le fantasme correspond à l'action de se cacher ; le corps de la mère est toujours décrit comme étant pénétré oralement, que ce soit de manière active ou passive. Soit on se fraye un chemin à coups de dents, soit on est avalé par la mère. Le fait de rejoindre la mère – à l'intérieur ou à l'extérieur – semble fondé sur le modèle oral et calqué essentiellement sur les expériences orales les plus anciennes. Le fœtus, auquel s'identifie le claustrophobe, est un nouveau-né reprojeté et censé manger ou dormir. Le fantasme du retour au corps de la mère est un fantasme secondaire, combinaison de l'idée d'union avec la mère en tétant le sein et d'impressions ultérieures.

MANGER, C'EST AUSSI ÊTRE MANGÉ

J'ai fait allusion, ci-dessus, aux deux idées maîtresses : manger et être mangé, et à leur interchangeabilité. Cette interchangeabilité est intrinsèque à la psychologie orale. Le fait de manger a pour effet une identification à la chose mangée. Comme l'ont dit Isakower et d'autres auteurs, le petit enfant, au départ, ne saisit pas la différence entre lui-même – c'est-à-dire son épiderme et sa bouche – et la surface du sein de sa mère. Le bébé ne sait pas ce qu'il mange : il peut s'agir de quelque chose situé sur le sein ou à l'intérieur de celui-ci, ou bien encore de quelque chose lui appartenant en propre. C'est peut-être pourquoi la psychologie de l'épiderme est étroitement liée à l'érotisme oral (*cf.* Fenichel, 1942). Certes, nombreux sont les cas où les malades assimilent les lésions cutanées à des morsures. D'après leurs rêves, j'ai su que deux malades dépressives croyaient que les symptômes cutanés étaient les effets des morsures de vers dévorant leur corps mort. Elles s'identifiaient ainsi à leurs mères décédées. Selon une autre interprétation, l'épiderme est une bouche et dans les cas de lésions multiples, celles-ci représentent autant de bouches. Le traitement et les pansements sont considérés comme une « alimentation de la peau ». On est tenté de se demander, en passant, si la bouche n'aurait pas été ressentie, à l'origine, comme une blessure, la première tentative de pansement (pour faire appel au vocabulaire de la schizophrénie) coïncidant ainsi avec l'action de manger. Les fantasmes rapportés dans l'article de Nunberg (1920) sur les tentatives schizophrènes de pansement indiquent que cette explication est vraisemblable.

L'ÉCRAN DU RÊVE ET LA PROJECTION SUR L'ÉCRAN DE L'ÉPIDERME

L'écran du rêve peut assumer les caractéristiques de l'épiderme ; la fusion originelle du sein et de l'épiderme du dormeur, dans la toute petite enfance, peut permettre à ce dernier de coïncider avec l'écran du rêve. Ce point est encore obscur. L'une des malades dépressives dont je viens de parler a rêvé qu'elle se trouvait dans un petit lit recouvert d'un tulle la protégeant contre les moustiques qui cherchaient à la piquer à travers celui-ci. Elle s'est réveillée en se grattant. Le tulle représentait son épiderme, mais un épiderme dépourvu de sensations, projeté de son corps sur la toile de fond du rêve. L'autre malade dépressive, lors d'une crise de démangeaisons due au sumac vénéneux, projeta dans le rêve ses lésions – bien réelles à l'état de veille et plutôt défigurantes –

non pas sur un écran ou une surface neutre, mais sur les bras ronds de la gouvernante de ses enfants, sous la forme de jolies images tatouées. Voilà qui correspond mieux aux projections de Natalija A. ; les tatouages ne démangent pas et certaines lésions étaient placées sur les parties génitales de la malade, parties que ses enfants cherchaient beaucoup à voir à l'époque, de même que d'autres « images ». Mais le tatouage de la gouvernante ne représentait pas seulement le corps et les parties génitales de la malade ; il renvoyait également au tatouage de la poitrine de sa mère, consécutif à l'ablation du sein. L'épiderme éveillé de la malade avait été projeté sur un représentant inhabituel du sein, afin de le placer dans le sommeil.

UN CAS CLINIQUE ILLUSTRANT L'ÉQUATION SOMMEIL-MORT

L'apparition du sommeil à l'issue de la série orale – faim, nourrissage, satiété – nous pousse à le situer dans la psychologie et la symptomatologie des troubles reproduisant cette série sous une forme pathologique. Nous devrions nous attendre à ce que le sommeil figure dans la psychologie des états maniaco-dépressifs et annexes ainsi que dans la pharmacothymie. La fréquence avec laquelle nous découvrons que la mort et le sommeil sont assimilés l'un à l'autre pourrait constituer un point de départ valable, en particulier depuis que cette question a été traitée, de manière fort intéressante, par Jekels et Bergler (1940), puis par Jekels seul (1945). Mon optique personnelle n'est pas fondée sur la métapsychologie ni sur la double théorie des instincts, mais procède de l'étude de la signification de l'insomnie rebelle dans certaines dépressions.

La dépression névrotique de la femme qui rêvait du tulle peut servir d'exemple. Une insomnie tenace – symptôme principal – qui durait depuis onze ans, était apparue peu après la mort de sa mère. Le premier matériel analytique montra que la malade craignait de s'endormir et que les artifices dont elle se servait ostensiblement pour s'endormir – tels que la lecture – avaient, en fait, un effet contraire ; ce matériel fit ressortir, en outre, qu'elle avait peur de s'endormir parce qu'elle craignait de rêver. Lorsqu'elle surmonta cette crainte et se mit à rêver, il apparut que tous ses rêves avaient trait à sa mère décédée. Il lui arrivait de rêver du paradis que sa mère, pieuse, lui avait décrit lorsqu'elle était enfant, et dont la mère elle-même avait rêvé pendant sa dernière maladie. Les rêves de la malade correspondaient à l'accomplissement du désir d'être une enfant passive et soumise, alors qu'il s'agissait d'une personne agressive dans la vie vigile. A l'époque du rêve du tulle, par exemple, elle rêvait que sa gouvernante la promenait dans un landeau. Dans de nombreux rêves, elle rejoignait sa mère, et il était clair que, sous la crainte, plus superficielle, de rêver, se cachait celle de mourir. Cette crainte put être analysée. Elle cachait le désir correspondant de mourir et celui-ci, à son tour, signifiait un désir infantile de dormir auprès de la mère. L'idée de dormir auprès de la mère renvoyait à plusieurs explications ; mais elle se souvenait de s'être réveillée, à l'âge de trois ans, couchée auprès de sa mère endormie, et de s'être demandé si sa mère était morte ou endormie. Bref, son conflit provenait du fait qu'elle avait le choix entre dormir auprès de sa mère et mourir, et rester éveillée et vivre. Le sommeil qu'elle redoutait n'était pas le pur sommeil du nourrisson rassasié — c'était ce qu'elle désirait — mais le sommeil complexe, traversé de rêves, dont elle n'était pas sûre que son censeur éliminerait le désir de mourir. Sa veille était destinée à faire obstacle à la pénétration de son désir de mourir (perçu avec anxiété) dans le contenu visuel manifeste du sommeil.

Récapitulons : la crainte névrotique de dormir était fondée sur une crainte de la mort destinée à écarter un désir de mourir ; le désir de mourir représentait le désir infantile de dormir en communion avec la mère. Le prototype de ce désir de mort est le désir du sommeil blanc, calme, correspondant vraisemblablement à l'état d'esprit du nourrisson qui s'endort rassasié. C'était là la mort appelée dans la dépression. Ce sommeil blanc pourrait être l'accomplissement du désir de dormir supposé par Freud. De nombreux désirs de mort névrotiques sont essentiellement constitués par le désir de satisfaction orale et par le désir du sommeil consécutif à celle-ci. Les craintes de mort représentent l'équivalent angoissé de ce désir. Le suicide et les fantasmes suicidaires répondent à une irruption, sous un aspect déformé, du désir primitif de sommeil infantile.

LE DÉSIR DE DORMIR SIGNIFIE AUSSI LE DÉSIR D'ÊTRE MANGÉ

La stricte logique analytique nous oblige à voir, dans le désir de dormir, un désir d'être mangé. L'endormissement coïncide avec l'ingestion du sein par le bébé ; le résultat en est une identification à la chose mangée. D'où il découle que le désir de s'endormir signifie une reprise à notre compte des caractéristiques de la chose mangée, y compris, dans une optique animiste, le désir d'être mangé. Les ramifications de ce désir, dans la théorie et la pratique psychanalytiques, exigent une étude plus approfondie ; toutefois, tel que nous l'avons rencontré dans les dépressions névrotiques – associé à l'insomnie – il coïncide tout à fait avec le désir de dormir. Dans certains rêves cités ci-dessus, il semble apparaître en tant que tel, en particulier lorsque l'épiderme est l'organe récipiendaire de la morsure.

Le sommeil infantile consécutif au nourrissage n'a pas fait l'objet d'une attention suffisante dans les formulations ayant trait aux névroses narcissiques. Il n'a pas été inclus dans la chaîne des phénomènes oraux sous-jacents aux troubles maniaco-dépressifs et pharmacothymiques. Il ne devrait pourtant pas être difficile de l'insérer dans les séquences formulées par Rado (1926, 1927, 1933) car dans les toxicomanies, la plupart des drogues produisent non seulement un sentiment d'élation, mais aussi un sommeil ultérieur, et le désir de dormir peut être plus ou moins mis en parallèle avec le désir d'élation, ou bien être considéré comme faisant partie de celui-ci. Dans les fantasmes du pharmacothymique, l'élation inclurait ce même effet obtenu par le nourrisson en tétant, c'est-à-dire le sommeil, ou en serait suivie. Il suffirait d'élargir la catégorie du bien-être consécutif – selon Rado – à la satisfaction orale, pour y inclure le sommeil de la toute petite enfance.

SOMMEIL, MANIE, SUICIDE ET DESTRUCTION DU MONDE : DIVERS RÉSULTATS D'UN DÉSIR ORAL

De même, dans les troubles de l'affectivité, le désir infantile et primaire de dormir devrait jouer un rôle dans le suicide fantasmatique ou réel. En l'absence d'une telle hypothèse, nous devons nous rabattre sur celle d'une pulsion primaire poussant à se tuer, et l'assimiler à la pulsion de mort primaire, tournée vers l'intérieur – proposition métapsychologique qui, assurément, ne contredit nullement l'hypothèse clinique et orale (*cf.* Zilboorg, 1937). Ou bien, si nous nous en remettons à la thèse éprouvée selon laquelle le suicide est un meurtre symbolique, nous ne pouvons pas, d'un point de vue analytique, nous contenter de cette affirmation comme s'il s'agissait d'une vérité première. Car cette affirmation renvoie à une identification à l'objet et celle-ci, à son tour, à un événement oral antérieur. Ceci ne contredit nullement, par conséquent, l'idée selon laquelle le désir de mourir motivant les fantasmes suicidaires reproduit un désir de dormir plus ancien. En ce qui concerne les troubles de l'affectivité, il y aurait lieu d'étendre légèrement la séquence formulée par Rado. Il faudrait, là aussi, ajouter comme condition que le bien-être, recherché et obtenu au sein de la mère, inclut le sommeil qui le suit. C'est peut-être dans le sommeil — ou dans l'endormissement — que se produit l'hypothétique « orgasme alimentaire ». Dans la série pharmacothymique, nous devons seulement ajouter le sommeil provenant de la drogue ; et parmi les séquelles pharmacothymiques, nous découvrons le sommeil infantile symbolique apparaissant — selon Rado — lors d'une défaillance du régime pharmacothymique, lorsque le toxicomane se tourne vers les fantasmes suicidaires, c'est-à-dire vers le sommeil infantile à tout prix. Ainsi, sommeil, manie, suicide et destruction du monde — totale ou partielle — constituent les divers résultats d'un même désir oral, simple et primaire.

LE MYTHE DU JUIF ERRANT : UNE TRANSPOSITION DU CALVAIRE DES INSOMNIAQUES ?

Rado a raison de dire que celui qui se tue ne croit pas entrer dans la mort mais dans l'immortalité, dans le paradis artificiel[8] imaginé par le toxicomane. Mais il existe une autre immortalité, peu désirable ; c'est celle d'une extrême longévité, telle celle du Juif errant pour lequel elle représente une malédiction. Parce qu'il n'avait pas permis au Christ portant la croix de se reposer chez lui, un châtiment singulier fut infligé à ce personnage : celui d'une longue existence. Je soupçonne que cette sentence extraordinaire représente l'« immortalité » de celui qui, victime d'une insomnie grave, ne peut dormir. Le malheureux Juif errant, pour avoir péché contre le Christ fatigué, ne pourra pas dormir avant le Second Avènement de celui-ci, perspective qui semble encore très éloignée.

LE SOMMEIL BLANC DE LA SATIÉTÉ ORALE : UN PROTOTYPE DE LA MORT

Pour conclure, résumons l'essentiel du présent article. Le premier sommeil du bébé est dépourvu de contenu visuel onirique. Il suit la satiété orale. Les événements hypnagogiques ultérieurs, précédant le sommeil, représentent une incorporation du sein (Isakower) ; ceux qui interviennent parfois par la suite peuvent montrer le départ du sein. Le sein est représenté, dans le sommeil, par l'écran du rêve. L'écran du rêve représente également l'accomplissement du désir de dormir. Les désirs préconscients ou inconscients, menaçant de réveiller le dormeur par leur intrusion, constituent les contenus visuels ; ces désirs, projetés sur l'écran du rêve ou devant celui-ci, perdent leur place au sein du Moi. Les contenus visuels satisfont des désirs autres que celui de dormir et constituent la vie mentale dans le sommeil, à laquelle Aristote fait allusion dans sa définition du rêve. Le rêve infantile pur, dépourvu de contenu visuel et reproduisant la situation infantile, est apparu comme signe avant-coureur de l'élation. L'aplatissement du sein en écran du rêve est analogue à celui de la machine à influencer de Natalija A. et aux figures de la fin du monde (Weltuntergang) du Dr Schreber. Enfin, le sommeil blanc de la satiété orale paraît s'insérer parfaitement dans les séquences sous-jacentes à la psychologie des névroses narcissiques, faire partie des désirs des toxicomanes et constituer le prototype de la mort qui sous-tend le fantasme suicidaire.

BERTRAM D. LEWIN

Traduit de l'américain
par S. M. Abelleira

8. En français dans le texte. *(N. d. T.)*

Chapitre III

Le rêve, clé de l'interprétation analytique

Ella Freeman Sharpe a consacré un livre entier à l'étude des rêves. Elle montre en particulier, dans un article consacré aux mécanismes du rêve et aux procédés poétiques, les relations existant entre les figures de rhétorique (en particulier la métaphore[1] et la métonymie[2]) et le travail du rêve décrit par Freud : condensation, déplacement, symbolisation. Publiés en 1937, ces écrits sur le rêve semblent préfigurer certaines recherches de Jacques Lacan. Mais Ella Sharpe s'y exprime toujours d'une façon claire et simple, en serrant au plus près le matériel clinique que lui offrent ses patients.

Dans le texte que nous présentons ici, elle s'attache à évaluer le rêve dans la pratique psychanalytique. Il s'agit donc d'un article essentiellement technique, qui fait en quelque sorte pénétrer le lecteur dans le cabinet de l'analyste et lui permet de suivre le travail associatif réalisé non seulement par le patient mais aussi par l'analyste, lorsqu'il se trouve à l'écoute du rêve. Lorsque Freud publia, en 1905, le cas de Dora, *il s'était tout d'abord proposé d'appeler son observation « Rêve et hystérie », parce que, écrivait-il, « cet ouvrage me semblait particulièrement propre à montrer de quelle manière l'interprétation des rêves s'entrelace à l'histoire du traitement, et comment grâce à elle, peuvent se combler les amnésies et s'élucider les symptômes... Ce serait du reste une erreur de croire que dans toutes les psychanalyses les rêves et leur interprétation tiennent une place prépondérante » — du moins était-ce alors sa position concernant les rêves et leur interprétation. De*

1. Procédé consistant en un transfert de sens (terme concret dans un contexte abstrait) par substitution analogique. D'après *le Petit Robert.*

2. Procédé par lequel on exprime un concept au moyen d'un terme désignant un autre concept qui lui est uni par une relation nécessaire (ex. : *Boire un verre*). D'après *le Petit Robert.*

◀ *Le rêve : un modèle normal et universel des phénomènes morbides. (Matisse : « Le peintre et son modèle ». Musée des Arts Modernes) fait, l'auteur note qu'après avoir constitué la totalité du matériel utilisé par le psychanalyste, à l'exclusion des autres éléments associatifs, le rêve semble avoir perdu pour certains analystes beaucoup de son importance.*

On peut du reste se demander dans quelle mesure cette décentration de l'intérêt pour le rêve n'était pas liée, dans l'histoire du mouvement psychanalytique, à l'importance grandissante donnée à l'étude du Moi et aux mécanismes de défense. L'auteur cherche à faire retrouver au rêve sa juste place. Pour elle, son interprétation constitue « la pierre angulaire de la technique psychanalytique ».

L'Interprétation des rêves de Freud fut le premier livre de texte destiné aux psychanalystes. Sa découverte de l'inconscient plaça la signification des rêves au premier plan. La technique psychanalytique, dans les premiers temps de la thérapie, dirigeait l'attention du malade sur les rêves, pratiquement à l'exclusion des autres questions qui auraient pu l'intéresser. La « libre association » signifiait, en fait, la libre association aux rêves, et le malade qui s'obstinait à parler d'autre chose était parfois considéré comme quelqu'un présentant une « résistance » à l'analyse. Technique analytique et technique d'interprétation des rêves étaient presque synonymes. Chaque rêve était exploité à fond, comme s'il s'agissait de la seule et unique voie d'accès à l'inconscient, et le malade qui ne rêvait pas posait de graves problèmes à l'analyste, ignorant de toute autre clef que le rêve.

L'INTERPRÉTATION DES RÊVES, PIERRE ANGULAIRE DE LA PSYCHANALYSE

Nous savons que les rêves ne sont pas indispensables. Nous accordons la même importance à tout ce qui se dit et se fait pendant la séance d'analyse et il nous appartient d'en tirer la signification précise.

On se demande parfois si le pendule n'est pas remonté à l'autre extrême, et si, au lieu de surestimer les rêves en tant que moyen d'analyser un malade, nous ne risquons pas plutôt de les sous-estimer. Nous avons peut-être besoin de nous pencher à nouveau sur la valeur des rêves et de procéder à une appréciation du rêve en général.

Nous ne devons pas oublier que l'interprétation des rêves est la pierre angulaire de la psychanalyse et que c'est principalement grâce à cette interprétation que celle-ci a commencé à attirer — du fait des guérisons obtenues — des adeptes à la nouvelle thérapie. Le rêve constitue encore, à mon avis, un outil important et quasi indispensable pour la compréhension des conflits psychiques inconscients.

LA VALEUR DES RÊVES POUR LE PSYCHANALYSTE CLINICIEN

Je vais d'abord énumérer quelques avantages que l'analyste lui-même peut retirer de sa compréhension des rêves d'un malade. Les rêves constituent une sorte de référence dans le travail analytique. Par les rêves – si nous sommes capables d'en saisir la signification – nous sommes à même de mesurer à quel point nous sommes dans le vrai – ou « à côté de la plaque » – dans nos interprétations du courant général d'associations du malade, de ses gestes ou de son comportement. Nous finissons par obtenir la corroboration de nos interprétations ou par découvrir, par les rêves du malade, que nous n'avons pas compris de quoi il retournait. Je ne veux pas dire que nous soyons capables de comprendre chacun des rêves dont le malade nous fait le récit, ni que nous puissions suivre clairement les problèmes psychiques d'un rêve à l'autre, sans le moindre hiatus. Si nous pouvions, dès le départ, prévoir l'aboutissement, nous serions semblables aux dieux. Je veux dire que nous découvrirons parfois, dans les rêves qui nous seront rapportés, des indices de la correction de nos interprétations analytiques, en ce sens qu'elles seront suivies de rêves corroborant, continuant et développant le matériel ayant trait au sujet qui nous intéresse. Voici un exemple de ce processus. Une malade remarque, pendant la séance, la présence de chatons dans un vase. Elle parle du pollen qui s'en échappe, puis de la prodigalité de la nature. Ses pensées sont, pour ainsi dire, « branchées » sur une idée, celle de la profusion et de la générosité. Toutes les personnes qui lui viennent à l'esprit sont du même genre, généreuses en matière d'argent, d'idées, d'affection. L'analyste dit : « Il fut certainement un temps où vous considériez votre père comme quelqu'un de très généreux. Vous semblez avoir pensé qu'il possédait des quantités de bonnes choses qu'il donnait sans compter, d'autant plus qu'il avait les moyens de ne pas se soucier d'un éventuel gaspillage. » Ce à quoi la malade répond, incrédule : « Mais, autant que je m'en souvienne, mon père ne m'a fait que deux cadeaux. » L'analyste répond : « Ça, c'est ce dont vous vous souvenez, mais vous ne vous rappelez rien de ce qui s'est passé avant l'âge de quatre ans, n'est-ce-pas ? » La malade acquiesce.

UN RÊVE QUI CONFIRME L'INTERPRÉTATION

Le lendemain, la malade raconte un rêve dont « l'eau courante » constitue l'élément essentiel. Cela évoque des associations conduisant au souvenir du ravissement ressenti la première fois qu'elle a vu une cascade. On en déduit qu'elle avait ressenti ce genre d'émotion pour la première fois lorsqu'elle avait vu le pénis de son père, alors que celui-ci urinait. Au cours de la séance, la malade a, tout à coup, une vision de fruits pendant à une branche — des poires serrées l'une contre l'autre, pense-t-elle — et elle finit par déclarer spontanément qu'il doit s'agir d'une représentation des parties génitales de son père vues dans son enfance, à l'âge où les désirs oraux primitifs provoquent des hallucinations de satisfaction à partir de formes ressemblant au sein ou au mamelon. Voilà qui illustre la valeur du rêve du point de vue de l'analyste, c'est-à-dire en tant que pierre de touche quant à la validité de l'interprétation, en quelque sorte. Les rêves nous disent si nous touchons vraiment à l'inconscient du malade. Il est des rêves que nous ne pouvons interpréter qu'en partie à la lumière du matériel fourni. Nous n'avons qu'une connaissance partielle d'une situation en évolution. Il en est d'autres qui confirment et développent les interprétations correctes que nous avons fournies. De ce point de vue, pour lui permettre de bien maîtriser son travail, le rêve est d'une valeur inestimable pour l'analyste.

L'EXPLORATION DU PRÉCONSCIENT À LA LUMIÈRE DES TRAVAUX DE FREUD

Je vais donner un nouvel exemple du genre de profit que nous pouvons tirer des rêves. Il convient, de temps à autre, de relire les analyses détaillées incluses par Freud et Jones dans leurs présentations de rêves. Ces analyses sont des exemples classiques de mise en lumière de situations émotionnelles et de stimuli appartenant au présent. Au-delà de certaines situations affectives que Freud juge bon de révéler à propos de sa propre enfance, ces rêves ne nous apportent pas beaucoup de souvenirs ni de fantasmes inconscients profondément enracinés. Nous ne pouvions pas nous y attendre, d'ailleurs. Ce que Freud met en évidence, de façon insurpassable, c'est l'immense ramification des pensées préconscientes, illustrant ainsi les mécanismes déformants de la condensation, du déplacement, de la symbolisation et de la dramatisation, qui visent à l'aisance psychique dans l'accomplissement des désirs.

Les analyses de rêves effectuées réellement par Freud nous montrent, sur une vaste échelle, la valeur des associations à un rêve en tant que moyens de comprendre les situations et les conflits émotionnels présents, en fonction des événements présents. Ce sont là des exemples d'auto-analyses prénétrant dans le préconscient, telles qu'un esprit hardi peut en entreprendre lorsqu'il possède une connaissance de soi suffisante pour tirer des conclusions à partir du matériel. Ces rêves attirent notre attention sur une valeur du rêve, celle qui consiste à rechercher, par le biais de la libre association, les stimuli présents significatifs ainsi que le cadre présent du conflit et de l'émotion. Si nous ignorons le cadre présent, nous ne saisissons pas – et nous ne pouvons pas saisir – l'unité de la vie psychique. Nous pouvons savoir, en interprétant les symboles du rêve, qu'une femme se punit du désir de priver sa mère d'enfants, ou parce qu'elle croit avoir provoqué, par sa seule volonté, la mort de son petit frère lorsqu'elle avait deux ans ; mais c'est l'exploration du rêve, en fonction du psychisme préconscient et conscient, qui nous dira exactement dans quelle mesure ce désir, cette conviction et cette culpabilité primitifs sont à l'œuvre dans sa vie actuelle et, quant à l'analyse, dans la relation transférentielle à l'analyste.

LE RÊVE PERMET D'EXPLIQUER LES COMPORTEMENTS DU PRÉSENT PAR LES CONFLITS DU PASSÉ

Prenons une femme de cinquante ans, mariée, mère de grands enfants ; l'influence d'un tel conflit inconscient aura donné lieu à des situations et à une pensée actuelles bien précises. Pendant plus de la moitié de sa vie, son psychisme s'est constitué autour de cet important noyau, reliquat d'un lointain passé. Ce n'est pas par la seule magie de l'interprétation que nous modifierons l'orientation du psychisme de la malade, interprétation devenue possible pour l'analyste, dans le cas de cette femme, dès la première semaine d'analyse. L'analyste doit montrer comment ce passé survit dans le présent, ce passé que nous ne pouvons pas laisser de côté. Nous ne pouvons le faire qu'en voyant les acteurs du présent dans le rôle des vieilles imagos[3], en découvrant quels sont, dans le présent, les équivalents du passé et en comprenant comment on en arrive constamment aux mêmes dénouements. Donc, dans le cas particulier de cette malade, le problème s'est d'abord manifesté à propos de maisons. Pendant un certain nombre d'années, son mari lui avait procuré des maisons, les unes après les autres, pour en arriver toujours au même point : elle se désintéressait progressivement de la maison, finissait par la détester et décider qu'il fallait en changer.

3. Modèles inconscients de personnages, élaborés pendant les toutes premières relations de l'enfant avec son entourage (*N. d. Ed.*)

Elle prenait alors des vacances prolongées, après quoi on repartait à zéro. Une cause unique serait tout à fait insuffisante pour expliquer l'agitation de cette femme, mais l'un des facteurs en était certainement l'auto-punition consistant à se chasser de sa maison pour faire réparation du désir et de la conviction qu'elle avait d'avoir chassé son frère. Ce que je veux démontrer, à ce stade, c'est que le rêve est un moyen d'explorer le préconscient qui, aux cadres conscients du présent, en matière de conflits et d'émotions, joindra les conflits du passé actualisés. Par ce moyen — que ce soit dans le transfert ou dans la vie plus ample du malade, élargie à toutes ses activités — nous pouvons apprécier dans quelle mesure souvenirs refoulés et conflits inconscients du passé peuvent exercer une influence néfaste sur la vie et le comportement présents.

CES GESTES QUE L'ON NE PEUT S'EMPÊCHER D'ACCOMPLIR REPRODUISENT DE TRÈS ANCIENNES SITUATIONS

J'ai découvert, dans les rêves, une clef d'une valeur inestimable concernant la découverte de la situation traumatisante et refoulée qu'un malade adulte ne peut s'empêcher de reproduire constamment dans sa vie actuelle, pour obtenir un résultat identique ou autre que l'original. Ce genre de dramatisation se produit constamment dans la vie réelle. Cela peut être inoffensif, si le processus n'est pas trop envahissant et n'a pas de conséquences fâcheuses dans la vie réelle de l'individu. Je connais, par exemple, une malade qui, pendant des années, a ignoré pourquoi un bain pris dans la journée lui donnait un sentiment de bien-être tel qu'aucun bain du matin ou du soir ne pouvait le lui procurer. Nous avons découvert, dans le courant de l'analyse, qu'à l'âge de cinq ans elle avait été laissée seule un après-midi et que, possédant un pot de colle destiné à coller des images dans un album, elle ne s'était pas contentée de coller les images, mais avait fini par badigeonner les meubles, puis elle-même, avec la colle. Son père, à son retour, lui avait donné une claque sur les mains — c'était la première fois qu'il lui infligeait un châtiment corporel. Par suite de son espièglerie, il fallut non seulement nettoyer les meubles mais aussi baigner la petite fille. Lavée et rhabillée, elle retrouva son père qui voulut bien lui pardonner et l'embrasser. Le bain de l'après-midi, pour la malade de quarante ans, procurait toujours un sentiment d'absolution, outre celui de la simple propreté. Et je peux ajouter que le fait de connaître la signification de cette dramatisation inconsciente n'a rien enlevé au plaisir qu'elle prend au bain de l'après-midi.

LORSQUE CERTAINS RÊVES RÉVÈLENT UN TRAUMATISME « OUBLIÉ »

Il s'agit là d'un exemple de dramatisation mineure et inoffensive. Des cas plus sérieux se présentent. Lorsqu'une telle dramatisation constitue en soi la répétition de l'événement traumatisant dissocié, les rêves peuvent être un moyen important permettant de retrouver le prototype de la dramatisation. Voici l'un des rêves qui, après une longue analyse déconcertante, m'ont permis de pénétrer le problème que ma malade ne pouvait s'empêcher de dramatiser. Il faut dire, toutefois, que mon interprétation n'a pas directement convaincu la malade, et qu'aucun souvenir retrouvé n'a encore eu pour effet de rendre les dramatisations qui ont suivi moins grosses de conséquences néfastes que les précédentes. Le rêve était le suivant : « *J'ai dit au revoir à G. et je l'ai renvoyée ; et puis je me suis tournée vers vous pour vous embrasser* (il s'agit de l'analyste) *et vous dire au revoir. Mais j'étais grimpée sur des échasses et cela me posait un problème du fait que, si je lâchais les échasses pour me pencher en avant afin de vous embrasser, mes jambes plieraient et je tomberais* ». D'après les associations fournies, j'ai pu découvrir que, dans le rêve, l'analyste représentait la malade enfant,

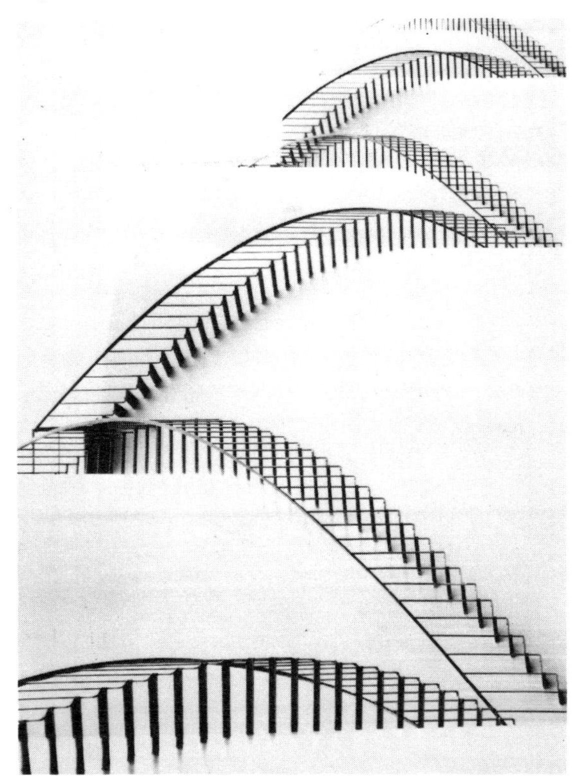

L'escalier est un symbole sexuel fréquent.

et la malade, un grand-parent. La malade avait appris, sans en avoir conservé de souvenir actif, un incident qui s'était produit lorsqu'elle avait deux ans. Le grand-parent se penchait pour l'embrasser lorsqu'il était tombé, victime d'une attaque qui devait l'emporter. Je ne peux pas entrer dans le détail de tous les fantasmes fatalistes qui, par la suite, avaient été inséparables des pulsions d'amour de cette enfant. Ce que je veux dire, c'est que ce rêve a constitué le premier indice satisfaisant quant aux problèmes à répétition que la malade suscitait inconsciemment, et qui constituaient une tentative pour venir à bout du traumatisme précoce lié aux angoisses les plus profondes. Car ce traumatisme, c'était la perte soudaine et dramatique d'un bon objet due à la mort, et non pas seulement une perte fantasmée.

UN AUTRE APPORT DU RÊVE : L'INTERPRÉTATION DU TRANSFERT

J'ai parlé de la valeur des rêves en tant que pierre de touche permettant à l'analyste de constater dans quelle mesure il suit les mouvements du psychisme inconscient ; c'est-à-dire qu'à la suite de son interprétation il obtient une corroboration ainsi qu'une élaboration plus poussée.

J'ai souligné l'utilité d'explorer le préconscient afin de connaître le cadre moderne dans lequel le passé continue de se jouer — les personnages modernes représentant l'ancien drame — les substituts actuels dans les situations actuelles calquées sur le passé, la manière dont la culpabilité s'apaise dans le cadre du présent ou dont les anciennes révoltes sont remises en scène.

Je vais, à présent, parler de la valeur des rêves en ce qui concerne le transfert. Là encore, je pense que le rêve est une pierre de touche quant à l'exactitude de l'interprétation du transfert. L'analyste, à l'aide des rêves, peut garder le contact avec ce qui est inconsciemment transféré sur lui, et avec les personnes à partir desquelles ce transfert est effectué. Dans l'intérêt du malade, l'analyste doit conserver son objectivité. Ce n'est, en dernier ressort, que par l'analyse du transfert que nous analysons le passé inclus dans le présent, ainsi que les conflits inconscients. Le rêve, avec ses associations, constitue par excellence un pont entre le présent et le passé, tout comme, dans l'immédiat, l'analyste est la personne sur laquelle sont transférés les problèmes du psychisme inconscient. C'est à cet aspect du transfert que l'analyste doit s'attacher, et je ne connais aucun élément correcteur préférable au rêve pour montrer que ce sont les éléments infantiles du développement qui sont ainsi perlaborés[4] dans le transfert à l'analyste. Nous ne tomberons pas dans la tentation de considérer le transfert positif à notre égard comme l'équivalent de la vie affective de l'ensemble d'une personnalité, alors qu'il s'agit d'affects transférés d'un conflit au sein du psychisme. Les malades, à différents stades, assimileront leurs sentiments vis-à-vis de l'analyste à ceux de l'adulte mature. Mais l'analyste, s'il veut ouvrir le malade à une vie affective réelle, ne doit jamais perdre de vue que la séance analytique, dans son isolement, fait partie de l'ensemble du fantasme qu'il s'agit de perlaborer et d'élucider. Le rêve constitue le grand outil et le grand élément correcteur, puisqu'en lui nous pouvons voir les affects transférés, la situation représentée, le rôle imposé à l'analyste, la situation affective du passé remise en scène.

LA RÈGLE D'OR DU RÊVE : RÉDUIRE LE CONTENU MANIFESTE AUX PENSÉES LATENTES

Cela m'amène à traiter de ce que l'on pourrait appeler la règle d'or de l'analyse des rêves. Il y a de nombreuses exceptions à cette règle, mais je suis persuadée que les dangers sont plus grands pour l'analyste s'il ne respecte pas la règle d'or que s'il néglige ses nombreuses exceptions. La règle d'or, c'est que la signification d'un rêve apparaît en réduisant le contenu manifeste aux pensées latentes. Le premier mouvement, vis-à-vis de tout rêve, consiste à tenter d'en interpréter la signification telle qu'elle apparaît dans le contenu manifeste, et je pense que cette tendance doit être combattue par l'analyste autant en lui-même que chez le malade. Ce n'est qu'en agissant ainsi que l'on parvient à comprendre le rêve en tant qu'accomplissement de désir. Nous pouvons, comme les malades, dire du contenu manifeste d'un rêve : « Mais ce n'est pas possible, ça ne peut pas être un désir. » Pour découvrir les désirs représentés, il faut connaître les pensées latentes et, parallèlement à celles-ci (qui peuvent représenter des désirs contradictoires), les forces psychiques donnant lieu au déplacement et à une logique apparente. Dire que tous les rêves ne sont que de simples accomplissements de désirs, présentés directement dans leur contenu manifeste, équivaut à proférer une demi-vérité aussi trompeuse qu'un mensonge !

4. C'est-à-dire intégrés dans une interprétation dont les résistances sont surmontées (*N. d. Ed.*)

LA PREUVE PAR LE RÊVE

Voici l'exemple, tout simple, d'un rêve d'angoisse. Dire que le rêve, tel qu'il se présente, est un accomplissement de désir serait manifestement absurde. *Un homme fait du cinéma. Il doit réciter quelques vers d'une pièce de théâtre. Les cameramen et les preneurs de son sont là. Au moment critique, l'acteur oublie son texte. Il fait, sans succès, plusieurs tentatives. On a dû gâcher plusieurs rouleaux de pellicule.* Le rêveur, témoin de l'échec de l'acteur dans ces moments critiques, ressentait une forte angoisse.

Ce n'est qu'en connaissant le contenu latent que l'on s'aperçoit du conflit de désirs que représente un tel rêve. Les cameramen et les preneurs de son, bien qu'ils aient été rassemblés à cet effet, ne peuvent faire en sorte que l'acteur joue son rôle. Il oublie son texte. L'angoisse du rêveur, dans le contenu manifeste, est due au fait que l'acteur ne peut rien dire alors que tout le monde s'attend à ce qu'il parle. La situation infantile réelle, telle qu'elle fut révélée par les associations, était la auivante : le rêveur s'était trouvé présent une fois, en tant que spectateur, au moment où ses parents « opéraient » ; le bébé avait été le premier cameraman et le premier preneur de son, et il avait arrêté ses parents en accomplissant un acte, en faisant du bruit. Le bébé n'avait pas oublié son texte ! L'angoisse originelle était liée à une action réelle et non pas à une abstention au moment critique. Il est toujours utile de rappeler que les angoisses originelles concernant notre vie pulsionnelle ont trait à ce que nous avons fait ou désiré faire, et non pas à nos péchés par omission. Le « retour du refoulé » est indiqué dans le rêve par l'élément « on a dû gâcher plusieurs rouleaux de pellicule », nous informant, par le biais de la métonymie, de l'énorme quantité de matière fécale que le petit enfant avait pu expulser à ce moment-là.

RETROUVER L'EXPÉRIENCE TELLE QU'ELLE A ÉTÉ VÉCUE

Certaines activités, parmi les plus profondes du psychisme, sont illustrées dans ce rêve. Il y a l'enregistrement du son et de l'image par le petit enfant, et l'incorporation de la scène primitive par la vue et par l'ouïe. Nous avons la preuve de l'incorporation de cette scène du fait de sa projection dans la dramatisation du rêve. L'invention moderne du cinéma est utilisée en tant que symbole approprié, l'écran étant le dispositif externe moderne équivalant au mécanisme interne de l'image du rêve.

Les collages des surréalistes et les rêves ont, entre autres, un point commun : ils juxtaposent des éléments provenant de sources diverses, et se décodent de la même façon : en traitant séparément ces éléments. (Max Ernst : « La Femme 100 têtes », roman-collage de 1929 présenté à l'exposition de 1971 au Musée de l'Orangerie) ▶

Le spectateur originel devient acteur, attirant l'attention sur lui-même, non pas par un discours articulé mais par l'allusion aux rouleaux de pellicule gâchée qui renvoie à la seule chose qu'il pouvait faire, se salir et faire du bruit de manière à interrompre l'opération. En outre, le déplacement de l'affect, du contre-désir par rapport au désir originel, le travail du rêve cherchant à résoudre l'angoisse, tout cela nous présente un conflit de désirs en miniature.

La règle d'or consiste à découvrir, grâce à l'analyse, les éléments latents du contenu manifeste du rêve. On rencontre souvent une résistance prononcée à soumettre de tels rêves à l'analyse, c'est-à-dire à en traiter les éléments séparément, à exhumer la situation infantile et à découvrir la figure que représente l'analyste par procuration. Lorsqu'un vigoureux transfert – positif ou négatif – est en plein essor, un rêve peut ainsi réunir les désirs infantiles et les dépeindre avec une telle puissance vis-à-vis de l'analyste que le contenu manifeste du rêve en est presque pris pour la réalité. Cela provient du fait que, dans le rêve, un fragment de la réalité de l'enfance est souvent incrusté qui ne fait pas l'objet d'un souvenir conscient, et que cette expérience enfouie se trouve revécue à l'insu du malade. Encore une fois, ce qui compte, c'est de découvrir les pensées latentes et de retrouver l'expérience réelle. Dans l'analyse des rêves de transfert, cet aspect revêt une importance vitale. Un malade dira souvent : « *Eh bien, j'ai rêvé de vous la nuit dernière et vous faisiez telle ou telle chose, ou telle ou telle chose est arrivée.* » Je constate, à propos de ces rêves de transfert, que le malade est particulièrement désireux de les interpréter dans leur ensemble, et j'ai tendance à penser que l'analyste lui-même peut, souvent, être tenté de considérer le contenu manifeste plutôt que le contenu latent. Il convient surtout d'explorer ce genre de rêves à la recherche de pensées, de fantasmes et de souvenirs refoulés.

LES RÊVES COURTS SONT SOUVENT LES PLUS DIFFICILES À ANALYSER

Voici un exemple qui illustrera mon point de vue. « *J'ai rêvé que vous étiez fâchée contre moi et que vous refusiez de me pardonner.* » La malade qui m'a rapporté ce rêve n'arrivait pas à se débarrasser de la conviction que l'analyste était vraiment fâchée contre elle. Ce n'est qu'en suivant de près le travail fait la veille en analyse que l'analyste a pu faire ressurgir le souvenir de la colle répandue sur les meubles, incident auquel j'ai fait allusion pour illustrer la dramatisation. Le fait était que l'enfant en voulait à son père. Dans l'analyse, la projection affective sur l'analyste est apparue en premier lieu. « Vous êtes fâchée contre moi et vous refusez de me pardonner. » La vérité psychique était : « Je suis fâchée contre toi et je refuse de te pardonner », ce qui constituait la signification réelle de l'espièglerie infantile.

J'ai constaté que les rêves courts et compacts sont, eux aussi, facilement jugés d'après leur contenu manifeste, et que le malade les interprète à la légère avant de les classer, la conscience tranquille. Un malade me dit, par exemple : « *J'ai rêvé que je faisais bien l'amour avec X.* » Il poursuit : « Je vous ai dit que je l'ai rencontrée l'autre jour et combien elle m'a parue jolie et séduisante. » Il ajoute : « C'est un rêve bien naturel et on voit bien qu'il s'agit d'un accomplissement de désir. » Voilà un bon exemple de ce que j'entends par l'envie d'interpréter le contenu manifeste tel qu'il se présente. Le rêve court et compact de ce genre est souvent des plus difficiles à analyser, et, lorsqu'il se prête à l'analyse, c'est souvent le plus fructueux. Ce rêve, en particulier, conduisit aux fantasmes les plus enracinés du rêveur ayant trait aux frayeurs infantiles que lui inspirait l'intérieur du corps de sa mère. Ces pensées latentes ne pouvaient être retrouvées que par le biais du matériel associatif, accessible lorsqu'il pensait à des femmes d'un type diamétralement opposé à celui de la femme du rêve.

UNE AUTRE RÈGLE CONCERNANT LES RÊVES : DÉCOUVRIR LE BESOIN INCONSCIENT

J'en viens maintenant à un autre genre d'évaluation que l'on peut tirer des rêves.

Il est des rêves dont le contenu latent peut être important, mais moins, cependant, que le besoin physiologique satisfait par l'ensemble du rêve. Le contenu manifeste du rêve n'indiquera pas nécessairement quel en était le but. Le rêve révélera sa signification latente dans l'analyse, mais, cependant, si nous orientons celle-ci vers la signification de ses divers éléments, nous passerons à côté de la signification majeure de l'ensemble de ce rêve. Les rêves servent parfois à apaiser l'analyste et à calmer ainsi l'angoisse provenant des fantasmes transférés sur lui. L'important, dans ce cas, ce n'est pas l'analyse du rêve en soi, mais celle du besoin d'apaiser. Un malade, par exemple, ayant affaire à des fantasmes inconscients d'agressivité envers la figure paternelle — et craignant inconsciemment, par conséquent, une attaque de la part de l'analyste — fournira souvent un grand nombre de rêves dont la signification d'ensemble est l'apaisement. Il s'agit d'offrandes destinées à détourner une colère vengeresse imaginaire.

Dans un autre genre de rêves, il faut penser au but plutôt qu'au contenu latent ; par exemple, lorsque le récit d'un long rêve, ou d'une série de rêves, demande une demi-heure. Le contenu en est peut-être intéressant, mais il est de toute première importance de découvrir à quel besoin inconscient obéit le malade lorsqu'il passe une demi-heure à raconter des rêves. Je me souviens d'un malade ayant ainsi dix rêves à relater. Parmi les buts poursuivis, j'ai découvert : *a*) une résistance à parler des événements du présent ; *b*) que les rêves peuvent représenter la puissance (urétrale, anale et sexuelle) ; *c*) qu'il peut s'agir de cadeaux symbolique ; *d*) qu'ils peuvent représenter un cadeau venant après une rétention. Lorsque les rêves sont écrits et lus par le malade, je constate souvent qu'ils représentent un bon produit fécal offert — contrairement à l'accident de l'enfance — proprement et enveloppé dans du papier.

DES DÉCLARATIONS D'AMOUR OU DE MÉPRIS...

Je me souviens du cas d'un malade disant, après avoir raconté une série de rêves : « Je me souviens d'un poème de Yeats dont le texte est le suivant :

Moi, je suis pauvre, et je n'ai que mes rêves ;
Marchez doucement, vous marchez sur mes rêves. »

La signification des rêves est ainsi apparue clairement. Il s'agissait d'un cadeau d'amour offert à l'analyste. Cette signification est encore plus circonstanciée, car on peut sous-entendre que les rêves sont par terre et qu'il ne faut marcher dessus qu'avec beaucoup de précautions. Ce que l'enfant dépose par terre peut tout aussi bien représenter un cadeau qu'une insulte, « Marchez doucement, vous marchez sur mes rêves ».

Certains malades ont tendance à sous-estimer les rêves, et d'autres à faire le contraire. On constate, en général, que les malades éprouvant le plus de difficulté à faire analyser leurs émotions présentes au fur et à mesure qu'ils les ressentent — à l'égard des gens et des situations — et ayant, dans la réalité, du mal à exprimer leurs opinions et leurs critiques — dans l'analyse aussi bien qu'en dehors de celle-ci — se servent de leurs rêves comme d'un moyen de détourner l'attention et l'intérêt de l'analyste de leur vie quotidienne.

A l'autre extrême se situe le malade qui s'accroche à la réalité et résiste à toute tentative de pénétration de la vie fantasmatique. Ces malades sous-estiment souvent la valeur du matériel du rêve. Je connais un malade qui rationalise ce fait au point de dire qu'il est heureux de rêver, car il sent alors qu'il obtient vraiment quelque chose provenant directement de son inconscient. Dans sa bouche, cela veut dire : « Cette chose est le produit de mon inconscient, je n'en suis, par conséquent, pas responsable. »

LE RÊVE ET LES IMPRESSIONS CORPORELLES

Je ne ferai allusion aux rêves typiques que très brièvement. La présence d'une « foule », dans un rêve, indique l'existence d'un secret. Le travail de l'analyste consiste à découvrir ce secret. Les rêves d'examen ou de train, bien que typiques, auront des nuances individuelles. Les rêves de train obéissent à plusieurs motivations. J'en ai cité un dans ma deuxième conférence illustrant les fantasmes oraux et anaux. De tels rêves sont parfois accompagnés d'angoisse, lorsqu'ils renvoient à une incontinence d'urine passée, lorsque, par exemple, le rêveur arrive trop tard à la gare et rate son train. La tâche de l'analyste consiste à découvrir la situation émotionnelle présente, comparable à une situation passée accompagnée d'une incontinence d'urine. Les rêves de « train » peuvent exprimer une indécision par rapport à un certain problème, lorsque, par exemple, le rêveur, arrivé à l'heure, finit cependant par ne pas monter dans le train. Il incombe à l'analyste de découvrir le « doute » caché sous ce symbole.

J'aimerais attirer votre attention sur un genre de rêve symbolisant le fonctionnement et les impressions corporelles.

J'ai déjà dit que la connaissance intuitive est une connaissance acquise par expérience, et l'inconscient un réservoir d'expériences, peut-être oubliées, mais jamais perdues.

Dans l'interprétation des rêves, l'analyste peut tenir compte de gestes ou d'actes de moindre importance faits par le malade pendant la séance. Cette technique se rapproche, en ce qui concerne les adultes, des principes de la technique de jeu utilisée pour les enfants. Il y a lieu d'interpréter des actes ou des gestes, soit comme une dramatisation symbolique du rêve, soit comme un moyen de se débarrasser de l'angoisse en corrigeant l'impulsion ou l'événement du rêve. Voici quelques illustrations des divers objectifs poursuivis, au cours de l'analyse, par une dramatisation effective.

LES GESTES QUE L'ON FAIT SUR LE DIVAN DE L'ANALYSTE SONT SUJETS A INTERPRÉTATION

La malade ayant rêvé que son édredon glissait de son lit et que quelqu'un le remettait en place, est tout à coup saisie de froid, dans le courant de la séance, et se couvre avec son manteau. Le rêve renvoie d'abord à la nuit précédente où, ayant vraiment froid, mais non envie de se réveiller pour remettre l'édredon, elle avait rêvé que quelqu'un d'autre le faisait à sa place. C'était un rêve de commodité. La répétition de cette situation pendant la séance demandait cependant à être analysée car il faisait chaud dans la pièce.

Voici un exemple de dramatisation en cours d'analyse devant être interprétée parallèlement au matériel du rêve. L'utilité de la dramatisation réside dans la résolution de l'angoisse inhérente au rêve, les actes étant totalement à l'opposé du souvenir et du désir refoulés. Le malade entre et s'étend sur le divan. Une seconde plus tard, il plonge sa main dans sa poche. « Tiens », dit-il, très surpris, « qu'est-ce que c'est que ça ? » Il tire de sa poche une enveloppe chiffonnée, la regarde et dit : « Oh ! ce n'est rien, rien qu'un chiffon de papier. » Et il continue de parler comme si de rien n'était. Un peu plus tard, il remet sa main dans sa poche et, soudain, se lève en disant : « Je ne peux plus supporter ça, où est votre corbeille à papiers ? Il faut que je jette ça au panier. » Un peu plus tard, dans le courant de la séance, parlant d'une maîtrise de Sciences à laquelle il travaillait, il dit : « Écoutez, il faut que je vérifie si j'ai bien fait les corrections », et il saute à nouveau sur ses pieds, se dirige vers sa serviette, jette un coup d'œil à sa maîtrise et revient en poussant un soupir de soulagement : « Oui, tout va bien, j'ai bien corrigé les erreurs. »

Il avait fait le rêve suivant : « *Il y avait deux visiteurs et j'étais ennuyé pour les coucher. J'en ai mis un dans un lit que je savais être libre. J'ai donné mon lit à l'autre, mais alors c'est moi qui n'ai plus su où coucher.* »

Les associations correspondantes fournies pendant la séance, interprétées conjointement avec les actes que j'ai notés, ont montré que nous avions affaire à un incident refoulé dans la petite enfance, à l'époque où les saletés n'étaient pas déposées dans la corbeille à papier ; c'est-à-dire à un âge très tendre, où il était incapable de corriger ses erreurs et où, par conséquent, le jeune visiteur avait chassé ses parents de leur lit.

D'AUTRES TYPES DE RÊVES

Les rêves de conversation sont souvent difficilement analysables. J'ai appris à reconnaître les genres suivants. Les interlocuteurs correspondent souvent à divers aspects du psychisme du rêveur, représentés sous les traits de différentes personnes. Dans certains rêves, la conversation comportera des mots ou des phrases qui y auront été incorporés du fait de leur signification propre, ou du fait de l'importance de la personne les ayant proférés. Parfois, une phrase du présent, ainsi incorporée dans le rêve, peut recouvrir une phrase prononcée par quelqu'un d'autre dans le passé du malade. Dans un rêve dit du « cacatoès », nous avons l'exemple de deux interlocuteurs représentant deux parties bien distinctes du psychisme, tandis que le mot « cacatoès » lui-même mérite d'être analysé en soi.

Les rêves comportant des chiffres sont souvent difficiles à analyser et ne justifient pas toujours les efforts déployés à cet effet. Lorsqu'on peut tirer du malade une association concrète au chiffre en question, on parvient souvent à une interprétation valable. Il ne faut pas oublier qu'en anglais le mot « figure » signifie à la fois « forme » et « chiffre ». L'un de mes malades a toujours soutenu que le chiffre « quatre » était un chiffre féminin. Nous avons trouvé aisément de nombreuses interprétations symboliques de ce chiffre. Je n'ai jamais été convaincue de la signification du chiffre « quatre » dans ce sens, juaqu'au jour où le malade s'est souvenu d'une scène qui s'était déroulée dans une chambre à coucher et a dit : « Vous savez, je me souviens d'avoir regardé ma mère se déshabiller quand j'étais tout petit. Elle coiffait toujours ses cheveux en quatre longues tresses. » Le chiffre « quatre » était ainsi devenu, pour lui, un chiffre féminin, et la satisfaction qu'il en tirait provenait du fait que les tresses constituaient une assurance de masculinité. Le chiffre « cinq » renvoie souvent, en dernier ressort, aux cinq doigts de la main et, par conséquent, à la masturbation infantile. Un homme rêva qu'*un mari et sa femme restaient ensemble pendant cinq jours*. La subtilité de ce rêve devait être découverte par le biais d'une allusion qu'il fit au livre de la Genèse. Il rappela que c'était le sixième jour que Dieu avait fait l'homme et que, le septième, il avait déclaré que l'ensemble de sa création était très réussi. Dans le rêve, le mari et la femme n'étaient restés ensemble que cinq jours.

Un de mes malades avait rendez-vous à la clinique pour la première fois. Il arriva en retard, car il avait cherché la clinique au numéro « 63 ». Un rêve révéla que le « 63 » était le numéro d'une maison d'un certain quartier où quelqu'un lui avait dit, une fois, que l'on trouvait des prostituées.

L'interprétation d'un rêve portant sur le nombre « 180 » m'a été donnée comme signifiant « Je n'ai rien mangé[1] ».

LES RÊVES EN COULEUR MONTRENT QUE L'EXPÉRIENCE ESTHÉTIQUE EST TRÈS ANCIENNE

Les couleurs des rêves ont une grande importance pour l'une de mes malades. Je réclame toujours davantage de détails en ce qui concerne toutes les couleurs et, en outre, s'il s'agit de tissus, je demande quelle en est la texture. J'ai prouvé, grâce à cette malade, la justesse de mon hypothèse selon laquelle l'imagination créatrice — de même que l'appréciation artistique — est fermement enracinée dans les expériences les plus anciennes en matière de goût, de toucher et de son. Pour cette malade, un tissu couleur avoine fait une impression « croustillante » et cette impression « croustillante », ressentie par ses doigts, provoque toujours une sensation bien précise au niveau des dents.

Une soie couleur cerise lui met l'eau à la bouche et lui donne envie d'y poser doucement sa joue. La gamme des couleurs, pour cette malade, passe par des teintes crème, beurre, citron, orange, cerise, pêche, vin, prune, noisette, châtaigne. Les tissus peuvent être croustillants comme des biscuits, doux comme un blanc d'œuf battu, épais comme du gâteau. Les fils peuvent être grossiers comme le grain du pain complet, briller comme la peau du grain de genièvre. Je ne laisse échapper aucune nuance ayant trait aux couleurs, aux tissus ou aux vêtements dans les rêves que me rapporte cette malade.

LE CAS DE LA « MALADE HOSTILE A SON ENTOURAGE »

Un autre mécanisme intéressant, utilisé inconsciemment par une malade, m'a permis de déduire d'un rêve quelle était la situation réelle qui l'avait motivé. Ce mécanisme éclaire le problème compliqué posé par les diverses méthodes permettant d'obtenir la stabilité du psychisme, problème si terriblement complexe, à mon avis, que nous n'en savons pas grand-chose. Nous ne saisissons que les mécanismes les plus grossiers et nous ignorons tout des engrenages, situés à l'intérieur d'autres engrenages, qui fonctionnent conjointement au sein du psychisme, d'une manière plus subtile que toutes les forces physiologiques

1. Jeu de mots sur *eight* (huit) et *ate* mangé). *(N. d. Ed.)*

opérant de concert dans l'organisme corporel. Cette malade ne m'apporte qu'un seul rêve, vraiment défini, d'hostilité envers sa mère, son père, ses frères et sœurs, et ce dans certaines conditions. De nombreux rêves ont fait apparaître des désirs hostiles voilés, mais un rêve tout simple, d'hostilité non camouflée, comportant de vrais désirs de mort, ne se présente que lorsque, dans la réalité, il y a eu une stimulation réelle, sous la forme d'un compliment réellement entendu concernant la personne qui figure ensuite dans le rêve en tant qu'objet des désirs hostiles. Si la malade entend soudain une appréciation flatteuse à l'égard d'un membre de sa famille, elle fait un rêve hostile à cette personne. La chose est tellement nette que je peux deviner quel a été le stimulus réel d'un rêve manifestement hostile. L'explication n'est pas aussi simple qu'elle pourrait en avoir l'air. Elle ne peut être comprise que si l'on se penche sur la manière dont le psychisme maintient l'équilibre des forces dont il est le siège. Certaines personnes parviennent à maintenir cet équilibre par le biais d'une plus grande interaction avec les personnes réelles de leur entourage ; leur vie, psychiquement parlant, est, pour ainsi dire, plus intimement mêlée à celle des autres.

La malade en question avait eu un entourage assez stable jusqu'à l'âge de cinq ans et n'avait rencontré aucune difficulté externe majeure pendant ces années-là, ce qui impliquait un certain degré de développement génital. Une véritable rivale de la mère était entrée dans la maison quand la malade avait cinq ans. Cette rivale, qui s'empara de l'affection du père, était ouvertement hostile à la mère. La conséquence en fut un profond refoulement des sentiments œdipiens chez la malade. Les sentiments d'hostilité envers la mère étaient intolérables. Ils étaient incarnés par une personne constituant un obstacle réel au bonheur de la mère, et non pas un obstacle fantasmé. La persistance des effets de cette situation réelle est illustrée par ce mécanisme bien particulier permettant d'exprimer, dans les rêves, l'hostilité originelle ressentie envers la mère et les autres enfants. Lorsqu'un membre de l'entourage réel actuel émet spontanément une remarque flatteuse à leur égard, une détente se produit dans l'esprit de la malade. Nous touchons alors, dans ces rêves, à l'hostilité originelle ressentie avant l'âge de cinq ans C'est là le but de l'analyse, pour que la malade puisse atteindre un équilibre interne, plutôt qu'un équilibre dépendant de son entourage. L'importance du facteur temps, dans l'analyse, nous apparaît clairement, car, en présence d'un mécanisme de ce genre, il y a lieu d'explorer avec une patience infinie, les contacts de la malade avec la réalité ainsi que les dramatisations de la vie psychique dans ces situations réelles.

Raconter son rêve : peut-être un gage d'amour...

L'ÉVALUATION DES RÊVES DANS LA PRATIQUE PSYCHANALYTIQUE

Je vais résumer brièvement les diverses évaluations des rêves.

L'interprétation des rêves constitue la pierre angulaire de la technique psychanalytique. Par les rêves, l'analyste peut constater dans quelle mesure il garde le contact avec les problèmes inconscients du malade. Ils l'aident à comprendre les affects transférentiels en fonction de ces mêmes problèmes.

Les rêves permettent d'explorer les stimuli du présent et les conflits actuels, moyennant l'élaboration des pensées préconscientes. Pour saisir la vie psychique dans son unité, il faut connaître l'interrelation du préconscient et de l'inconscient.

On accède au contenu latent du rêve par la méthode de la libre association aux divers éléments du rêve. Voilà en quoi consiste l'analyse des rêves.

L'utilité des rêves peut dépasser la signification du contenu latent. Le malade peut utiliser les rêves comme un moyen d'apaiser l'analyste, comme un symbole de la maîtrise du produit fécal ou comme une preuve du pouvoir exercé sur l'analyste. Le rêve peut représenter un cadeau d'amour.

La surestimation — ou la sous-estimation — des rêves de la part du malade peut, en soi, aider à comprendre les problèmes psychiques.

Les rêves révèlent souvent, à la fois, les expériences corporelles du présent et celles, oubliées, de l'enfance. Il appartient à l'analyste de découvrir la corrélation entre impressions corporelles et fantasmes.

Pour connaître la signification d'un rêve, il y a lieu de relier les gestes et comportements caractéristiques du malade à ses associations.

L'interprétation de ces gestes et comportements caractéristiques se rapproche de la technique de jeu utilisée dans l'analyse des enfants.

Il arrive souvent qu'un rêve donne la clef de la dramatisation, dans la vie réelle, d'une situation traumatisante refoulée.

Il est fréquent de saisir la signification des conversations, des chiffres et des couleurs figurant dans les rêves grâce aux associations du malade à une personne ou à un objet bien particuliers:

ELLA FREEMAN SHARPE
Traduit de l'anglais par
S. M. Abelleira

Chapitre IV

Le rêve, son rôle et ses fonctions

Nous présentons en premier lieu un court article de l'un des directeurs de cette collection, dans la mesure où il confère aux « rêves d'examen » une fonction particulière par rapport à l'accomplissement du désir. En fait, Freud avait isolé dans l'Interprétation des rêves *un certain nombre de « rêves typiques », en particulier les rêves de nudité, les rêves de mort de personnes chères et les rêves d'examen : ces rêves typiques sont à mettre en relation avec l'existence, précédemment soulignée, de symboles universels. C'est l'universalité de certains désirs, de certaines pulsions, qui expliquent les « rêves typiques ». Ainsi, les rêves de mort de personnes chères sont liés à l'universalité du complexe d'Œdipe*[1]*. Notons que l'interprétation donnée ici aux rêves d'examen s'écarte de celle de Freud et est reliée, essentiellement, au processus de maturation.*

*Michel Fain et Christian David, quant à eux, ont présenté au 23*e *Congrès des psychanalystes de langue romane (1962) un rapport sur les aspects fonctionnels de la vie onirique. Cette étude, dont nous donnons ici un extrait, montre la place que le rêve occupe dans l'économie libidinale globale de l'individu. Les auteurs insistent sur le fait que la fonction du rêve, d'une part, en empêchant l'éveil (le rêve en tant que gardien du sommeil), contribue à régénérer l'énergie ; mais, d'autre part, il possède une fonction de liaison de forces qui, sans lui, risqueraient de provoquer des perturbations profondes dans le corps. Signalons ici que Michel Fain et Christian David, tous deux psychanalystes, sont aussi psychosomaticiens. Remarquons enfin que leurs hypothèses*

1. Voir *l'Œdipe : un complexe universel*, paru dans la même collection.

◀ *La maturité... Une évolution qui n'admet aucune dérogation.*

de travail où ils se montrent des précurseurs, ne sont pas sans rejoindre et même parfois devancer les travaux des physiologistes de l'école lyonnaise (Jouvet et coll.) qui ont pu, expérimentalement, montrer l'importance du rêve sur l'équilibre, non seulement psychique, mais aussi somatique, aussi bien de l'animal que de l'homme.

Freud consacre deux courtes pages dans la *Traumdeutung* aux rêves d'examen. Nous savons que son interprétation de ce groupe de rêves typiques repose sur la constatation, attribuée par lui à « un collègue avisé », que seuls les examens réussis dans la réalité font l'objet de ces rêves. Il ne semble pas que la clinique ait jamais démenti ce fait. Par contre, l'interprétation qui en découle selon Freud n'entraîne généralement pas l'adhésion immédiate et totale du lecteur. Rappelons que, pour l'auteur de *la Science des rêves*, ce « rêve angoissé » surviendrait la veille d'une entreprise difficile : « Les paroles par lesquelles nous protestons contre le contenu du rêve : "Mais je suis docteur", etc., seraient en réalité une consolation que le rêve nous donnerait, quelque chose comme : "Ne t'inquiète donc pas pour demain, pense à l'angoisse que te causait ton baccalauréat, tu y as tout de même réussi. Maintenant tu es docteur, etc." L'angoisse que nous attribuons au rêve provient des résidus de la veille. »

Soit, mais ne serait-il pas plus simple, plus conforme au désir du dormeur de rêver qu'il réussit son projet ? Pourquoi ce détour compliqué ?

DES RÊVES TYPIQUES : LES RÊVES D'EXAMEN

Les rêves d'examen font problème à l'intérieur de la théorie des rêves-réalisations des désirs puisque, tout en amenant souvent l'éveil du dormeur au moment où l'angoisse culmine, ils ne sont pas assimilables au cauchemar, l'imminence de la réalisation pulsionnelle en étant apparemment absente et la censure ne pouvant, semble-t-il, rien avoir à redire à la situation plutôt inconfortable dans laquelle se trouve le malheureux rêveur. On peut remarquer en outre que pour Freud il ne s'agit pas là non plus de rêves de châtiment purs et simples.

La lecture d'une scène du *Songe* de Strindberg m'a amenée à tenter une interprétation du rêve d'examen quelque peu différente de celle qu'en donne Freud mais qui s'inscrit par contre davantage dans sa théorie du rêve-réalisation des désirs.

Il s'agit du onzième tableau du *Songe*[2] :

2. Stock éd.

... On voit une école ; sur un banc, parmi les écoliers, l'Officier est assis, d'un air inquiet et triste... Le précepteur aux bésicles, armé de la craie et la férule reste debout.

PRÉCEPTEUR à l'Officier. – Eh bien, mon enfant, dis-moi donc : combien font deux fois deux ? (*L'Officier reste assis, cherche en vain la réponse.*)

PRÉCEPTEUR. – Lève-toi donc !

OFFICIER (*se lève avec répugnance*). – Deux fois deux ? Voyons ! ça fait deux deux !

PRÉCEPTEUR. – Comment ? Tu n'as pas repassé ta leçon !

OFFICIER (*honteux*). – Si ! Je sais par cœur ma leçon quoique je ne puisse la dire.

PRÉCEPTEUR. – Ah ! Tu veux prendre un biais !... Tu prétends savoir et tu ne sais rien du tout. Je te châtierai, moi. (*Il lui tire les cheveux.*)

OFFICIER. – Oh c'est affreux, affreux !

PRÉCEPTEUR. – Oui, c'est affreux de voir un grand garçon manquer d'ambition.

OFFICIER. – Un grand garçon, oui, je suis grand, plus grand que ces garçons-ci, je suis un homme mûr, j'ai quitté l'école et l'université !... (*Comme se réveillant.*) Je suis promu docteur. Pourquoi suis-je donc ici ? Ne suis-je pas docteur ?

PRÉCEPTEUR. – Si fait ! *Mais il faut mûrir. Tu dois mûrir* ! Est-ce juste ?[3].

L'auteur dans cette scène laisse entendre que l'examen ridicule infligé à l'officier déjà docteur et qui par conséquent a depuis longtemps passé avec succès l'épreuve du 2 fois 2, vise à le contraindre à reprendre son processus de maturation.

UN TRAVAIL DE DEUIL QUI NE S'EST PAS RÉALISÉ ET UNE MATURATION INACHEVÉE

Avant de chercher les significations de cette obligation de mûrir, telle qu'on peut la déduire de ce que l'on sait, par ailleurs, de Strindberg, je voudrais rapporter un rêve d'examen qu'une patiente a fait récemment :

« J'ai rêvé que je passais mon premier bac. J'avais une impression pénible. Je me suis réveillée, puis j'ai fait deux autres rêves. Mon sentiment était chaque fois analogue. Dans le premier je savais que j'avais

3. C'est moi qui souligne.

oublié de prendre ma douche. Dans le second j'avais l'impression de ne pas m'être bien occupée de ma fille.

« Mon année du bac, j'ai toujours eu l'impression de l'avoir bâclée. J'ai toujours pensé que j'ai été reçue parce que les professeurs savaient que mon père était mort cette année-là et s'étaient montrés indulgents, de ce fait. Pourtant j'avais réussi les épreuves. »

La patiente associe sur la mort de son père dont il avait déjà été question à plusieurs reprises depuis le début de l'analyse. Elle avait, du fait de la guerre, été amenée à vivre seule avec son père. Elle se souvient qu'elle le négligeait, ne préparait pas les repas, ne faisait pas le ménage. Son père l'irritait. Elle était dégoûtée lorsqu'elle voyait ses pieds nus. Il tomba gravement malade, ce qui la laissa dans un état de complète indifférence. Lorsqu'il mourut, elle ne ressentit aucun chagrin et la veille de l'enterrement se surprit à fredonner.

Lors de l'entretien préliminaire, elle avait affirmé n'avoir jamais éprouvé de sentiments à l'égard de son père. Quand la mort de son père fut évoquée pour la première fois dans l'analyse, il fut aisé de lui montrer combien elle était obligée de se défendre de ses sentiments à l'égard de son père. Ce qui eut pour effet immédiat de déclencher une crise de larmes. Toutefois, le refoulement des affects en rapport avec la mort du père trouvait sa source dans des conflits bien trop profonds pour être aisément dépassés.

La patiente en réalité n'avait jamais fait le deuil de son père. Il aurait fallu pour cela qu'elle puisse intégrer, d'une part ses sentiments positifs à son égard, ce qui la mettait dans une situation de danger extrême vis-à-vis de sa mère dont l'imago terrifiante, en raison des conflits archaïques de la patiente, rendait la situation œdipienne intolérable, la mère venant alors la menacer dans son corps et dans ses investissements les plus précieux : la transmission d'une maladie mortelle et la destruction de son enfant adoré représentaient, entre autres, les sévices que la mère exercerait si la patiente se posait vis-à-vis d'elle en rivale. D'autre part, il aurait fallu que la patiente substituât vis-à-vis de son père une agressivité de contact à l'agressivité de rejet qui était son mode relationnel unique. La situation œdipienne exigeait qu'elle s'identifiât à sa mère, c'est-à-dire qu'elle pût intégrer l'agressivité dont était porteuse l'imago maternelle. Mais cette agressivité menaçait alors le père et ne pouvait de ce fait être assimilée. De plus, le mouvement d'identification à la mère nécessitait un rapprochement avec elle. Mais son imago terrifiante éveillait alors des craintes profondes pour le Moi. En bref, l'impossibilité de faire le deuil du père était basée sur une lacune maturationnelle à plusieurs niveaux.

Les rêves d'examens signifieraient qu'un succès du rêveur a été vécu comme usurpé.

UNE EXPLICATION DES RÊVES D'EXAMEN FONDÉE SUR UN DÉSIR DE MATURITÉ

Je propose donc, à titre d'hypothèse, l'interprétation suivante de son rêve d'examen :

La patiente a acquis une apparente maturité[4] conférée symboliquement par sa réussite au baccalauréat. Cependant son Moi perçoit une faille au niveau de sa maturation réelle, que rend manifeste son deuil non accompli. Sa maturité n'est donc qu'un faux-semblant acquis frauduleusement. Elle ne possède pas *réellement* son baccalauréat et l'impression de l'avoir obtenu grâce à l'indulgence du jury devient prévalente. A première vue, c'est le Surmoi qui lui fait le reproche de cette

4. Les examens, et le baccalauréat en particulier, sanctionnent le fait que le candidat est parvenu à un certain degré de maturité. Dans plusieurs langues, le baccalauréat, ou son équivalent, est appelé *Matura*.

tromperie : elle n'a pas fait son devoir, elle ne s'est pas lavée, a omis de s'occuper de son enfant. Mais je pense qu'il s'agit là en fait d'un niveau relativement superficiel. Les plaisirs, les soins que nous nous accordons peuvent être en effet camouflés en « devoirs envers nous-mêmes », ce qui permet à nos désirs de prendre appui sur le Surmoi afin de se manifester, encore qu'en fait le Surmoi puisse se fondre suffisamment avec l'Idéal du Moi pour avoir des exigences quant à la manière dont notre Moi s'est constitué. Toutefois, on peut penser que le désir de combler les lacunes (vécues sur un certain plan comme une castration) met en jeu les pulsions à tous les niveaux où des obstacles conflictuels ont entravé le processus.

A mon avis, *ce serait le désir narcissique de combler les failles dans la maturation par une reprise du processus défectueux qui s'exprimerait à travers les rêves d'examen. Ce désir, mobilisant une ou plusieurs pulsions, se heurte une nouvelle fois à des barrières non encore abolies et suscite de l'angoisse.*

(On pourrait, bien entendu, reprendre cette formulation en termes de fixation et de compulsion à la répétition si l'on entend celle-ci comme motivée par le désir de revivre une situation ou un conflit afin de mieux le surmonter[5].

LE RÊVE D'EXAMEN DE FREUD : LA TRADUCTION D'UNE LACUNE

Quant à Strindberg, ce que nous savons de lui nous permet de penser que sa structure paranoïaque est précisément basée sur une lacune fondamentale : l'introjection anale du pénis du père qui permet une réelle identification au père. Nous savons également que le paranoïaque cherche constamment à prouver qu'il *est* le père et qu'il possède un phallus magique supérieur à tous les autres : il n'a par conséquent besoin de celui de personne. Son Moi perçoit cependant le

5. Une très courte pièce de Ionesco parue dans *le Nouvel Observateur* met en scène un académicien, décoré « jusqu'à la ceinture », pourvu de plusieurs doctorats, président du jury de l'agrégation, président de la Commission du Baccalauréat, du ministère de l'Éducation nationale, docteur *honoris causa* de l'université d'Amsterdam, des Facultés secrètes du duché du Luxembourg, trois fois Prix Nobel, etc., à qui l'on vient annoncer son échec au baccalauréat. En effet, s'étant aperçu par hasard qu'il n'avait pas passé ce diplôme et malgré tous les examens réussis ultérieurement, il a tenu à se présenter au baccalauréat. Sa femme lui dit : « Tu n'aurais pas dû te présenter... »

L'ACADÉMICIEN. – Il y avait un trou.

LA FEMME. – Personne ne s'en doutait.

L'ACADÉMICIEN. – Moi, je le savais. D'autres auraient pu le savoir...

La pièce s'intitule : *la Lacune.*

caractère faux, incomplet, tronqué, de son identification et de son phallus, caractère qu'il projette sur le monde ambiant dont il dénonce les insuffisances, les tromperies, les mensonges. On peut donc supposer que c'est le « court-circuitage » de la phase d'introjection du pénis paternel – cette identification paternelle frauduleuse – qu'exprime la scène du *Songe* dont il a été question plus haut. Ce « rêve d'examen » serait donc, en fin de compte, l'expression déguisée du désir d'intégrer la pulsion homosexuelle passive « court-circuitée ».

Si nous revenons maintenant à *la Science des rêves*, nous pouvons noter que l'examen dont Freud nous confie qu'il rêve le plus souvent, est précisément un examen réussi au prix d'une légère fraude, donc masquant une lacune :

« Quand je rêve d'examens passés au lycée, c'est régulièrement d'un examen d'histoire que j'ai passé brillamment, mais, je crois, parce que mon excellent professeur – le borgne secourable que l'on retrouve dans un autre rêve – avait bien remarqué, sur la feuille de questions que je lui rendais, un coup d'ongle, barrant celle que je ne savais pas. »

JANINE CHASSEGUET-SMIRGEL

LES FONCTIONS DU RÊVE

Notre organisme ne peut pas se passer de sommeil – bien qu'à première vue il puisse se passer de rêves. Nous voyons que nous nous heurtons à cette difficulté aussitôt que nous abordons les rapports psychosomatiques. Il ne fait aucun doute que l'organisme, en tant que tel, a besoin de sommeil – mais qu'il n'a pas besoin de rêver. De la même façon l'organisme, pour durer, a besoin de satisfaire certains besoins, mais pas nécessairement ses besoins sexuels. En fait, ces considérations participent d'une logique objective caduque dans le domaine subjectif – où le nécessaire n'a de valeur que dans la mesure où il conditionne l'obtention du superflu. Or, dès sa plus petite enfance, l'individu ne peut jamais combler le déficit qu'il subit toujours plus ou moins dans ce domaine. Cette frustration, nous a appris Freud, est même l'aiguillon qui pousse l'homme en avant. Or, si le premier procédé, le processus hallucinatoire primaire, devient rapidement insuffisant, il n'en continue pas moins, comme nous l'avons vu, à se développer pour son propre compte, la richesse de ce développement restant subordonnée aux élaborations successives du Moi.

EMPÊCHER L'ÉVEIL, PROTÉGER LE CORPS

A première vue, le rêve n'est que le reflet d'une frustration des mouvements objectaux de la veille ; il traduit une tentative de liquider les tensions conflictuelles engendrées par cette frustration, et cela suivant un mode qui ne suscite pas l'éveil. Son apparition frustre la *libido* de son but : le retour au narcissisme absolu. Nous savons que ce point est controversé, certains psychanalystes considérant le narcissisme absolu comme un concept purement hypothétique. Sans faire nôtre cette contestation, nous pensons que le phénomène est en fait complexe. Il existe incontestablement, durant la veille, un phénomène d'épuisement. Dans l'état actuel de nos connaissances, il est difficile de préciser les rapports cependant certains entre l'épuisement physique et l'épuisement libidinal. Le repli qui s'amorce au cours du sommeil ne correspond pas comme au cours des névroses narcissiques à un repli massif de la *libido* mais à une perte de la possibilité de maintenir le contact avec les objets par épuisement de l'énergie disponible. Que devient la *libido* insatisfaite privée d'une part de son énergie ? Elle en conserve suffisamment pour chercher satisfaction suivant « le plus court chemin – *regredient* » dont parle Freud qui va de l'inconscient à la sensorialité. Par ailleurs, un problème identique se pose en ce qui concerne l'agressivité. Cette dernière, en effet, se trouve elle aussi privée de son énergie par l'épuisement, mais non pas abolie pour autant. Là encore nous pouvons penser qu'il lui reste encore la possibilité de se lier à un processus onirique. Sinon elle reste disponible et susceptible alors d'activer des processus d'auto-destruction psychosomatique.

Nous aurons à envisager de nouveau ces problèmes quand nous aborderons les relations entre le rêve et les troubles somatiques. Le processus onirique, considéré sous cet angle, apparaît comme protégeant doublement l'organisme : d'une part en empêchant l'éveil, car il contribue ainsi à régénérer l'énergie, et d'autre part en liant par sa fonction d'intégration des forces qui riaqueraient de provoquer des perturbations profondes dans le soma.

UN RÔLE CERTAIN DANS L'ÉQUILIBRE PSYCHIQUE

Marc Schlumberger considère également le rêve comme un instrument du Moi. Une formule bien frappée condense sa conception : « La névrose, dit-il, est un rêve raté », signifiant évidemment par là non que la symptomatologie névrotique n'a pas réussi à s'épanouir dans un délire, mais que la névrose peut survenir, quand la fonction onirique est défaillante et ne réussit par à intégrer la tension conflictuelle. C'est ainsi donner au rêve une place dans l'économie libidinale et aller dans le sens de Freud qui représente l'activité psychique comme résultant d'un certain équilibre entre les processus primaire et secondaire. Se souvenant que le rêve est le représentant d'une des premières formes de l'activité psychique, M. Schlumberger estime que l'élaboration onirique est la première et la plus saine des tentatives d'adaptation. Il introduit ainsi la notion d'une altération du processus onirique dans les troubles névrotiques, sa normalisation constituant le premier signe clinique décelable de l'efficacité thérapeutique au cours du traitement psychanalytique.

F. Pasche est du même avis. Il voit, dans l'élaboration des contenus manifestes du rêve, une possibilité d'affronter certains contenus inconscients tout en gardant une certaine distance vis-à-vis d'eux.

Ainsi deux fonctions supplémentaires se trouveraient conférées aux

Deux fonctions du rêve : adaptation et apprentissage.

rêves : l'activité onirique pleinement développée rend possible une certaine détente instinctuelle qui, d'une part, permet après l'éveil un meilleur contact avec le monde extérieur (fonction d'adaptation de Schlumberger) et constitue, d'autre part, une fonction d'apprentissage en créant des situations relativement traumatiques (fonction traumatolytique de S. Ferenczi).

Il existe à ce sujet quelques lignes de Freud qui semblent indiquer qu'il avait préssenti le rôle joué par le rêve dans l'équilibre mental. « ... Je me souviens d'un cas de paranoïa chronique au cours de laquelle, après chaque accès de jalousie, un rêve fournissait à l'analyste un exposé correct, nullement entaché de démence, de l'incident. Un intéressant contraste était ainsi mis en lumière, car tandis que le rêve du névrosé nous révèle habituellement une jalousie dont il n'a pas conscience à l'état de veille, voici que chez un psychotique le délire de l'état de veille est corrigé par un rêve. »

Des expériences de Fisher semblent confirmer le rôle économique du rêve. Des recherches faites par d'autres auteurs ayant montré que les rêves surviennent durant le sommeil suivant des cycles réguliers, Fisher a systématiquement réveillé les sujets observés dès le début de leurs rêves (le rêve est accompagné de mouvements oculaires qui peuvent être observés). Il en résulte une augmentation des cycles oniriques, comme s'il apparaissait une action compensatrice.

Une histoire que raconte un journaliste américain, Griffin, « l'homme qui voulut être noir », vient illustrer d'une manière assez frappante la portée adaptative de la vie onirique. Afin de donner des informations les plus exactes possibles sur le sentiment racial, il se fit noircir la peau et alla vivre dans un État du sud des U.S.A. Alors que dans la journée il accomplissait normalement son travail d'observation, pour la première fois de sa vie il se mit à faire des cauchemars — ce qu'il rattacha à la nouvelle façon dont les Blancs le regardaient. Il ne présenta cependant, en même temps, aucun trouble névrotique. Il est évident qu'il s'était placé dans une situation où, par exemple, tout mouvement sexuel reprenait une valeur dangereuse. Or ce type de situation est exceptionnel et habituellement n'apparaît que dans le matériel onirique ou bien dans des positions névrotiques confirmées.

LORSQUE LE RÊVE NE REMPLIT PAS SES FONCTIONS

Tout ceci nous mène à tenter de préciser les *requisits* d'un rêve remplissant ses fonctions :

Il doit épargner le retour de scènes traumatiques, ce qui, nous l'avons vu, suppose que se soit développé entre le Ça et les parties inconscientes du Moi (au niveau de la censure entre l'inconscient et le préconscient) un système de protection permettant de diminuer la tension interne sans contrevenir au principe de plaisir du Moi.

Il doit provoquer une baisse de la tension instinctuelle. Si le système de protection est trop efficace et ne laisse rien passer, la tension instinctuelle persistera, voire augmentera du fait d'un surcroît d'agressivité. Nous voyons, dans ce sens, que l'abondance d'un rêve-fleuve n'indique nullement un bon accomplissement de la fonction onirique. Elle ne traduit souvent au contraire qu'une réitération due à une insatisfaction pulsionnelle demeurée trop importante.

En conclusion, le rêve doit donc permettre des compromis acceptables où se trouvent sauvegardés à la fois le principe de plaisir du Moi et l'exigence de détente instinctuelle. Ces compromis peuvent être multiples, il semble cependant que les meilleurs soient ceux qui font appel aux actions symboliques, laissant au processus primaire la plus grande liberté. Dans certains rêves, grâce à des actions symboliques, il n'y a même plus à proprement parler compromis entre les pulsions et le Moi, mais une véritable complicité. Économiquement, ce sont ceux qui remplissent le mieux leur mission. De telles possibilités de satisfaction symbolique se révèlent limitées dans les rêves des névrosés et totalement absentes chez les psychosomatiques. Cette pauvreté va souvent se traduire suivant deux modalités : soit par des rêves-fleuves peu élaborés représentant des tranches entières de vie réellement expérimentées, soit par des rêves-éclairs dont le contenu terrifiant provoque immédiatement l'éveil.

Observation de Mme F. M..., vingt-quatreans. Il s'agit d'une jeune femme, victime voilà deux ans, alors qu'elle se trouvait enceinte de six mois, d'un accident de vélomoteur. A la suite de celui-ci, elle a présenté une fracture du crâne et elle est restée dans le coma pendant trois jours. Depuis lors elle souffre de crises d'épilepsie typiques, moins fréquentes quand elle est au repos.

Elle a été abandonnée par son mari quelques mois après la naissance de leur enfant. Elle a donc dû, malgré les séquelles de son traumatisme, se mettre à travailler. En raison de ses crises, son employeur n'a pu lui garder longtemps son emploi. Mise en observation à l'hôpital de X..., elle y est restée plusieurs semaines sans avoir de crises à tel point que certains ont pu soupçonner une part de simulation, surtout après des crises de larmes répétées.

C'est alors qu'elle est examinée par P. Marty. Tout l'entretien montre une absence d'organisation névrotique proprement dite et la réalité d'une prédisposition psychosomatique qui n'est sans doute pas étrangère à la fréquence des crises et à la nature de leurs circonstances déclenchantes (chocs affectifs). Le récit de ses rêves, en fin d'examen, a retenu particulièrement l'attention. Elle dit rêver beaucoup, commence par rapporter deux rêves très courts et très sommaires puis, sur une nouvelle invite, passe à un troisième, plus long mais plus significatif, dont voici la substance. Elle allait voir son mari pour avoir une explication avec lui sur le fait de l'avoir abandonnée. Pour cela elle prenait le car à Y... qui la déposait au carrefour Z..., à quelques kilomètres de T... Là elle descendait et faisait environ quatre kilomètres à pied pour rejoindre la ferme où elle sait que son mari se trouve en compagnie de la fille avec laquelle il est parti. Elle arrivait. Cette fille la faisait attendre assez longtemps, puis son mari rentrait et ils se mettaient à se disputer tous les deux. Elle partait finalement en larmes et décidait, pour n'avoir pas à rentrer seule chez elle, d'aller chez un cousin habitant non loin. Celui-ci l'accueillait gentiment et lui proposait de la reconduire.

Les questions de l'investigateur permettent de préciser que tous les détails de lieux, de distance, d'événements et de personnes correspondent fidèlement à la réalité.

Condensation, déplacement, symbolisation paraissent donc manquer ici et la dramatisation reste étroitement tributaire des données effectives. Néanmoins, étant donné l'inexistence de l'élaboration secondaire, témoin de la pauvreté de la manipulation mentale et même de la représentation à l'état de veille, on peut se demander si cette visualisation onirique ne constitue pas en elle-même une ébauche d'élaboration fantasmatique.

Le caractère précaire de l'intégration onirique nous paraît être bien illustré par le rêve suivant, extrait de l'observation d'un homme d'une quarantaine d'années, ayant présenté un syndrome subjectif avec céphalalgies, rachialgies et impuissance sexuelle à la suite d'un traumatisme crânien. Le malade est devant sa fenêtre et regarde dehors à travers les carreaux embués. Tout à coup il voit un pendu surgir au bout de sa corde et s'immobiliser au niveau de son étage. Saisi de panique il s'éveille en sursaut et se dresse dans son lit.

Dès l'examen, ce sujet s'était révélé intelligent et bien adapté, doué de possibilités expressives et d'imagination bien qu'il fût d'un niveau culturel assez bas. Le traumatisme qu'il avait subi avait cependant déclenché chez lui une forte régression et donné lieu à une symptomatologie psychosomatique. Parallèlement, sa fonction onirique s'était altérée, ce dont témoigne ici le rêve-éclair que nous venons de rapporter, incapable de lier l'angoisse et de protéger le sommeil.

LE RÊVE NE SERAIT-IL PAS LE SEUL GARDIEN DU SOMMEIL ?

Quand Freud dit « que le rôle constructif du Moi consiste à intercaler entre l'exigence instinctuelle et l'acte propre à satisfaire cette dernière une activité intellectuelle qui, une fois bien considéré l'état des choses présent et les expériences passées, s'efforce, au moyen d'essais expérimentaux, de peser les conséquences de la ligne envisagée » (*Abrégé de psych.*), ne définit-il pas aussi l'activité onirique ?

Il peut cependant arriver que celle-ci régresse à des formes d'activité plus archaïques et abandonne sa qualité intellectuelle. Le rêve n'est pas en effet l'unique gardien du sommeil. Il est même probable que, génétiquement, des sensations kinesthésiques et des mouvements précèdent l'apparition de productions visuelles. Ainsi O. Sperling pense que les visions hypnagogiques dérivent des mouvements de succion que font les enfants avant de s'endormir. D'autres auteurs, après avoir observé de nombreux dormeurs, ont constaté que leurs rêves s'accompagnaient de mouvements oculaires. Ayant réveillé à plusieurs reprises leurs sujets lors de ces mouvements afin de vérifier leur concomitance avec le processus onirique, des modifications de l'E.E.G.[6] furent constatées par eux simultanément. Or ils notèrent aussi que, lors des rêves, le dormeur restait immobile. Quand de l'agitation motrice avait été observée, les sujets éveillés aussitôt ne se souvinrent pas d'avoir rêvé. Il semble qu'il serait nécessaire de refaire de nombreuses expériences avant de généraliser. Cependant, l'existence de formes d'activités nocturnes aboutissant à des décharges énergétiques sans avoir été accompagnées de rêves, ne fait pas de doute. Devant ces manifestations motrices stéréotypées n'apparaissant qu'au cours du sommeil (par exemple les grincements de dents), on pourrait parler de véritables tics nocturnes.

Leur existence semble témoigner d'un échec de l'intégration de l'excitation dans un processus hallucinatoire. Il est bien connu que les somnambules, lorsqu'on les éveille en pleine action, non seulement n'ont aucun souvenir de leur activité, mais au contraire une pénible impression de tête vide qui n'est pas sans évoquer les états post-convulsionnels. A ce sujet, rappelons la remarque de Freud (citée par Ajuriaguerra) sur les *aura* dans lesquelles il voit une tentative d'intégration sur un plan hallucinatoire du déchaînement d'excitations qui va se produire.

De Aaron, Beck et Guthrie ont fait une étude systématique des *aura* de type hallucinatoire. Ils ont montré que leur élaboration obéissait aux mêmes principes que le rêve. Ils pensent également qu'il s'agit d'une tentative avortée d'intégration de l'excitation à un niveau mental.

DU SOMMEIL « PAISIBLE »
AU RÊVE « ÉPUISANT »

Entre ces deux pôles observés au cours du sommeil, l'activité somnambulique qui laisse la tête vide et le rêve richement élaboré qui grave dans la mémoire un souvenir vivace, prend place toute une série de phénomènes. Les seules observations ici rappelées semblent déjà indiquer que le processus onirique doit être purement hallucinatoire et ne pas comporter de passage à l'acte — quel qu'il soit. C'est une défaillance de sa capacité d'intégration qui entraîne des décharges somatiques autres que les mouvements oculaires. Il semble que ce fait soit à peu près démontré dans l'énurésie qui n'est pas due à un rêve de miction mais au contraire, semble-t-il, à un échec de ce dernier.

Nous avons eu l'occasion d'examiner une petite fille de quatre ans, qui avait développé une névrose traumatique après avoir été renversée par un camion. Elle ne voulait plus quitter sa mère, manifestait la plus grande angoisse à l'idée de sortir dans la rue. En même temps, elle se réveillait toutes les nuits après avoir fait le rêve reproduisant son accident. Brusquement, elle ne s'éveilla plus, en même temps qu'apparaissait une énurésie. Son comportement s'améliora alors de façon spectaculaire – tout en laissant apparaître des besoins impulsifs de décharge.

Des auteurs comme French et Saul ont également montré comment la visualisation de certains rêves ne réussissait pas à intégrer la représentation de certaines décharges motrices, cet échec se soldant par l'apparition de contractures musculaires avec manifestations rachialgiques. Nous voyons que ces idées viennent recouper celles de P. Federn sur la persistance, dans certains cas, d'investissements du Moi somatique.

Ces notions permettent notamment de comprendre l'apparition de troubles psychosomatiques. La survenue nocturne de maintes manifestations pathologiques doit être mise en rapport avec ces faits (l'élévation nocturne de l'acidité du suc qastrique chez les ulcéreux par exemple).

Il est à noter que ces issues somatiques échappent à la notion d'investissement du « Moi somatique » telle que l'a présentée P. Federn. D'après ce dernier, cet investissement, s'il persiste durant le sommeil, se traduit par une élaboration quasi spécifique. Le trouble somatique semble dû, lui, à un défaut d'investissement au niveau mental.

6. E.E.G. : c'est-à-dire *électroencéphalogramme.* (*N. de Ed.*)

LA VIE SOCIALE PERTURBE LA VIE INSTINCTUELLE ET INDUIT LE SOMMEIL SANS RÊVES

Le sommeil succède à des relations sexuelles satisfaisantes. Cette constatation fait ressortir la multiplicité des qualités de sommeil. Il est difficile en effet de comparer le sommeil de l'homme satisfait et celui de l'homme épuisé et frustré. Déjà dans la petite enfance, le sommeil pouvait survenir après la tétée ou bien après une débauche de hurlements et d'agitation. On est en droit de penser qu'à ces deux extrêmes correspond un sommeil sans rêve — l'un par manque de tension instinctuelle, celle-ci ayant trouvé à l'état de veille pleine satisfaction, l'autre par épuisement des réserves énergétiques.

Le problème se transforme ultérieurement, lorsque se constitue un autre mode de décharge : l'angoisse liée à l'insatisfaction instinctuelle. La recherche de l'épuisement deviendra alors une défense ; nous pensons à ces patients à qui l'on demande s'il leur arrive de rêver et qui répondent : « Je ne rêve jamais — le soir je rentre claqué, je n'ai que la force de me mettre au lit. » Et si par hasard ils se souviennent d'un rêve : « Ils sont à leur travail. » Nous voyons que, dans ces cas, l'insuffisante capacité d'établir un compromis entre les pulsions et les défenses dans une élaboration onirique acceptable, motive un comportement vigile d'épuisement. Il nous semble d'ailleurs que les rêves à contenu épuisant ont la même valeur.

La vie sociale moderne impose souvent un rythme épuisant à des sujets qui n'ont nullement besoin de ce système de défense. Le résultat est cependant le même et entraîne une diminution de certains investissements, en favorise d'autres moins satisfaisants, perturbe toujours la vie instinctuelle, et induit un sommeil sans rêves.

LE RÔLE ADAPTATIF DU RÊVE CHEZ LES DÉLIRANTS

Une jeune femme fut adressée à l'un de nous pour insomnie. Elle souffrait du phénomène d'Oswald : au moment de s'endormir elle sentait ses membres s'agiter et le sentiment de perte de maîtrise qui en résultait l'inquiétait secondairement, sans cependant prendre l'aspect d'une angoisse catastrophique. L'examen neurologique s'était révélé entièrement négatif. En dehors de ce trouble elle ne souffrait d'aucun autre symptôme.

Sa vie professionnelle et familiale était une réussite. Cependant, ses antécédents objectifs étaient chargés. Elle n'avait pratiquement pas connu son père et son enfance était riche en expériences pénibles. Au cours des séances, elle présenta une façon particulière d'associer : elle décrivit sans discontinuer des monuments et des sites, sans la moindre trace d'émotion et sans aucune expression motrice. Impossible d'en tirer autre chose : sans aucun doute *elle épuisait ses possibilités de penser dans ces descriptions* minutieuses, interminables et traduisait ainsi également un attachement défensif à des objets concrets intériorisés. Il semble que chez cette patiente la dissolution au moment de l'endormissement de cette possibilité de maintenir un tel type de pensée entraînait une perte de maîtrise tout de suite suivie d'effets sur le plan moteur. Inutile de dire que cette patiente avait insisté sur le fait qu'elle ne rêvait pratiquement pas.

Nous ne sommes pas en mesure d'apporter un matériel suffisant sur la question des rapports entre le délire et les rêves. Nous insistons sur la différence essentielle qui, en dépit de l'analogie de leur mode d'élaboration, les sépare : le sommeil – et donc le rêve qui le protège – est un phénomène positif pour l'organisme, alors que le délire permet seulement d'échapper à une angoisse destructrice sans guère favoriser un processus de régénération comme le fait le rêve.

Il existe cependant des formes de passage entre le rêve favorisant le repos et le délire qui ne réussit pas à empêcher l'individu de s'épuiser. Ce sont les formes cliniques de délire qui postulent l'existence d'un lien réconfortant avec un objet (par exemple les délires mystiques ou les activités fanatiques). Cet aspect a été illustré par J. Kestemberg dans son exposé remarquable sur la relation érotomaniaque.

Remarquons, au passage, que la structure des associations d'idées au cours des séances d'analyse peut, suivant les moments, représenter toutes ces formes de passages, en fonction de la qualité et de l'intensité de l'*imago* projetée sur l'analyste.

L'étude des rêves des délirants, les interrelations économiques, l'influence sur la quantité du sommeil, nous paraissent de très grand intérêt. Malheureusement, le temps nous a manqué pour étudier valablement cet aspect important. Bornons-nous à quelques indications.

Lanter, dans sa conférence sur la fonction onirique chez les malades mentaux, reconnaît n'avoir pu mettre en évidence chez les psychotiques qu'il a observés de contenus oniriques véritablement pathognomoniques[7], mais croit pouvoir dégager un style spécial de rêves, propre à chaque catégorie de malades. « Les cauchemars stéréotypés, note-t-il par ailleurs, sont habituels dans les périodes critiques et

7. Qui suffisent à établir un diagnostic. (*N. d. Ed.*)

les poussées fécondes. Dans les états chroniques stabilisés, les périodes de rémission et les stades terminaux, on constate souvent des analogies frappantes avec les rêves infantiles et concentrationnaires. » Remarque venant confirmer l'idée que la fonction onirique en tant que telle est étroitement soumise aux vicissitudes de la vie mentale.

Deux autres points à relever : l'un concerne les schizophrènes, l'autre les comitiaux. O. Kant affirme que l'attitude des schizophrènes à l'égard de leurs rêves est particulière en ce sens qu'ils y attachent une extrême importance et tendent à les interpréter dans un sens défini. Il ajoute d'autre part avoir constaté chez eux une tendance spontanée à associer librement en continuité avec le récit de leurs rêves.

En ce qui concerne les épileptiques, Sancte de Sanctis remarquait déjà que les crises incomplètes ou psychomotrices troublent le sommeil et augmentent l'activité fantasmatique de l'esprit alors que les crises convulsives répétées favorisent le sommeil et inhibent les rêves. Gœttke, lui aussi, observe que les nuits marquées par une crise convulsive sont exemptes de rêves et que les équivalents oniriques de ces crises ont des contenus désagréables, angoissants, voire horribles. Ne voilà-t-il pas une illustration massive du rapport inverse que nous avons déjà remarqué entre les manifestations motrices et la vie hallucinatoire ?

En fin de compte, il semble que l'activité onirique, lorsqu'elle n'est pas trop appauvrie, joue chez les psychotiques un rôle adaptatif, mais qui opère dans le sens de leur délire, lui-même représentant quelquefois un effort pour ne pas perdre tout à fait le contact avec la réalité.

CERTAINS DÉLIRES REPRÉSENTENT-ILS LES NÉGATIFS DES RÊVES ?

Il convient en outre de signaler une hypothèse extrêmement intéressante de Simmel. Cet auteur, participant à un Symposium sur l'insomnie névrotique, émit l'hypothèse que le processus schizophrénique pouvait dans un certain cas se manifester comme compensation de la frustration provoquée par l'insomnie du besoin normal de régression temporaire et régulière au narcissisme primaire. Ainsi, le retour pathologique au narcissisme absolu avec son prolongement délirant apparaîtrait comme le négatif du sommeil et du rêve. Melitta Sperling partage cette opinion et estime que, chez l'enfant, l'existence de troubles sévères du sommeil est d'un pronostic sombre et que leur apparition précède souvent une évolution psychotique, nouvelle confirmation de la valeur fonctionnelle du processus onirique pour le maintien de l'équilibre mental. Et de nouveau la question de la qualité du sommeil en rapport avec le degré d'évolution du Moi se trouve posée par ces observations cliniques dans la mesure où elles soulignent une gravité de l'insomnie chez l'enfant qui ne se retrouve pas au même degré chez l'adulte.

Nous avons suivi pendant un an en psychothérapie une jeune fille de seize ans pour troubles graves du comportement d'allure schizophrénique : attitudes bizarres, discordance, brusques éclats... Cependant, l'impression que laissait son contact ne confirmait pas le diagnostic mais faisait penser à de constantes dramatisations hystériques dans lesquelles l'objet était pleinement inclus. En fait, l'enfance de cette jeune fille s'était trouvée marquée par l'extraordinaire instabilité de son milieu familial. Après un abandon paternel, elle avait été élevée par une multitude d'oncles et de tantes, et finalement son apparente discordance était en rapport avec des identifications multiples responsables de son aspect « loufoque ». Elle était atteinte d'une phobie de l'endormissement, telle que l'a décrite R. Held, qui entraînait une insomnie tenace. Après quelque temps de psychothérapie, son attitude reprit une certaine unité et elle put reprendre ses études. Tout alla bien jusqu'au moment où, à travers le matériel apporté au psychothérapeute, elle commença à mobiliser des émois œdipiens, lisibles dans des rêves pauvrement structurés tels que celui-ci : elle se trouve avec un homme âgé qui l'oblige à avoir des relations sexuelles — elle se réveille angoissée. La phobie de l'endormissement fit sa réapparition et avec elle l'insomnie. Elle continuait ses études en dépit de sa fatigue et il apparut alors des états oniroïdes, avec hallucinations, qu'elle eut d'ailleurs du mal à préciser et qui augmentèrent son angoisse. Elle s'empêcha de penser, ce qui ne fit qu'accentuer sa tendance hallucinatoire. Une explication lui fut donnée : son désir de dormir entraînait une certaine obnubilation de sa conscience et elle rêvait alors pendant le jour. Cette explication apaisa totalement l'angoisse surajoutée. Par la suite, une évolution favorable se fit à travers l'édification de défense de caractère. Elle se déroba devant le transfert psychothérapique, en développant des défenses actives de type agressif, en établissant une liaison avec un jeune garçon. Les rêves réapparurent, traduisant cet état de fait : l'homme âgé était ridiculisé par un groupe de jeunes gens, c'est-à-dire châtré. Le groupe traduisait son insertion dans le mouvement social qui caractérisait les jeunes de cette époque.

Nous avons rapporté ce cas, car il montre de façon très nette l'apparition de manifestations hallucinatoires en relation avec une défaillance de l'intégration onirique accompagnée d'insomnie... Cependant, en dépit de l'allure prépsychotique de cette adolescente, elle ne présenta pas d'évolution psychotique et ses hallucinations gardèrent l'aspect oniroïde qui caractérise certains états hystériques. En quelque sorte sa structure de fond ne fut pas ébranlée par cette frustration du besoin de retour au narcissisme primaire qui caractérise l'insomnie. On peut cependant se demander si de telles manifestations ayant leur origine dans l'enfance ne peuvent entraîner des désordres graves, surtout s'ils viennent ainsi réactiver des frustrations précoces qui ont déjà perturbé le narcissisme primaire.

LA CRÉATION ARTISTIQUE ET L'ENFLURE DU RÊVE

Dans la mesure où il est admis que le sommeil sans rêves constitue un retour au narcissisme absolu, l'insomnie pose donc le problème de la frustration du besoin de retrait périodique de la *libido* objectale. Il n'est pas du tout abusif d'envisager alors avec Simmel que cette frustration entraîne un mouvement régressif vers des buts narcissiques. Ce point de vue se rapproche de la théorie de Grunberger qui oppose le narcissisme aux pulsions. Nous pensons cependant que cette opposition ne peut naître que du conflit qui se produit chaque fois qu'un obstacle vient entraver le retrait périodique de la *libido* objectale. Dans une intervention sur le travail de B. Grunberger, nous avons développé l'idée que, justement, le rêve apparaissait comme résultant d'une solution de compromis apportée à ce conflit.

Nous espérons avoir montré, à travers ces différentes discussions autour de l'élaboration onirique, le rôle joué par le rêve dans l'équilibre non seulement psychique, mais aussi psychosomatique de l'individu. Le fait que nous ayons surtout insisté sur cet aspect ne veut nullement dire que nous ignorions que le rêve puisse dans certains cas s'enfler pathologiquement jusqu'à réduire à peu de choses les liens avec le monde extérieur. Mais si cette enflure pathologique sait cependant préserver la pulsion exhibitionniste, elle donne alors quelquefois au monde ses plus grands artistes.

Toutes ces discussions trouvent des applications pratiques. Mais il en est à ce sujet comme pour le rêve. Nous avons besoin de rêver pour mieux affronter la réalité extérieure. Le désir de n'affronter que la réalité extérieure est une défense contre le rêve, donc une source d'affaiblissement. Nous avons de même besoin de spéculer avant de tirer des conclusions pratiques, et la tendance à ne considérer que ces dernières est tout aussi défensive.

MICHEL FAIN ET
CHRISTIAN DAVID

Chapitre V

Le rêveur et son rêve

Jean Guillaumin, dans ce bel article (1973), traite d'un sujet qui n'a probablement jamais été abordé avant lui. En effet, il tente de déterminer la place du rêve dans la connaissance de soi, par l'intermédiaire des miroirs psychiques et en premier lieu du miroir des rêves. Il met en évidence ce que signifie l'apparition du souvenir du rêve dans la conscience éveillée. En somme, il étudie le rêve en tant que « reste nocturne ».

Jean Guillaumin montre d'autre part, que « le domaine des songes a été pour Freud, au moins au début de ses recherches, et peut-être toujours, marqué du même sceau d'ambivalence et d'obscurité que le registre de fascination ou d'emprise auquel appartenaient ensemble, pour lui, télépathie et religion ». Rejoignant ainsi les quelques réflexions qu'ont suscitées en nous au début du présent ouvrage les relations de Freud avec les surréalistes, Jean Guillaumin dit de l'auteur de l'Interprétation des rêves *qu'« il a su et il a dû réserver à l'expérience du rêve... un traitement qui l'a transformée, au prix, peut-être, de quelques rigidités, en "objet de science" ».*

C'est en énigme que fut proposée à Œdipe par un être hybride, lui-même énigmatique, la connaissance du secret de la destinée humaine, c'est-à-dire de la sienne. Confronté avec lui dans un face à face souvent illustré par l'iconographie, le Sphynx (ou la Sphynge ?), tout droit sorti par condensation et déplacement des rêveries collectives de la légende, s'est ensuite anéanti ou dissipé, en même temps que le mystère de sa question enfin percée à jour, sitôt que le songeur Œdipe eut pu se reconnaître dans le miroir de l'affabulation qui lui était présentée. L'histoire dit encore qu'une fois disparus le Sphynx et l'énigme, c'est Œdipe lui-même qui devint énigme vivante pour lui-même et pour les

◀ *« La double nationalité du rêve lui confère d'emblée des qualités de truchement, d'interprète ou de passeur aux frontières de la conscience. »*

autres et interrogea dès lors les Thébains et les devins sur ses origines et sur le sens de sa propre vie. Il continue d'ailleurs, semble-t-il, à interroger les générations, en s'interpellant à travers les questions qu'il leur pose, ou en les interpellant à travers celles qu'il se pose. On notera aussi qu'en même temps qu'il « devenait » lui-même énigme de s'être cherché et trouvé dans celle du Sphynx, l'innocent Œdipe des années de jeunesse pastorale héritait désormais, avec la culpabilité, du pouvoir destructeur et autodestructeur du monstre détruit. La légende ajoute enfin que, pour expier le meurtre abominable commis par un homme en qui il ne pouvait vraiment reconnaître ni un autre, ni lui-même, ni son double, Œdipe se creva les yeux afin de ne plus se voir dans les yeux des autres, et erra à la recherche du repos en un lieu d'exil, n'importe où hors de lui-même. Comment ne pas être frappé après tant d'autres de la part que tient constamment, en ces sombres récits qu'un Sophocle a rendu magnifiques, la relation spéculaire, aux multiples miroirs, de l'homme avec son inconscient.

LE SOUVENIR QUE L'ON A DE SON RÊVE REPRÉSENTE-T-IL SON ÉCHEC ?

Je suis pourtant d'avis que la légende d'Œdipe, si elle figure assez bien les rapports de la conscience avec l'inconscient, représente *mieux encore* (et littéralement « met en scène » comme dans les songes) *les relations du rêveur après l'éveil avec son rêve.* Le rêve est sans doute la « voie royale » pour accéder à l'inconscient. Mais il n'a ce privilège que parce que, de l'inconscient, auquel il ressemble pourtant intimement, il diffère en quelque chose d'essentiel ; et son rôle de voie ou de médiateur tient de là. La *ressemblance* générale du rêve avec l'inconscient réside en effet en ceci : 1) qu'il fonctionne en nous sans que la conscience vigile en soit sur le moment informée ; 2) que ce qui se produit en lui et sur sa scène obéit peu ou prou à des règles qui sont celles du processus primaire et de la fantasmatisation. Mais la *différence* est bien remarquable : tandis que l'inconscient ne possède *comme tel* aucune rétention dans la conscience – cela par définition –, le rêve au contraire en possède une. Le « souvenir du rêve », non seulement « représente » le rêve à la manière dont un symptôme ou un autre compromis représenterait – en le celant – un vécu fantasmatique inconscient, mais il le représenta figurativement à la conscience sans cacher son hétérogénéité par rapport à elle, et même en lui déclarant son étrangeté. Des chercheurs contemporains ont rappelé – en accord avec certains propos de Freud –, que le rêve est, dans la mesure même où l'on s'en souvient après le sommeil, un « raté » de la fonction onirique, échappé à la nuit. Pour fondée que soit cette vue sous l'angle physiologique, elle pèse dans le même plateau que le sens commun, si défensif, qui tient le souvenir du rêve pour incongru, déplacé, et cherche à *l'annuler* comme on ferait d'un lapsus ou d'une erreur. En fait le souvenir du rêve n'est pas *seulement* le fruit d'un raté fonctionnel. Le statut, dans la connaissance, de l'activité onirique tout entière dépend de la manifestation consciente, après coup, de ces reliques ou de ces traces de la nuit, apparaissant comme des blocs erratiques. Et ce sont celles-ci, et elles seules, qui ont de tout temps posé et posent encore le problème du rêve dans l'analyse comme ailleurs. Or il s'agit là d'une caractéristique très singulière, unique en son genre dans la vie psychique. Voici en effet *un « inconscient » qui apparaît, avec un décalage dans le temps, à la conscience et s'y donne pour ce qu'il est* (au lieu de se confondre simplement avec les autres matériels conscients, ou avec le souvenir d'un état conscient antérieur), à la faveur de la disjonction temporelle et de la différence de fonctionnement entre l'existence vigile et l'expérience somnique. Il est dès lors directement susceptible d'un examen comme matériel « vigile », qui respecte *pourtant* son hétérogénéité d'origine sinon d'essence. C'est évidemment à cette particularité, peut-être trop évidente pour qu'on pense à la souligner assez, que le rêve doit d'avoir été tenu par Freud pour la voie royale de l'inconscient... Son statut d'exception, sa double nationalité, lui confère d'emblée des qualités de truchement, d'interprète ou de passeur aux frontières de la conscience.

UN PRIX A PAYER POUR LA CONNAISSANCE DE L'INCONSCIENT

Or le mythe œdipien reproduit fidèlement, en son point nodal, cette situation. Le Sphynx et l'énigme, l'un énigme parlante, et l'autre énigme parlée, sont à la fois d'ici et d'ailleurs. Ils présentent en image à Œdipe, *dans le champ vigile de sa perception visuelle* (le Sphynx) *et auditive* (l'énigme), les assemblages monstrueux du théâtre des rêves : la bête humaine hérissée de phallus divers, ambisexuée et nantie de quatre pattes, et le bizarre animal allégorique qui va lui-même à quatre pattes le matin, sur deux à midi et sur trois vers le soir. C'est de la considération de cette double présentation *(Darstellung)* énigmatique que le pénétrant Œdipe, à la pointe de son esprit, tire la solution qui structure ou plutôt déclenche son destin de désir et de mort, après l'heureuse latence de sa jeunesse. Les interdits et l'agression qui ont entouré *du dehors*, « objectivement », sa naissance sans doute illégitime – comme celle de tous les princes abandonnés du roman familial ou du roman des peuples – se trouvent alors réintégrés *au-dedans* de sa vie psychique – subjective – pour y fonder, dans l'après-coup d'événements traumatiques chargés de sens en fonction d'un passé non signifié antérieurement (mais auquel le déchiffrement de l'énigme donne une « vérité »[1]), sa névrose de destinée et sa précipitation, pareille à celle du Sphynx du haut du piédestal où il est érigé dans les illustrations.

Je conclus que l'histoire d'Œdipe est un bon symbole de celle de l'homme et de son rêve. On y voit comment le héros, inquiet de sa victoire, récente ou prochaine selon les versions légendaires, sur le vieillard en qui il a reconnu et méconnu son père, se penche – comme Freud a fait après la mort du vieux Jacob –, sur le miroir du songe, et à la croisée des chemins, choisit d'y chercher son image et ses déterminismes intérieurs, plutôt que de renoncer et de tenter de les oblitérer. Mais le mythe montre également l'extrême conséquence du risque assumé, puisque, pour avoir prouvé sa lucidité, Œdipe devra perdre la vue et la paix. *Une menace est donc suspendue sur la connaissance de soi à travers le rêve.* De l'avoir aussi bravé, Freud, à la différence d'Œdipe, a peut-être triomphé deux fois. Il est entré en roi, et par la voie royale, dans la Thèbes romaine – cité témoin de son inconscient et pleine de vestiges monumentaux de son plus ancien passé –, et cependant son regard s'est aiguisé au lieu de s'éteindre. Par un étrange destin néanmoins, il a dû, dans son grand âge, comme Œdipe s'exiler, et au bras de son Antigone chercher le repos et trouver une tombe en terre étrangère.

LES CONDITIONS D'UNE TRIPLE DÉCOUVERTE : L'ANALYSE, LE RÊVE, L'ŒDIPE

Car *l'aventure de Freud est elle aussi, comme celle d'Œdipe, celle de la place faite au rêve dans la conscience et dans la connaissance de soi.* Nous le savons assez par ses travaux ou autres écrits et par les documents relatifs à sa vie. Et il n'y a sans doute aucune fortuité dans

1. Au sens de Freud (1917), souligné par exemple par D. Lagache, en 1963.

l'association de ces trois termes dans sa problématique scientifique et intime : l'entrée dans la voie psychanalytique, la découverte du complexe d'Œdipe et l'auto-analyse privilégiée des rêves propres. Tout se passe en effet comme si Freud avait, dans toute la période de découverte et d'instauration de la psychanalyse, qui se conclut et se couronne avec la *Traumdeutung*, tendu à objectiver dans une double création, celle d'une pratique et celle d'une théorie de l'inconscient, les implications de sa conscience avec son propre inconscient, telles qu'elles lui étaient révélées pour l'essentiel par la lecture de rêves personnels pour lui particulièrement troublants.

Nous avons assurément tout lieu de penser que Freud était d'une certaine façon culturellement préparé à s'intéresser aux rêves. La part du culturel dans les grandes découvertes est étroitement mêlée d'ordinaire à celle des circonstances « accidentelles » et à l'apport personnel des individus – lui-même codéterminé par leur éducation. On a donc le droit de rechercher (comme on l'a fait) dans la tradition kabbalistique juive, ou dans ce qui en restait au sein de la famille de Sigmund, les origines de cette focalisation précoce. Nous trouvons en tout cas celle-ci attestée dans les plus anciennes correspondances, et aussi bien dans une certaine attitude de déchiffrement et d'interprétation, qui joue notamment un rôle important dans les échanges avec Fliess. Bakan et d'autres sont même allés jusqu'à souligner l'existence d'analogies thématiques ou méthodologiques entre la pensée scientifique de Freud et la pensée traditionnelle juive. Quel que soit le poids explicatif de toutes ces données, elles ne sauraient pourtant suffire à notre désir de comprendre. Nous sommes accoutumés, en tant qu'analystes, à admettre que rien ne peut se transmettre de la culture à la vie personnelle sans passer par une assomption et une *re-signification* dynamiques, mettant en cause une économie singulière qui exclut le confort d'une explication uniquement objective, faite à partir du dehors. Si bien que, tous rapprochements opérés, qui sont l'équivalent de concomitances expérimentales dont le sens « causal » est encore à démontrer, il reste à comprendre la synthèse psychique originale qui en a été faite. Nul doute que la convergence triple de la découverte de l'analyse, de celle de l'Œdipe et de l'intérêt pour les rêves pose avant tout le problème des défenses et des sublimations de Freud. *Et c'est pourquoi ce problème constitue un paradigme remarquable, après justement celui de la légende d'Œdipe, de la connaissance médiate de soi par l'intermédiaire des miroirs psychiques, et en premier lieu du miroir des rêves.* Examinons-le en référence au traitement que Freud a donné au rêve dans la *Traumdeutung* et après.

« L'INCONSCIENT EST CE QUI APPARAÎT A PARTIR DE LA CONSCIENCE »

On remarque dans cet ouvrage, que l'auteur a affectionné sa vie durant, une grande et vigoureuse élaboration, qui tend à épuiser le problème du rêve, mais qui cependant laisse subsister une sorte de lacune, que Freud, je pense, a aperçue avant de renoncer pour des raisons profondes (et pas nécessairement en tout point conscientes) à la combler. Il n'y est en effet question nulle part, sauf peut-être dans un court passage dont on peut se demander s'il n'est pas assez tardif dans l'écriture du livre (et dont j'ai voulu tirer parti dans un travail récent)[2], ainsi que dans quelques considérations relatives aux effets du transfert sur le rêve, datant de 1923, *du surgissement du souvenir du rêve dans la conscience vigile* : c'est-à-dire de la confrontation du sujet éveillé avec le fait d'avoir rêvé et de s'en souvenir. Freud s'est constamment et très complètement occupé des lois et des mécanismes intrinsèques du fonctionnement du rêve, du sens de son contenu, en soi et dans ses rapports avec les autres matériels, et des moyens qu'il emploie pour signifier ce contenu sur la scène nocturne. Et il est souvent revenu sur la technique de son interprétation dans l'analyse. Mais s'il a parlé de la dynamique et des raisons de son réaménagement ou de son oubli au cours du récit du rêve, ou tout simplement dans la vie courante, c'est seulement pour en attribuer la cause, plus ou moins globalement, dans un schéma de tendance un peu mécaniste, à l'infiltration dans le récit et dans le souvenir des modes logiques de pensée de la conscience réaliste, où prévaut le processus secondaire. Le problème de savoir « ce que rêver veut dire », ou mieux ce qu'« avoir rêvé » peut bien signifier *pour la conscience éveillée*, et comment elle se situe émotionnellement et en termes de fantasmes en face de cette expérience, n'apparaît guère ou point.

Or cela ne va pas sans quelque paradoxe. Car tout donne à croire que le point de vue central de la psychanalyse — telle que Freud nous l'a laissée — en sa qualité de science fondée dans une pratique familière des systèmes de signification subjectifs des patients — implique une position privilégiée accordée à la lecture des phénomènes psychiques *dans les termes mêmes de leur vécu*, c'est-à-dire de leur manifestation dans le champ de la conscience. Si en effet l'analyste atteint, sous le sens manifeste des symptômes et des conduites psychiques, le sens

2. A propos de l'« ombilic du rêve », au chap. VII. Voir plus loin, en note.

latent, et sous la conscience l'inconscient, c'est essentiellement à travers *l'examen minutieux de l'expérience consciente elle-même* (et là-dessus Freud nous a donné d'insurpassables leçons) et avec l'assentiment du sujet conscient, et non en assénant à ce sujet des preuves extérieures auxquelles il ne peut adhérer. L'inconscient en ce sens n'est pas « une autre réalité » du sujet, une autre existence qu'il s'agirait de déterrer et de verser dans la conscience par tous moyens ou sur laquelle il faudrait sans plus étendre l'empire de la conscience. Certaines métaphores de Freud lui-même[3], et surtout de ceux qui se sont réclamés de lui, ont, à tort, accrédité cette conception trop sommaire, si ce n'est fausse. On n'enlève pas le refoulement comme une pelure d'oignon ou comme une vanne entre deux biefs. L'inconscient, *psychologiquement*, est ce qui apparaît *à partir* de la conscience et dans son ombre, dans les lacunes qu'elle se ménage ou dans les reliefs qu'elle se donne. Il forme *avec elle,* substantiellement lié à tout son matériel, une seule et même économie.

L'ANALYSE REPOSE SUR UNE RÉDUCTION QUI SE JUSTIFIE PAR SON EFFICACITÉ

Il est le sens caché d'une conscience plutôt qu'une alternative hypostasiée de la conscience. Même si les défauts de la conscience s'articulent entre eux comme un discours, ce discours est celui de la conscience en ce qu'elle s'occulte à elle-même dans son propre discours, et la substantification naïve de l'inconscient reste une commodité de pensée. C'est pourquoi l'analyse repose sur une véritable réduction. Elle comporte une approche ascétique et jalouse du seul matériel subjectif du patient, auquel il n'est pas bon que se mêlent (à moins que ce soit à des fins dynamiques précises) des références externes, provenant d'autres sources que du point de vue de l'analysé. La justification de cette règle, qui institue une méthode d'exploration et d'échanges originale – et une épistémologie spécifique — est dans son efficacité thérapeutique, laquelle renvoie à une conception de l'expérience et de l'existence psychologiques très différente de celle sur laquelle s'appuie le confort objectiviste de la psychologie et des sciences traditionnelles. Certes, la théorie psychologique psychanalytique est légitimée, pour la

3. Le Ça ou l'Inconscient réceptacle ou réservoir des pulsions ; les allégories spatiales de la topique et de la censure (*Cinq Leçons*, 1909 ; *L'Introduction*, 1916-1917).

satisfaction de l'esprit, à se former, en passant au plan du général, des modèles « en soi », objectifs, du fonctionnement ou de « l'appareil » psychiques. Mais du moins doit-on se rappeler que ce sont là, comme Freud l'a dit lui-même, spéculations et métapsychologie, qui, si justes qu'elles apparaissent, sont d'une part incessamment soumises à validation ou à invalidation par la clinique, et d'autre part ne doivent pas en règle être proposées au patient, par qui elles seraient éventuellement perçues comme des introjections forcées, et chez qui elles paralyseraient le processus d'autonomisation et d'aménagement personnel. Freud paraît avoir constamment compris et respecté par ailleurs ce point, et en avoir enseigné le respect intellectuel et clinique, avec l'art difficile de la suspension du jugement, de l'attente interrogative et de la confiance faite au Moi conscient du patient comme lieu des évaluations et des structurations cognitives. C'est pourquoi on peut penser que comme l'*utilisation* des rêves, leur *intelligence* elle-même passe nécessairement par une perception exacte et fidèle du statut dans lequel ils apparaissent à la conscience vigile. Et on peut par suite s'étonner quelque peu que Freud, comme fasciné par son projet de systématisation des lois et des « causes » du rêve pris en lui-même, y ait donné tous ses soins, en laissant presque en friche ce qui aurait pu lui sembler essentiel.

LES LIMITES DE L'INTERPRÉTATION DES RÊVES S'EXPLIQUENT-ELLES PAR UNE RÉTICENCE DE FREUD ?

Les conjectures qu'on peut faire à ce sujet nous situent tout à fait au centre de mon propos.

La *Traumdeutung* constitue une « somme » si élaborée qu'à la rigueur on pourrait comprendre que Freud, d'autres intérêts l'ayant ensuite sollicité, n'ait pas eu le courage d'en reprendre les données pour en élargir ou en spécifier le point de vue, afin par exemple d'y introduire une étude, regroupant le fruit de ses travaux cliniques ultérieurs, sur l'attitude du Moi à l'égard du rêve et du souvenir du rêve. Il n'est pas exclu qu'il ait été comme vidé de motivation à aller plus loin, après une si ample dépense d'énergie psychique. De fait, le rêve, si investi par lui, est peut-être le seul sujet qu'il n'ait, à des détails près, jamais poussé au-delà des vues auxquelles il était d'abord parvenu. Je ne suis pas, cependant, convaincu entièrement par cette raison qui sonne un peu trop simple, et elle-même un peu trop « objectiviste », à travers la référence qu'elle prend à la seule économie des investissements. Freud n'a jamais hésité ailleurs devant les plus amples remaniements, même dans un âge avancé. Et d'autre part nous avons des preuves que le point qui nous intéresse a été repéré nettement par lui et qu'il en a clos prématurément plutôt qu'omis l'exploration. Je tiens comme démonstratives en ce sens les considérations sur l'« ombilic du rêve » qu'on trouve dans le septième chapitre de *Die Traumdeutung*, et que j'ai essayé d'exploiter ailleurs. On y voit paraître, sous des figures, un vif sentiment de l'étrangeté du phénomène onirique pour la conscience, que ferme assez soudainement une explication quasi physiologique ou du moins mécaniste, renvoyant à l'infinie intrication des « réseaux » psychiques, et sans doute neurologiques, les uns avec les autres[4].

C'est pourquoi, il faut regarder de plus près du côté des sources et du sens, chez Freud, de l'attitude classificatoire, systématicienne, « scientifique » et essentiellement objectivante, qui se déploie au niveau de l'explication mécanismique et métapsychologique et prévaut dans l'ouvrage de 1900. L'esprit qui préside à la rédaction de *Die Traumdeutung* a des parentés souvent soulignées, et apparentes surtout au niveau du septième chapitre, avec celui de l'*Esquisse* de 1895. Il est dès lors bien évident qu'il y a quelque part une note défensive en tout cela – dans la mesure même où l'on peut y retrouver l'esprit de 1895. Tout se passe en effet comme si Freud était mû par un souci d'exhaustivité qui cependant manque finalement son but sur le point (tout à fait central à mon sens) auquel je m'attache ici. Ne pourrait-on penser que l'intention profonde du travail est, à certains égards, de manquer précisément ce but, et peut-être de masquer ce manque par l'ampleur et la validité de tout le reste ?

L'hypothèse vient alors que cet évitement, plus ou moins inconsciemment calculé, pourrait correspondre au désir de *laisser dans l'ombre ce qui est justement la source intime des motivations de Freud à l'égard de l'analyse des rêves, c'est-à-dire le côté par lequel ils le troublent ou l'affectent*, une zone de vulnérabilité de son Moi, exprimée

4. Dans un paragraphe isolé, et d'une venue assez surprenante (son style métaphorique et presque émotionnel contraste avec ce qui précède et ce qui suit), Freud évoque brièvement les limites de l'interprétation des rêves : « Dans les rêves les mieux interprétés, on doit souvent laisser un point dans l'ombre, parce qu'on s'aperçoit en cours d'interprétation qu'il y a là un nœud de pensées du rêve qui ne saurait se défaire, et qui, par ailleurs, n'apporte aucune contribution supplémentaire au contenu du rêve. C'est l'ombilic du rêve, l'endroit où il plonge dans l'inconnu. Les pensées du rêve auxquelles on atteint par l'interprétation ne peuvent en effet, de manière très générale, que demeurer sans terme précis et se répandre de tout côté dans le réseau embrouillé du monde de nos pensées. C'est d'un point où cet enchevêtrement est particulièrement épais que surgit le désir du rêve, comme un champignon de son mycélium » (traduit sur le texte des *G.W.*, p. 530 du t. II-III, et de la *S.E.*, p. 525 du t. V).

par cet intérêt dominant, et cachée en même temps par les modalités du contrôle intellectuel qu'il cherche à établir sur son objet. Car, même si nous devons à ce mouvement élaboratif en partie défensif – mais « réussi » et en ce sens sublimatif – le soutien sur lequel Freud a appuyé toute son œuvre, il demeure permis de s'interroger sur la dynamique du choix opéré. Le passage, trop peu exploité, sur l'ombilic du rêve suggère que l'auteur est amené presque par surprise à se pencher sur ce qui est *pour lui* comme un puits obscur, et que *d'un coup* il se sent concerné émotionnellement par le phénomène qu'il a traité jusqu'ici à distance avec une superbe maîtrise. Après quoi il referme le puits en le déclarant insondable. Le texte d'ailleurs se lit comme une dissonance, à la fois au niveau du style et du fond, dans le décours du livre. N'y a-t-il pas quelque chance que l'ombilic, le puits, le vortex, les racines inaccessibles du désir du rêve correspondent à la zone de faiblesse ou à la blessure que le discours méticuleux et intellectualisé cherche dans le reste du texte à annuler ou à couvrir... ?

Ce que Freud appelle « l'ombilic du rêve », et André Breton, « l'infracassable noyau de nuit », pour désigner le lieu où se perd la connaissance de soi, a eu sa contrepartie dans la transformation de l'expérience onirique en « objet de science ».

LE PEU D'« EXISTENCE PSYCHIQUE » DU RÊVE DANS LA CONSCIENCE A L'ÉTAT DE VEILLE

Et en effet, parmi les défenses générales que provoque la confrontation de la conscience vigile avec les traces représentatives et les charges affectives du rêve, il en est de différentes sortes dont l'étude leur fera reconnaître un « air de famille » avec le traitement scientifique que Freud a appliqué au phénomène onirique dans la *Traumdeutung*.

Les premières et les plus évidentes sont fortement et directement suppressives ou interdictives, sans l'intervention d'aucun discours dénégateur. Le prototype pourrait en être l'oubli de refoulement à l'égard du souvenir du rêve, qui consiste proprement à refermer la trame entrouverte du discours conscient par-dessus le puits des rêves. Celui-ci n'existe plus alors que sous la croûte plus ou moins solide d'un sol d'allure rassurante. Le procédé est à la fois le plus élémentaire et le plus commun. Il est probable que c'est lui qui joue quotidiennement chez tout homme : on sait avec quelle promptitude le rêve, qui est présent dans la mémoire consciente au réveil, est ensuite perdu dans la journée, en général irrémédiablement. Faute d'avoir pu être rattaché au système de signification secondarisé de la conscience diurne, qui articule un monde cohérent, possédant une structure logique définie, unifiée, et bâtie au contact de la réalité – monde qui reflète les règles opératoires que cette réalité lui impose –, le rêve ne peut trouver longtemps d'« existence psychique » dans le domaine vigile, même à titre d'élément erratique. Il est alors rejeté et comme absentifié. Précipité peut-être à nouveau dans le puits. Il se pourra que des éléments en reparaissent occasionnellement à la faveur de liaisons associatives imprévues qui manifestent soit son action dans le préconscient, soit l'effet des convergences dues à son isomorphisme avec les structures des fantaisies et des conduites conscientes. Le rêve pourra alors se signifier, grâce à ses assimilations, *avec* autre chose, ou *à la place* d'autre chose, comme un mot peut être substitué à un autre dans l'axe paradigmatique au cours du développement syntaxique d'un texte ; et il cessera d'être « absurde » et importun et retrouvera, en tout ou en partie, une existence dans la mémoire consciente. Le rêve, « redécouvert », pourra dans ces conditions prendre un relief, un pouvoir d'illustration particuliers, grâce à sa complexion imagée. Cette éventualité est, on le sait, fréquente, et techniquement utilisée dans le cadre de la cure, qui favorise systématiquement le relâchement du tissu associatif contrôlé par le Moi-défense, permettant ainsi l'insertion dans ses mailles distendues d'éléments qui n'y passaient pas précédemment, et dont la présence requiert ensuite une réorganisation de la figure d'ensemble, ajustement économique tout autant que sémantique dont le patient bénéficie. Dans des conditions moins favorables, et parfois aussi dans l'analyse, le souvenir du rêve « mal » refoulé ou recouvert par le tissu ouvré par le Moi-réalité, réapparaît simplement *en filigrane*, et renforce de manière « insolite » certaines expériences vigiles, entraînant ou bien le sentiment, apparenté à « l'inquiétante étrangeté » – *Heimlichkeit* et *Unheimlichkeit* ensemble – d'une prémonition éprouvée dans le passé récent ou à propos de l'avenir prochain, ou bien quelqu'autre forme de paramnésie.

Dans la majorité des cas, ces effets (vraiment rares, sauf dans certaines dépersonnalisations) ne se produisent pas ou ne durent pas, et l'on passe du *souvenir vague du rêve* à *l'absence de souvenir conscient*, accompagnée cependant du *souvenir d'avoir rêvé, sans savoir de quoi* ; puis à *l'annulation rétroactive de l'activité onirique elle-même*, véritable *undoing* qui précipite le rêve dans les oubliettes d'un inconscient plus profond, et le renvoie peut-être aux frontières de l'indicible ou du jamais dit, matière de l'inconscient originaire ou primaire et objet de l'*Urverdrangung*[5]. A ce niveau il semble que le rêve est reversé à la masse des fantasmes sans visage – semblables aux ombres de l'Hadès chez les Anciens, qui, nourries du sang des vivants, étaient condamnées à ne leur apparaître jamais sauf par grâce des Immortels. Le vécu du corps quelquefois (psychosomatique), ou plus souvent le retour compulsif régulier des phases onirogènes normales du sommeil, auront alors à charge de métaboliser leurs réclamations éventuelles en les « usant » dans les jeux dramatiques d'une nouvelle nuit, ou en les engageant, issue plus redoutable, dans un disfonctionnement corporel, dont le principe de mort pourra s'emparer.

LES DÉBUTS DE L'AUTO-ANALYSE PAR LES RÊVES ET LA MORT DU PÈRE DE FREUD

De ces divers traitements du rêve qui émerge comme souvenir dans l'état de veille, Freud, pour des raisons relatives à sa structure psychique, à ses identifications culturelles et à sa formation scientifique, n'a pu semble-t-il se contenter. Il leur est même devenu, à partir d'un certain moment, particulièrement intolérant. Cette réaction pourrait bien

5. Refoulement primaire ou originaire. Voir *le Ça, le Moi, le Surmoi : la personnalité et ses instances*, dans la même collection (*N. d. Ed.*)

avoir coïncidé – les lettres paraissent l'attester – avec la mort de son père, là aussi origine chez lui de mutations tout à fait essentielles. Celle-ci est d'ailleurs, on le sait, mentionnée par lui dans une des préfaces de la *Traumdeutung* comme le traumatisme déclencheur de l'élaboration auto-analytique, principalement basée au début sur l'analyse de ses propres rêves. Le deuil, en faisant revivre consciemment la culpabilité œdipienne, que les rêves mettaient en scène d'un autre côté, réalisait les conditions de convergence structurale ou thématique dont j'ai parlé plus haut. Il n'est pas interdit non plus de penser qu'au moment où le père réel était éliminé de la vie de Sigmund, le père du rêve, rendu à la vie par le désir ambivalent dans des fantasmes résultant de l'échec à assimiler complètement l'identification et ranimés par le deuil, prenait le caractère persécuteur d'une « présence noire » au dedans du soi, cognant à la porte de derrière de la conscience à coup de songes en réclamant des comptes. Ainsi se précisait particulièrement, par les circonstances, une dimension générale bien propre au surgissement du souvenir du rêve, *celle de l'intrusion*. Reliée aux couches homosexuelles et paranoïaques profondes de Freud, qui ont joué à l'époque un si grand rôle dans ses relations avec Breuer et avec Fliess (l'un mauvais objet et l'autre bon objet idéalisé), elle se retrouve aussi à travers d'autres épisodes contemporains de la biographie. Par exemple quand Freud est forcé, sans doute par une grossesse de sa femme[6], à coucher seul un temps sur un lit inhabituel (peut-être le divan de son bureau, où il aurait été alors dans la même position « passive » que ses patientes ?) : il y souffre d'insomnies et produit abondance de rêves, qui le sollicitent et l'inquiètent. Je cède à la tentation de penser que la double conjoncture de la mise en déséquilibre, par la frustration génitale, de son économie bisexuelle, et de l'attente de la naissance, l'incitait à produire au dehors et à élaborer les incorporations de son inconscient, équivalents du pénis que Martha pourrait lui avoir ravi, et enjeu de son désir concurrentiel de maîtriser, de modeler et d'ériger ses objets internes (pénis - fèces - enfant) rendus persécuteurs par l'avidité et l'envie inconscientes : ces objets, avec et par le rêve, pressent sur l'orifice de sa conscience, pour sortir de l'utérus ou du cæcum du sommeil. Quoi qu'il en soit de l'interprétation, c'est de ce mouvement intense que nous avons finalement profité, avec Freud lui-même. Car la *Traumdeutung* est bien cet « enfant » gratifiant, ce fils aîné, fait à grand travail et à

6. Il y a des présomptions que cet épisode, datant de 1894 (fin 1894) et relevé par Anzieu (1956), corresponde à la période finale de la dernière grossesse de Martha (*cf. Études sur l'hystérie*, tr. fr., p. 53, note)

longueur de temps, dont Freud est la mère tout autant que le père et qui porte à jamais sa marque. Un tel enfantement qui avance la théorie psychanalytique, sert ainsi à résoudre les rapports complexes de son géniteur avec Fliess et avec sa propre féminité psychique inconsciente, par la mise au point d'un compromis créateur entre les pulsions ambivalentes[7].

UNE MAÎTRISE DES SITUATIONS ET DES PRODUITS DE L'ESPRIT

Mais la *Traumdeutung* a, bien sûr, exigé d'autres qualités que celles qui s'attachent au seul désir de produire, et que celles qui font du rêve le matériel privilégié de cette production. Production implique satisfaction et délivrance, mais aussi *réussite de l'effort de maîtrise.* Au service de telles fins, Freud a utilisé sa force de synthèse singulière, fondée en profondeur sur un *Idéal du Moi*[8] exigeant qui est lui-même une différenciation et un retour, sous les espèces d'une identification paternelle secondaire bien articulée au Moi, de ses aspirations primitives à un *Moi idéal*[9] tout-puissant héritées de la relation maternelle. Freud gardera en effet toute sa vie l'empreinte très forte, encore que tempérée par son auto-analyse, du rêve narcissique, focalisé sur son œuvre et déplacé dans ses attitudes de chef d'école, d'une bienveillante omnipotence et d'un contrôle exhaustif de l'ensemble des situations et des objets qu'il investit. Il lui doit en partie à la fois l'ampleur et la fermeté de sa démarche. Ce n'est pas hasard si cette orientation n'est nulle part aussi poussée que dans la *Traumdeutung*, dont le projet, répétons-le, est celui d'un traité intégral de l'expérience onirique, car, pour des raisons personnelles à Freud et pour d'autres, plus générales à la fonction onirique et que j'ai évoquées, c'est sur le terrain du rêve que la conscience se sent le plus exposée à se trouver dessaisie et contrôlée en son propre champ par le Moi nocturne, image du non-Moi ou de l'Autre : elle est donc particulièrement fondée à vouloir y rétablir son autorité.

7. Peut-être est-il intéressant de souligner que l'auto-analyse *systématique* par les rêves a commencé après la *dernière* des six naissances, rapprochées, des enfants de Freud. A-t-elle pris une fonction de relais à l'égard d'une économie psychique conjugale en voie de modification et que la mort du père mettait de surcroît en difficulté ?

8 et 9. Pour l'Idéal du Moi et le Moi idéal, voir *le Narcissisme : l'amour de soi*, à paraître dans la même collection. (*N. d. Ed.*)

Ajoutons que Freud a utilisé aussi dans son entreprise l'aspect obsessionnel de son organisation caractérielle, balance pertinente de ce qu'il a appelé son « hystérie ». Ce côté de sa personnalité l'aide naturellement à aménager le déplacement vers le comprendre et le registre désexué de la *Verneinung*[10] des complexes problèmes de sa vie profonde. Il lui fournit une défense adaptée et soutenue contre l'irrationnel, qui toute sa vie continuera précisément de le *tenter*, comme l'attestent ses flirts répétés, quoique finalement toujours chastes et sans suites embarrassantes, avec les mystères de la télépathie et du spiritisme. Comme l'attestent aussi ses attitudes plus passionnées qu'ailleurs en face du spiritisme ou de la téléphathie, et en face de la religion ou du mysticisme.

LES RAPPORTS DE FREUD AVEC LA RELIGION ET LA PARAPSYCHOLOGIE

Dans ces domaines, Freud subit d'un côté une fascination, et de l'autre une répugnance, il a dans les deux cas beaucoup de peine à être serein, sinon indifférent. La parapsychologie et la religion sont ses vertiges, c'est à leur niveau qu'il touche à l'irrationnel. L'une et l'autre recueillent, sur des modes opposés, ce qu'il ne parvient pas à maîtriser aisément par la pensée, parce qu'il est par elles touché de trop près en un point fragile – et du dedans. La parapsychologie reçoit de son ambivalence à l'égard de l'irrationnel les investissements positifs, tandis que mysticisme et religion rassemblent les investissements négatifs. Ici un certain frémissement qui ne va pas sans plaisir devant le guéridon ou la transmission de la pensée et qu'il lui faudra beaucoup d'héroïsme intellectuel pour surmonter enfin dans sa dernière mise au point sur ces questions. Là une réponse allergique et comme un hérissement polémique en face des conduites religieuses. Il a dit lui-même, et on a répété, que *l'Avenir d'une illusion* était son plus mauvais travail. Ce jugement paraît fondé, en dépit de la profonde analyse qu'il a faite dans son essai de l'illusion et de ses rapports avec la croyance religieuse : car il y avait bien plus à dire, et de façon au moins aussi rigoureuse, sur le sujet. L'urgence de la preuve à donner et de la contre-apologétique l'ont sans doute emporté chez lui, dans ce cas, sur sa patience. On peut donc penser que sur les deux fronts, la garde intellectuelle que Freud montait autour des terrains vagues ou des zones de

10. Négation (*N. d. Ed.*)

marécage de sa sensibilité s'est relâchée. D'un côté il s'est précipité en avant, de l'autre il s'est replié en combattant un peu maladroitement. Je croirais volontiers que la différence vient de ceci que la parapsychologie est pour Freud franc-tireur, furtive, marquée d'originalité, et joue des airs de violon d'Ingres, tandis que la religion est organisée, prescriptive ou restrictive, appelant à la dépendance *(religere)* plus qu'à l'indépendance. Avec la première il y a moins de danger d'être enveloppé et contraint à une position de totale impuissance anaclitique : le contact avec le mystère est vécu là, soit comme prometteur de découverte et d'apports cachés, dérobés à la loi de la raison, soit comme une promenade amusante dans quelque musée de l'étrange. La seconde au contraire se défend mal d'évoquer l'emprise, la soumission, l'attachement aveugle (« la foi du charbonnier ») et l'incapacité de subsister sans l'amour, le pardon, et la sagesse omnisciente de quelque instance extérieure tutélaire, présentant les caractères, contradictoires pour la raison, d'un objet non « vérifiable » pour le Moi-réalité. Elle peut être vue comme se référant à un contrôle ou à un vol permanents des pensées et des affects par le singulier objet divin ou par ses « porte-parole » terrestres. Des deux côtés, vraisemblablement, c'est, à l'arrière-plan, d'une relation maternelle qu'il s'agit, relation avec une mère omnipotente, qui comporte des émois très primitifs, à la fois séducteurs et redoutables, que le clivage télépathie-religion tente d'extraire les uns des autres et d'opposer, à partir d'une ambivalence en elle-même insoutenable. Si dans l'auto-analyse de Freud un secteur ou un étage du psychisme est demeuré à l'abri de l'investigation qu'il a menée, c'est bien celui-là. La mère, la femme, sont restées pour lui, au moins jusqu'à un certain point, le « continent noir » qu'il a dit, et divers aspects quelque peu virilocentriques de son modèle explicatif de la dynamique du désir s'en ressentent, encore que seul ce modèle nous ait permis, après lui, de nous avancer plus profond dans le dédale originel des pulsions : fil d'Ariane nécessaire, et opérateur symbolique qui éclaire jusqu'à son propre manque.

COMMENT LE RÊVE S'EST TRANSFORMÉ EN OBJET DE « SCIENCE »

Ici, nous retrouvons le rêve. Car mon sentiment est que *le domaine des songes a été pour Freud, au moins au début de ses recherches et peut-être toujours, marqué du même sceau d'ambivalence et d'obscurité que le registre de fascination ou d'emprise auquel appartenaient ensemble pour lui télépathie et religion.* Ce n'est pas pour rien que l'« ombilic du rêve » est par lui décrit dans un langage qui évoque à la fois l'activité du désir (la libido est, dit Freud, « d'essence mâle ») et la position passive. Le désir du rêve sort du mycélium germinatif des pensées du rêve comme d'un placenta qui contient toutes les virtualités de la bisexualité au niveau où règne l'indistinction première. Mais tandis que Freud projetait sans doute sur la transmission de la pensée et le spiritisme ses désirs inconscients de retour narcissique à un mode de communication archaïque avec « l'Autre », et sur la religion ses craintes d'une dépossession angoissante par la dépendance à un objet de foi transcendant et inconditionnel, *il a su et il a dû réserver à l'expérience du rêve, plus contrôlable mais aussi plus insistante dans le champ de sa conscience, un traitement qui l'a transformée, au prix peut-être de quelque rigidité, en objet de « science ».* Il s'est soustrait par ses choix à des solutions faciles auxquelles bien d'autres avant lui ont eu recours sur ce terrain. Devant l'étrangeté et l'hétérogénéité phénoménologique des souvenirs oniriques, des générations d'hommes, parmi lesquels des esprits réputés éminents par le savoir et la pénétration, ont en effet cédé au souhait de contester ce produit de l'inconscient. On lui a donné le statut de « l'absurdité » c'est-à-dire d'un « quelque chose » qui n'est « rien », et qui, quoique reconnu « présent », « troublant » et même « réel », pourrait aussi bien ne pas être : forme de refoulement conscient, qui, à l'inverse de la dénégation, dissocie au niveau de la conscience l'affect de la représentation *pour les garder tous deux en présence sans les lier, et éliminer ainsi tout le sens* (le rêve comme non-sens). Ou bien encore, on lui a accordé la valeur d'un message transcendant, émanant de la divinité (oniromancie religieuse ou magique) ou de la psyché collective (Jung), et nous mettant en relation directe avec l'au-delà, projection dans le monde extérieur de l'autre-Moi que forment l'inconscient et la conscience de rêve : *ce qui est proprement renforcer au maximum le rapport de signification, mais en en déplaçant ailleurs que dans le soi, ainsi rendu récepteur passif, la première inscription, et la responsabilité pulsionnelle.* D'autres ont cherché à transformer le rêve en jardin des bêtes curieuses dont ils se voulaient les gardiens patentés plutôt que les Buffon ou les Linné : le souvenir des rêves peut devenir alors la matière d'un jeu de « flirt avec l'étrange »[11] qui en reconnaît et en met en cage l'étrangeté sans se lais-

11. Jeu analogue à celui que Freud a sans doute quelque peu joué avec la télépathie, encore que par elle il ait été certainement sollicité à un niveau assez profond.

ser interpeller par elle. *Le sens de la défense est ici visiblement de procéder à une isolation de l'ensemble lié représentation-plus-affect,* tant par rapport au réseau inconscient de la première inscription que par rapport au réseau des associations issues de la représentation consciente, et d'appliquer à ce couple isolé *un regard voyeuriste.* Freud, pour sa part, a maintenu dans l'axe de son regard et le sens et l'affect du rêve, tout en liant correctement pour l'essentiel signifié et signifiant. Simplement les a-t-il repoussés et contenus quelque peu ensemble au bord du puits, vers le côté de la conscience, en s'attachant au discours et au désir du rêve comme alternative au discours vigile (aux éléments duquel il a su le comparer et l'associer), plutôt qu'au désir et au discours du Moi vigile *en face de son rêve.* Le voyeurisme devient ici épistémophilie, et, de là, source de science : la distance avec l'objet est conservée mais réduite au minimum. C'était suffisant en tout cas pour que la défense ait déjà un effet de dégagement (dégagement du Moi de l'analyste et aussi de l'authenticité de l'objet onirique) et que soit rendue possible et réservée pour l'avenir une opération moins distante au niveau même du point de contact entre le rêve et le Moi conscient, là où le premier impressionne le second, et où le second réagit au premier[12].

LE « POINT AVEUGLE » DANS LA THÉORIE DES RÊVES

On voit donc se préciser maintenant, si l'on peut dire, le contour du scotome ou de la tache obscure, véritable ombilic onirique, qu'au contact du Moi vigile qui l'observe, le rêve représente (et qu'il a représenté pour Freud). C'est comme si, touché de trop près, du dedans et comme par surprise et à contre-pied, par la présence en elle du souvenir onirique, la conscience, incapable de régler son recul, tendait à osciller entre une objectivation excessive et une subjectivation également excessive, au sens où un Pierre Janet par exemple a employé ces termes à propos de la croyance réaliste. La tentation, et l'oscillation, sont alors d'autant plus forts que le rêve se trouve être personnel, et à cet égard Freud en construisant la science des rêves ne pouvait se mettre dans un plus mauvais cas, puisqu'il travaillait sur ses propres

12. Cette opération ne nous est possible aujourd'hui que parce que, venant après Freud, nous nous servons de l'écran projectif qu'il nous offre pour garder une distance avec nous-même.

songes. Nous devons pourtant à cette conjoncture apparemment négative, qui renvoie à l'originalité de sa constitution psychique, sa motivation même à se dégager de l'inextricable nœud et à rechercher, en mettant les phénomènes à quelque distance de son esprit, les causes profondes d'un trouble qui l'atteignait plus que d'autres, ainsi que je l'ai suggéré tout à l'heure. Œdipe n'était pas tout le monde, encore que figurant tous les hommes, et il fallait avoir eu, enfant, sa naissance et son drame, pour être mû à regarder le Sphynx vraiment en face, à se confronter à son onirisme et à y appliquer sa raison, ainsi que Freud l'a fait avec le rêve. Mais on comprend qu'Œdipe, qui, en déchiffrant le sens de l'énigme et celui du Sphynx, ne déchiffrait rien d'autre que lui-même, y ait acquis l'insigne renommée qui s'y attache, mais perdu la « vue » au bout du compte. *Demeurant lui-même dans l'énigme qu'il déchiffrait,* au point ultime où elle l'atteignait dans sa subjectivité, *il ne pouvait éviter de trouver en lui quelque part un point de cécité.* Les yeux, Freud nous l'a dit, sont le sens de la maîtrise et de la distance : il n'est point de regard là où la relation devient fusionnelle et où les identités se brouillent. Voilà pourquoi Freud, tout comme Œdipe, à regarder seul ses songes après avoir déchiffré l'énigme en sa teneur générale, en a perdu le fil, non sans l'avoir longtemps suivi, au point où, devenu *ombilic* onirique, il entrait en lui, malgré toutes les précautions objectivantes prises par ailleurs, pour se mêler à la trame embrouillée de son inconscient personnel.

L'EMPLOI DU RÊVE DANS LA CURE ANALYTIQUE

Mais faut-il dès lors considérer que la limitation à laquelle s'est heurtée l'exploration de Freud ne concerne que le traitement *de ses propres rêves* et la connaissance *de soi* ? Freud *a découvert la nécessité de se connaître lui-même en travaillant à connaître les autres,* tandis que la connaissance de l'inconscient d'autrui lui venait à travers celle du sien. Le lien entre les deux démarches est d'importance capitale pour l'analyste. Il présente un caractère dialectique ou dialogué, dont les lettres des années 1895-1900 et la *Traumdeutung* même portent en tout cas constamment témoignage en ce qui concerne Freud. La nature d'une telle relation n'est pas facile à préciser, mais des échanges et des communications alternées qu'elle paraît supposer entre le sujet et l'objet, on peut tirer l'hypothèse — que nous avons faite ailleurs et que nous développerons quelque peu ici —, qu'il s'agit d'un *mouvement aménagé d'identification projective*[13], au sens des kleiniens. Un peu sauvage et hasardeux au début, il oscille jusqu'à dégager ensuite la méthode et le trajet d'une intuition élective au service du Moi, qui maîtrise sa pratique sinon toujours sa théorie.

Notons d'entrée qu'on ne saurait s'étonnar qu'en cette affaire le rêve tienne tant de place, aux deux pôles du dialogue. Sur ce point encore, *pour la connaissance d'autrui aussi, il est voia royale.* Il suit en effet des caractères du rêve, envisagés plus haut, que, formation à la fois apparentée et étrangère au Moi vigile, *dans* lequel il apparaît, il est particulièrement apte à fournir le support d'une médiation *entre* les consciences. A l'instar de la parole qui, émise par un seul, devient distincte de son locuteur et peut être perçue par d'autres presque comme la perçoit le parleur, le rêve, concrétion originale dans une conscience singulière, peut être recueilli et traité avec une certaine indépendance non seulement par le rêveur réveillé mais aussi par ceux auxquels il rapporte son rêve. Le récit du rêve, du reste, redouble cette objectivation en ajoutant l'effet de la liberté de la parole à celui de l'indépendance des images du souvenir onirique par rapport aux perceptions et à l'activité présentes du Moi éveillé. D'où l'exceptionnel pouvoir de transivité du rêve qui fait se rencontrer les regards des individus distincts qui se mirent dans le même puits. Cette particularité est d'ailleurs à l'origine, comme on sait, de l'usage qui est fait du rêve dans la cure : par le patient d'abord, qui s'en sert pour parler à son analyste « à distance » sans avouer son discours mais pour lui parler quand même, comme s'il le faisait à propos d'un objet *à demi* étranger ; par l'analyste ensuite, qui y recourt quelquefois selon les besoins pour « toucher » son patient sans le blesser, pour le faire « se voir » sans que, cependant, il se sente dans l'instant trop complètement concerné ou cerné. En ce sens, on dira que le rêve a, dans une certaine mesure, comme le miroir selon Lacan, le pouvoir d'objectiver le sujet en le représentant à lui-même tel qu'il apparaît, c'est-à-dire tel qu'il « s'aliène », au sens étymologique, dans le point de vue des autres. C'est pourquoi, devant le rêve, le patient, ou plus généralement le rêveur, reste volontiers interdit, ou méditatif, ou amusé. Ainsi en va-t-il aussi de l'homme qui aperçoit brusquement son faciès, inconnu et connu tout ensemble, dans une glace. Il se contemple alors et semble se poser la question de savoir s'il doit assumer cette image, c'est-à-dire la récupérer dans la représentation qu'il a de lui-même. Et dans l'analyse,

13. Sur l'identification projective, voir l'*Identification : l'autre, c'est moi*, dans la même collection. *(N. d. Ed.)*

creuset par excellence de la connaissance de soi et de la connaissance d'autrui, l'analyste potentialise cette expérience en *reflétant* par son écoute ou par ses éventuelles interventions reformulatrices le récit du rêve qui lui est présenté. C'est justement ce qu'on a nommé parfois la « technique du miroir ».

LE RÊVEUR APRÈS LE RÊVE : UN SENTIMENT DE DÉPOSSESSION

Mais revenons d'abord, pour l'étudier de plus près, à la fonction de connaissance du rêve *à l'intérieur du système personnel du rêveur* et à la dimension *d'identification projective* qu'on peut lui trouver. Le rêveur, après l'éveil, est à l'égard du souvenir conservé de son rêve dans le cas, tout comme Œdipe avec son Sphynx et son énigme, d'être confronté avec une sorte de double de lui-même qui le déroute, où il ne se reconnaît pas et en même temps se reconnaît, ou est sollicité de se reconnaître. Il adopte alors ou peut adopter – ce point est essentiel, semble-t-il, car le rapprochement et la combinaison des mécanismes en jeu définissent ici le processus identificatoire-projectif – toute la gamme des attitudes psychiques que les kleiniens ont bien repérées. Il peut tendre d'abord à s'arrêter à une position d'emblée *projective* et évacuer ainsi dans le rêve, repoussé dans l'ailleurs, l'au-delà ou l'ombre, tout ce qu'il ne saurait accepter en lui. Le rêve peut alors lui « revenir », au-dedans de la conscience vigile, sur le mode persécutoire avec les vécus qu'il a tenté de forclore dans l'inconscient. Cette attitude de sauvegarde projective du Moi vigile, qui jette un ostracisme raciste sur le témoignage onirique, mauvais objet auquel on refuse de s'identifier et qui est perçu comme pénétrant par effraction dans la conscience, a en effet son symétrique inverse, contre lequel elle défend, dans *l'introjection* plus ou moins massive et avide de l'apport onirique. Celle-ci est vécue comme une identification violatrice, intervenant d'un coup, du Moi vigile au Moi du rêve. Les représentations oniriques sont signifiées dans la conscience vigile, au moins quant à l'essentiel, et les charges affectives qui s'y attachent sont prises en compte *en vrac*, dans des conditions qui ne permettent pas à la défense du Moi de se réorganiser, à l'assimilation ou à la digestion des éléments du rêve de s'opérer. Cet échec de la métabolisation consciente est ressenti comme angoisse, et peut secondairement déclencher des formations hâtives : 1) *Dans le registre mental* (interprétation un peu déréelle de certaines situations jusque-là familières, avec déplacement vers le dehors du sentiment d'agression interne : tâches pratiques qui deviennent accablantes, insurmontables, impression de découragement, de rejet, ou mouvements d'agressivité réactionnelle et contre-projective du sujet, « levé du pied gauche ») ; 2) *dans le registre de l'agir* (le rêve est « oublié », et l'énergie qui a été déliée par son intrusion est intégralement dirigée vers des actes destinés à rendre au Moi le sentiment de son intégrité narcissique, menacée par « l'autre » en lui[14]). Peuvent aussi se produire, à l'occasion de la menace d'introjection massive, des défenses plus subtiles qui ont une illustration fréquente dans l'analyse : *sentiment de dépossession par le rêve, de manipulation mentale.* Ces dernières sont volontiers imputées à l'action de l'analyste : à raison, en un certain sens, dans la mesure où comme Freud l'a indioué en 1923, et comme on le constate souvent dans la pratique clinique, l'investissement de l'analyste par son patient au cours du transfert le conduit souvent à « rêver de lui » avant même (début de la cure) qu'il ait pu admettre consciemment l'éventualité d'un lien affectif avec le praticien. De tels vécus sont du reste d'autant plus forts qu'il y a un plaisir (interdit) à rêver de son analyste, et un désir caché que l'expérience nocturne vienne se déverser dans l'expérience vigile. D'où à l'opposé de telles défenses, mais en accord dynamique avec elles, la possibilité pour le rêveur de se percevoir au contraire *dépossédé par ses rêves des expériences qu'il y vit.* Il aspire alors avidement, mais avec de nouveaux risques d'intrusion incontrôlée, à « récupérer » ou à multiplier ses rêves, quitte à se servir d'eux comme écran à l'égard de l'urgence ambivalente de la relation transférentielle. Le sentiment de dépossession peut aller jusqu'à l'aveu d'une véritable frustration, si l'activité onirique, importante à une phase de la cure, vient à régresser ou à disparaître, comme nous l'avons montré ailleurs sur un cas. Cette impression peut être d'autant plus forte que les connivences que le contenu du rêve entretient avec l'expérience consciente donnent l'apparence au Moi vigile que le Moi onirique le « piège », ou « jette en lui » des éléments ou des émissaires par lesquels il tend à le contrôler. L'effort de « récupération » des rêves et de l'onirisme « perdus » a alors la valeur d'une action défensive de *contre-contrôle*[15].

14. L'« oubli » des rêves en ce sens, pourrait bien ne pas relever toujours du refoulement, classiquement entendu. On peut admettre que certains *agir* « liquident » *et* la structure onirique *et* la charge affective qui s'y attache dans des conduites équivalentes à des fantasmes ou même purement opératoires.

15. On peut considérer l'exploration analytique des rêves propres comme un aménagement technique de cette défense.

RÊVEUR ET VEILLEUR : UN SEUL INDIVIDU, MAIS UNE RELATION BIPERSONNELLE

A ce point de nos réflexions, il me semble qu'il est tentant de *développer davantage le modèle de l'identification projective,* et d'introduire l'hypothèse que ce que j'ai considéré jusqu'ici comme des conduites psychiques subjectives d'identification projective, sans fondement « objectif », implique à quelque égard *deux foyers « réels ».* S'il est vrai qu'au sens le plus profond le rêveur et le veilleur sont bien une seule et même personne, et même une seule et même conscience, fonctionnant sous des modalités et en des temps différents, ces différences mêmes de temps et de mode ne les « individuent » pas moins de manière irréductible l'un par rapport à l'autre au sein d'un même soi. Et sur ce terrain, on peut aller jusqu'à dire que le Moi et la scène du rêve sont plus qu'un simple lieu ou qu'un simple point de vue de la conscience. Véritable quatrième ou cinquième instance, comme je l'ai dit ailleurs, dans la mesure où il est, comme le Surmoi, et l'Idéal de Moi, et comme le Ça, mais sans se confondre avec eux, l'objet d'une relation ou d'un traitement déterminés de la part du Moi conscient, le rêve a *l'originalité* de posséder seul par rapport au Moi vigile une *position diachroniquement décalée* (la coexistence et les relations des autres instances avec le Moi s'opèrent fondamentalement dans une synchronie, ou une simultanéité) et un statut *physiologiquement spécifique.* Celui-ci est bien établi, alors qu'on n'a pas fini de discuter pour savoir si le Surmoi et le Ça sont de simples termes subjectifs de la conscience ou s'ils reposent sur quelque processus physiologique isolable. A ce titre ce n'est pas seulement par figure qu'on peut dire que le rêve a une altérité et une identité objective opposables à celles du Moi conscient ; et pour autant qu'il soit une instance, je dirais plutôt aujourd'hui qu'il est une *instance d'instances* : c'est-à-dire qu'il est doté d'une autorité et d'un mode d'existence qui le placent à un plan logique et hiérarchique supérieur à celui des instances, le Moi conscient excepté. En témoigne d'ailleurs le fait que dans le rêve, ainsi que Freud l'avait noté, se projettent ou se rejouent les relations *entre les diverses instances particulières* qui fonctionnent par ailleurs dans la vie vigile. Dans ces conditions, on est fondé à considérer que l'*analogie est très forte entre la relation rêveur-veilleur et une relation bipersonnelle réelle.*

LORSQUE LE MOI DU RÊVE ÉCHOUE A TRAITER LES RESTES DIURNES

Cette impression est encore renforcée si on explore les choses plus avant. Jusqu'ici j'ai en effet envisagé *uniquement les réactions et défenses du Moi* à l'égard de la manifestation qui lui parvient du rêve. Or ces réactions et défenses possèdent une réciproque assez rigoureuse, dont l'existence semble objectiver pour ainsi dire la relation en miroir dont j'ai parlé. Il s'agit des *réactions et défenses du rêve à l'égard des expériences du Moi vigile.* Elles sont connues et évidentes. De même que le rêve sédimente ou rejette dans la veille un souvenir du rêve, que le Moi vigile doit traiter et re-signifier, et éventuellement d'autres effets ou traces moins apparents que la psychanalyse enregistre, l'expérience vigile laisse ou lance au rêve le matériel des restes diurnes au niveau représentatif, et, au niveau des affects, d'importantes charges pulsionnelles inassouvies éveillées dans la journée. Le rêve prend à tâche de les traiter, en protégeant le sommeil par l'élaboration qu'il en fait sur sa scène privée. Dans une telle perspective, il n'est pas difficile de suivre, au moins en gros, ce qui se passe et nous regrettons de ne pouvoir donner dans l'espace de temps que nous nous sommes fixé pour cet exposé, des exemples cliniques développés. On constate que *le Moi du rêve dispose sensiblement, par rapport à l'expérience vigile, des mêmes moyens identificatoires-projectifs dont le Moi vigile dispose vis-à-vis de lui.* Les éléments laissés par la veille doivent être ou incorporés au rêve ou projetés au-dehors du rêve. Incorporés, ils peuvent l'être à la faveur de la construction onirique qui, dans quelques cas, va les utiliser très complètement et leur donner un sens et un mouvement qui accomplissent dans son champ ce que le Moi vigile n'a pu faire dans le sien, atteignant ainsi la décharge. Cette issue, qui est biologiquement la fonction « gardienne » du rêve, est en principe la plus courante, dans une économie psychique équilibrée. Mais, si le rêve ne peut assimiler les héritages qui lui sont laissés, il lui arrive de les expulser vers le corps, moyen de secours, qui les « agit » de manière motrice, par exemple dans le somnambulisme nocturne. Cette voie apparaît comme résultant, Freud l'a vu, d'une sorte d'échec du Moi du rêve à s'identifier de manière suffisamment complète au Moi vigile dans le traitement du matériau, envisagé sous tous ses aspects pulsionnels et représentatifs. On peut même dire qu'elle signe un *double* échec : par rapport à la finalité d'ensemble du rêve, et par rapport au système le plus courant de décharge et d'expulsion que pratique le rêve à l'égard des éléments qui lui résistent. Le rêve en effet renvoie assez normalement ceux-ci à l'activité vigile de la conscience *sous forme précisément des souvenirs du rêve*, et peut-être aussi sous forme de traces diffuses, en particulier émotionnelles, relatives aux expériences oniriques. Ce renvoi s'inscrit dans une manière d'échange réflexif *où le miroir du Moi nocturne reprend en charge ce qu'il a d'abord renvoyé lui-même au miroir du Moi diurne et que ce dernier n'a pu, pas plus qu'il ne l'avait fait lui-même, assimiler.*

UNE SYMÉTRIE EN MIROIR ENTRE LES DEUX « MOI »

Un cas de « raté » intéressant est constitué par les *cauchemars* accompagnés de réveil et de terreur nocturne, dans lesquels le dormeur se réveille en sursaut parce que le Moi du rêve a besoin d'urgence de passer la main au Moi vigile, devant un état de véritable indigestion psychique. Il peut alors y avoir un moment de flottement quasi psychotique durant lequel le rêve et la veille se carambolent dans une fusion angoissée et délirante des identités mises en jeu par la relation d'identification projective. Mais dans l'ordre habituel des choses, le « reste nocturne » qu'est le souvenir du rêve sera seul repris, en temps voulu et sans drame cauchemardesque, par le Moi vigile, et il recevra alors le traitement déjà indiqué. Les analyses que j'ai faites plus haut du seul point de vue de la conscience vigile sont donc à conserver, en y ajoutant ce point, fort important, que les refoulements que le Moi vigile effectue à l'égard du souvenir ou autres traces du rêve peuvent être considérés, quand la simple signification du rêve dans la conscience n'en décharge pas suffisamment l'affect, comme *des reprojections dans le Moi onirique – avec ordre d'élaborer pour la nuit suivante,* à moins que le Moi du rêve n'ait été relayé entre-temps dans la veille, par exemple par des fantaisies vigiles.

Pour compléter le tableau de la symétrie en miroir qu'on aperçoit maintenant entre les « deux » Moi, celui du rêve et celui de la veille, j'ajouterai que le Moi nocturne semble connaître à l'endroit de son partenaire les mêmes gênantes dépendances, toutes choses égales par ailleurs, que celui-ci éprouve vis-à-vis de lui. Le rêve peut être en un certain sens *hanté ou persécuté par la veille*, notamment dans certains *rêves répétitifs traumatiques* qui n'en finissent pas d'être compulsionnellement ramenés à redire absurdement le même drame, qui s'est joué ailleurs, dans un vécu impuissant à se signifier vraiment. Le rêve peut aussi, nous l'avons vu à propos du cauchemar, être *« débordé » massivement* par les éléments qui y ont été engouffrés : il resurgit alors, le

Les rêves répétitifs traumatiques proviendraient d'un défaut de préparation du rêveur à un traumatisme effectif.

mécanisme d'élaboration étant incapable de faire son office métabolique ou digestif, dans les décharges motrices entraînant des images plus ou moins cahotiques et accompagnées d'angoisse. Le rêve peut encore, sans doute, être *réellement dépossédé ou vidé de son contenu* par l'expérience diurne, par exemple quand l'excès des rêveries diurnes ou quand un investissement massif et tout opératoire dans l'agir tendent à laisser les phases onirogènes du sommeil fonctionner à vide (cas des rêves blancs ?). Il peut alors y avoir dans certaines circonstances une véritable frustration de rêves, sur laquelle des expériences récentes, qui l'ont reproduite artificiellement, ont attiré l'attention et qui est peut-être à rapprocher de la peur de perdre la faculté de rêver et le contenu de ses rêves dont j'ai parlé précédemment.

IDENTIFICATION ET PROJECTION ENTRE LES DEUX « CONSCIENCES »

On pourrait certes chercher à soutenir que le Moi vigile éprouve *psychologiquement* et signifie les états d'invasion, de possession ou de contrôle, tandis que le Moi du rêve, simple reflet, ne fait que subir et enregistrer mécaniquement *les effets* des avatars qui lui adviennent dans sa relation avec son partenaire diurne. Car le Moi vigile *vise* le rêve, lui reconnaît une existence au moins générale et se donne ainsi les moyens de fantasmer sa relation avec la vie onirique et de se situer lui-même dans ce fantasme. Tandis que le Moi onirique, plus primaire, paraît souvent coller à sa dramaturgie, s'épuiser sans recul dans la figuration même. Mais ce dernier trait n'est pas constant : il peut y avoir dans le rêve une *conscience de rêver ;* il peut y avoir aussi un sentiment de déjà vu ou d'impuissance à retrouver complètement quelque chose d'antérieur, etc., qui dans divers cas ne reproduit pas tant des vécus analogues de la veille qu'il ne représente *la réaction propre du rêveur endormi à sa position par rapport à la veille.* Bien entendu l'observation est ici très difficile, car le rêve, si pur qu'on le veuille, ne nous est scientifiquement abordable comme formation *psychique,* il faut le répéter sans cesse, que dans l'état vigile, auquel il ne parvient, à travers des élaborations successives, que comme souvenir puis comme récit du souvenir du rêve... Mon opinion est toutefois que l'ensemble des observations qu'on peut faire, ainsi que l'étude de l'orientation fonctionnelle de l'activité onirique, soutiennent assez bien l'hypothèse d'*une sorte d'identification-projective réciproque entre les deux « consciences », qui,* appartenant à la même personne, mais distinctes par leurs modalités de fonction et le moment de leur intervention, *disposent l'une et l'autre du moyen d'injecter dans leur partenaire ou d'introjecter en provenance de lui des éléments représentatifs et des charges d'affect.* Cette relation *quasi interpersonnelle* à l'intérieur d'une même personne est sans aucun doute un fait hautement original de la vie psychique, les relations dites intersystémiques entre instances psychiques étant loin de s'opérer sur des critères de distinction aussi francs. C'est probablement aussi un fait proprement humain, car si les concomitants physiques du rêve, assortis ou non de certaines images élémentaires peuvent exister chez l'animal, le jeu de défense réciproque et très complexe que j'ai évoqué n'est guère concevable sans un développement très poussé de la représentation et plus généralement de ce qu'on appelle aujourd'hui la fonction sémiotique[16].

VERS UNE MEILLEURE ADAPTATION DU MOI A LA RÉALITÉ

Quoi qu'il en soit du nom exact que l'on donne aux rapports remarquables qu'entretiennent le Moi du rêve et celui de la veille, il faut maintenant se demander *quelle est l'évolution et quelle est l'issue à long terme de cet échange en miroir.* A prendre les choses d'ensemble, il paraît possible de dire que le processus tout entier est orienté vers *un meilleur ajustement du Moi au réel.* En première approximation, certes, le rêve sert d'usine de traitement pour les surplus de charges pulsionnelles et de fantasmes du Moi vigile, et par conséquent allège ce dernier de tout ce qui ne peut, en lui, être suffisamment lié par la réalité. Mais les choses sont en fait plus complexes. Il faut bien voir qu'en raison de sa réciprocation assez rigoureuse, *le système comporte aussi un apport au Moi vigile d'éléments inconscients susceptibles de le stimuler et de l'alimenter.* On sait qu'un tel apport prend une importance parfois spectaculaire dans le cours d'une cure analytique. En tout cas, les échanges rêve-veille, qui s'organisent sans doute à bas bruit dans la vie courante sur un modèle économique stable que nous connaissons imparfaitement, peuvent dans l'analyse devenir, par des voies très repérables, le support d'une collaboration active et durable entre l'inconscient en général et la conscience, par la médiation de l'analyste. Cet équilibre est déterminé ou favorisé par la technique analytique qui réalise de manière intensive et systématique ce que l'existence en général,

16. Capacité à utiliser des signes, des symboles (d'après *le petit Robert*). (*N. de Ed.*)

hormis le temps de la petite enfance, ne procure pas, ou ne procure que de manière rare et diluée : un lieu d'échange, à deux pôles réels, où le patient est en rapport intensif sur un mode constant avec un partenaire constant, assurant un support unique à la refiguration transférentielle de ses images.

LE RÊVE ET LE TRANSFERT DANS LA CURE ANALYTIQUE

D'où que l'analyse a le pouvoir de réparer les malfaçons de l'identification projective « naturelle », dans sa fonction structurante, de l'enfant avec son ou ses premiers objets. Or c'est *dans le rêve,* je le répète, que se manifeste souvent en premier lieu l'effet du transfert, après une phase que l'on a appelée parfois prétransférentielle. L'analyste paraît ici fournir un aliment *à deux niveaux* au patient : au niveau onirique et au niveau conscience vigile. Et au départ son inscription personnelle dans le système du Moi éveillé et dans celui du Moi nocturne du patient n'est pas la même. C'est généralement dans une position fantasmatiquement très surdéterminée qu'il apparaît dans la vie onirique, tandis que l'expérience consciente le vise selon un modèle plus conventionnel et désexualisé, prenant acte de la réalité sociale d'une manière qui se voudrait distante et appauvrie. Parfois, plus rarement, le rêve est pauvre lui-même et peu référencé à l'analyste, tandis que c'est dans les conduites et matériels verbaux conscients que le transfert perce en force. Le jeu de bascule entre le rêve et la veille évolue de toute façon, dans les cas favorables, comme un balancier qui permet le freinage ou l'accélération, puis, après beaucoup de variations qui sont comme des essais-erreurs, la régulation optimale des deux systèmes l'un par l'autre. Au début les projections et les introjections, d'un côté comme de l'autre, se font par tout ou rien, ou du moins par pan massif, avec les connotations anales et orales variées qui s'y attachent. Elles sont comme une série de tirs malhabiles qui encadrent la réalité sans la toucher et qui font mal et coûtent cher, ou plutôt comme une suite de retraits et d'avances, qui perdent plus de terrain qu'il n'est prudent ou en conquièrent plus qu'on n'en peut tenir. Par la suite, des identifications plus localisées, plus partielles peuvent s'effectuer. Le processus se secondarise davantage avec l'aide du discours conscient et du langage, qui est organisé en son principe pour autoriser la dénégation, et donc la limitation de la charge affective, dissociée pour l'essentiel de la représentation et conservée seulement à minimum, à des fins symboliques, dans les circuits mentaux de la pensée. De là, et à mesure, une différenciation interne et un choix moins urgent et plus précis entre les éléments du rêve susceptibles d'alimenter le Moi vigile (devenu moins grossièrement et plus économiquement défensif), et d'autre part, dans le rêve, entre les éléments hérités de l'expérience diurne et susceptibles d'être refigurés dans la vie onirique. On voit à ce stade apparaître dans l'analyse une sorte de « régime de croisière », qui, par un dialogue moins passionné entre rêve et veille, inconscient et conscient, conduit à une large restauration au plan conscience, d'une unité du Moi narcissiquement satisfaisante, et à un sentiment d'important allégement. Sur cette base, l'exploration symbolique pourra être menée fort loin sans danger, en conservant aux symboles (en particulier verbaux) des liens discrets mais solides avec les charges émotionnelles profondes, bien liées par des représentations ajustées à la réalité extérieure... Ainsi peut-on dire à la fin que l'*introduction de l'analyste, porteur de certaines constances, dans le circuit des échanges identificatoires-projectifs du rêveur et de son rêve a puissamment contribué à structurer leur relation réciproque à tous deux* et à faire déboucher le patient, sur un mode maturatif, sur une meilleure adaptation à lui-même et au monde extérieur, et une meilleure connaissance de lui et des autres.

LA RÉALITÉ EMPÊCHE LES DEUX « MIROIRS » DE S'AJUSTER L'UN A L'AUTRE

Ce résultat demande pourtant quelques commentaires supplémentaires. On peut noter en effet que l'*analyste apparaît ici comme un tiers terme dans une relation d'abord duelle.* Au début, les deux miroirs se regardent, et se renvoient violemment ou se ravissent des images. De leur réflexion réciproque à l'infini, il pourrait bien ne rien sortir qu'eux-mêmes. Le système serait clos. Et ce qui pourrait advenir de meilleur d'une telle situation serait qu'après s'être longtemps manquées, les images spéculaires se « fixent » désormais bien en face l'une l'autre et ajustent leur regard en se réglant chacune exactement par les fantasmes de l'autre, en constituant ainsi une sorte d'équivalent dynamique de l'immobilité. A vrai dire cette hypothèse théorique inquiétante, où semblerait jouer à plein le principe du *Nirvâna,* ne risque guère d'être rigoureusement vérifiée. Car la *réalité extérieure* est toujours là qui stimule et le veilleur et le dormeur, et qui détermine des enregistrements mnésiques et des modifications de charge affective qui réclament ensuite traitement. Il faut aussi tenir compte de la *réalité intérieure* du corps, qui, en vivant et en se modifiant de diverses façons, exerce également une influence sur le psychisme, soit par la perception consciente des états internes, soit directement au niveau du rêve (par exemple dans les rêves liés à un besoin de miction ou de défécation). Il y a donc toujours du matériel nouveau à passer d'un Moi dans l'autre : les deux miroirs ne peuvent guère « se regarder complètement dans les yeux ». *Néanmoins le principe de mort est susceptible d'apparaître sous une autre forme :* celle d'une *infinie répétition compulsive* à la recherche de l'impossible satisfaction. Il peut se trouver que, faute d'une constance suffisante à l'origine dans la matrice de la réalité, c'est-à-dire dans le modèle structural qui en organise et en signifie les uns par rapport aux autres les aspects, la « réalité » externe elle-même devienne plus tard incitation permanente aux décharges anarchiques, plutôt que principe d'ordre intérieur. Globalement, c'est ce qui semble se produire chaque fois qu'il y a eu *malfaçon au début de la vie* dans les relations avec le ou les premiers objets parentaux. Lorsque la mère, en particulier, n'a pu en son temps fonctionner de manière à unifier suffisamment et à rendre acceptable la réalité extérieure, c'est-à-dire, pour reprendre un concept de Freud qui suscite aujourd'hui des approches très intéressantes (M. Fain) lorsqu'elle n'a pas joué son rôle de pare-excitation[17] externe par rapport à l'enfant, il a pu s'installer une malfaçon psychique plus ou moins grave de très bonne heure. Cette malfaçon a alors des conséquences notables dans le système de relation que nous étudions.

LORSQUE LE RÊVE RENVOIE AU MOI VIGILE DES PRODUITS TOXIQUES

En fait, il semble se passer ceci : à l'origine n'ont pu être formés au-dedans du psychisme, en raison de l'absence de cohérence du référent externe, que des *objets internes partiels* chargés isolément ou ensemble, mais de manière instable, d'affects de sens contradictoires. Ces objets internes, insuffisamment pondérés et articulés les uns par rapport aux autres, sont trop facilement, à mesure qu'il deviennent « bons » ou « mauvais », rejetés ou introjectés par le Moi (un Moi encore primitif

17. C'est-à-dire qu'elle a échoué à protéger l'organisme de son enfant contre de trop fortes excitations extérieures. *(N. de Éd.)*

qui du fait de ces transits est médiocrement défini et peu stable, ou qui est contraint de se rabougrir à l'extrême par mesure de défense). L'établissement de la fonction onirique s'est produit entre-temps (par différenciation fonctionnelle, sans doute, d'une activité cérébrale localisée à certaines périodes du sommeil, par rapport à un processus plus diffus et plus constant au début) : c'est-à-dire *avant* que la situation ait évolué. Ou encore, pour emprunter le langage de M. Klein, *avant que l'enfant ait pu dépasser franchement la position schizo-paranoïde et instaurer le règne de la position dépressive,* les deux positions se chevauchant alors trop longtemps ou excessivement l'une l'autre. On peut admettre que dans ces conditions, les échanges entre le Moi-rêve et le Moi-vigile ont ensuite tendu à garder la trace de cet état : les *introjecta* et les *projecta* ont donc conservé un caractère excessivement agressif, instable et parcellaire, et, maintenus dans une telle situation, ils ont, par assimilation ou contamination, affecté des mêmes traits et de la même coloration dangereuse les objets plus « complets » que l'enfant n'a pas manqué de bâtir néanmoins, s'il n'a pas, chemin faisant, versé dans la psychose. D'où il résulte naturellement que la charge agressive des *introjecta* et des *projecta* ne parvient pas à s'épuiser ou même à s'émousser sensiblement, et que les refigurations imagoïques transférentielles du sujet sur le monde extérieur en portent la marque. Tandis que le rêve, qui était voué à absorber et à résorber les surcharges d'affects et de fantasmes, ne parvient pas à remplir sa tâche et, au lieu de renvoyer au Moi vigile des éléments assez innocents, facilement assimilables ou suppressibles sans inconvénients, lui retourne des produits toxiques... que le veilleur doit refouler à nouveau en toute hâte vers l'inconscient onirique.

FAIRE CONVERGER LES DEUX IMAGES SUR LE « TROISIÈME MIROIR » DE LA CURE ANALYTIQUE

Ici s'éclaire davantage le sens de l'intervention thérapeutique de l'analyste dans de telles malfaçons. L'analyste, en recréant au patient *une constance extérieure réelle,* et en laissant, sans que son identité en soit altérée, saturer son image de refigurations transférentielles successivement très bonnes ou très mauvaises, donne à l'analysé l'occasion de réajuster le fonctionnement de l'ensemble de son psychisme, et en particulier les rapports qu'entretiennent chez lui le Moi du rêve et le Moi vigile. En effet, bien qu'il ne soit pas question dans la cure psychanalytique de reprendre à fond et à la base le processus d'unification et d'intégration objectale (le problème est différent dans les psychothérapies de schizophrènes, qui appelleraient des considérations spécifiques intéressantes), il est cependant encore assez tôt pour en remanier la solution. *La présence du tiers terme qu'est l'analyste* relie en fait, à un moment donné, le système des rapports Moi-rêve vs/ Moi-vigile à *deux* autres systèmes ensemble : le système Analyste-réalité vs/ Moi-rêve *et* le système Analyste-réalité vs/ Moi-vigile. Comme dans ces deux derniers rapports l'analyste reçoit en principe les projections diverses sans les renvoyer (du moins autrement que de manière imaginaire), il y joue *séparément* un rôle de décharge, de régulation et de pare-excitation, apparaissant d'abord de façon privilégiée dans l'un des registres, puis dans l'autre, avec des alternances défensives liées aux variations de distance, au sens de Bouvet. L'égalisation progressive de ses deux modes de présence, et la vérification également progressive que le patient pourra en faire dans les deux sens, conduisent ce dernier à mieux cerner la réalité et l'unité de la réalité. Comme dans un portrait-robot, la superposition de plusieurs clichés ayant des traits de ressemblance conjecturaux avec le modèle permet en définitive d'approcher de plus près l'identité à la fois complexe, intégrée et constante du « wanted man ». Tout se passe en somme *comme si les positions relatives et les échanges des deux miroirs en regard, Moi-rêve et Moi-vigile, étaient désormais réglés par la recherche d'une incidence commune ou d'une convergence optique de leurs images sur un troisième miroir en principe fixe,* et donc de caractéristiques à la longue repérables : « trigonométrie » en quelque sorte de la conscience et de la connaissance de soi. Et le mot peut faire sourire si l'on songe que les relevés trigonométriques ont parfois utilisé ou utilisent encore le repérage au miroir, dont les éclats se voient de loin et qui permet de cadrer spatialement le point exact de la réflexion, disons de la reprojection. Mais puisque nous parlons triangles, comment ne pas penser à l'œdipe ? Il n'est pas étonnant, dans les conditions que j'ai décrites, que la cure analytique soit largement spécifique des orthogenèses œdipiennes. *Au-delà de la fonction réparatrice en quelque sorte maternelle que la présence de l'analyste assume auprès du patient, il en est une autre, paternelle, qui s'inscrit génétiquement dans sa continuité.* Le tiers terme (le père) intervient en effet au début de l'organisation œdipienne, pour *aider l'enfant à sortir de l'ambivalente relation duelle et narcissique* (en miroir, le nom et le mythe de Narcisse le disent assez) *avec la mère.* C'est donc dire qu'il intervient, à un niveau plus élaboré, *un peu comme la mère-réalité, dans sa fonction de pare-excitation, est intervenue auparavant pour aider l'enfant à se différencier intérieurement de lui-même,* à organiser sa première topique et à repérer le lieu du rêve par rapport au lieu de la veille, tout en se distinguant du premier autrui.

LA NÉCESSITÉ DE LA DISPOSITION EN TRIANGLE

C'est ainsi que nous sommes ramenés par le complexe d'Œdipe encore une fois à l'Œdipe prototypique de la légende, dont je suis parti pour introduire cette réflexion sur la réflexion spéculaire au miroir du rêve. *Le destin tragique d'Œdipe tient sans doute à ceci qu'il n'a pas disposé d'un troisième terme du genre que j'ai indiqué.* Confronté avec son Sphynx et avec son énigme, il a plongé seul le regard dans leurs arcanes. Il nous est dit qu'il n'avait eu auprès de lui dans son enfance, et n'a pu ensuite rencontrer, ni sa mère ni son père, sauf pour en être rejeté (l'abandon), ou insulté (la rencontre avec Laïos dans le chemin creux) ou séduit (le mariage avec Jocaste). Et nous savons qu'il n'a d'autre part trouvé autour de lui, après son double crime, que les regards et les discours terrifiés, méfiants ou adulateurs des Thébains, et les révélations réticentes de Tirésias, tous reprenant en chœur ou en monologue des pensées qui reflétaient ses propres inquiétudes intérieures. Œdipe, à la fin, pour mettre un terme à cet effet de miroir en circuit fermé, a dû briser *leur* image en brisant le miroir de *ses* propres yeux. Freud, le nouvel Œdipe, s'il a pour sa part échappé au mortel vertige de l'homme qui regarde son regard intérieur dans le puits de ses songes, le doit sans doute aux triangulations qu'il a pu opérer entre ses malades, ses rêves et sa conscience vigile, ou encore entre Breuer ou Fliess, les découvertes de son auto-analyse et lui. Triangulations plus tard réaménagées sur le mode de la sublimation dans le triptyque — si bien mis en évidence dans la biographie par Jones — de l'œuvre, de l'entreprise auto-analytique permanente et de la personnalité socialement adaptée de Freud.

CERTAINS RÊVES RÉCAPITULENT L'HISTOIRE DU DORMEUR

Je parviens au terme de ces réflexions, mais je ne voudrais pas achever mon propos sans soulever en quelques mots — car si parler a un sens ce ne peut être que de poser de nouvelles questions à l'occasion même des hypothèses que l'on avance —, *trois problèmes particuliers* relatifs aux points que j'ai traités.

1) Le premier nous interroge sur les *limites du pouvoir du Moi onirique à refigurer et à faire parvenir au Moi conscient les expériences du patient.* J'ai montré dans deux travaux antérieurs qu'il existait, plus fréquemment qu'on ne pense, des rêves d'un type remarquable, peu ou pas signalés jusqu'ici : il s'agit de rêves en quelque sorte récapitulatifs, qui correspondent sans aucun doute possible à une dramatisation de la psychogenèse et de l'histoire psychique du rêveur. Ces rêves peuvent se produire également dans des conditions où il paraît exclu de manière radicale que le Moi conscient ait eu une quelconque connaissance, même approchée, du mouvement et de la logique interne de ce processus de développement. Tout se passe donc comme si le rêve anticipait fortement, par exemple par rapport à l'analyse quand le patient est en cure, une connaissance future. Je crois de plus avoir donné des preuves, à propos d'un rêve d'André Breton, qu'il ne pouvait être question de parler dans certains cas de suggestion par le praticien (Breton n'a pas été analysé et connaissait en fait très mal, malgré ses dires, la théorie psychanalytique). On est donc forcé de conclure que le rêve fait à son propre compte, avant de les proposer au Moi vigile, des synthèses diachroniques portant sur un temps très long : comme s'il disposait d'une source documentaire réelle, échappant à la conscience claire, relative à l'histoire affective du rêveur. Je suppose qu'on peut voir là un argument pertinent concernant la puissance élaborative du rêve, et la profondeur des décalages qui peuvent exister entre les deux « Moi ». J'ai attribué aux caractéristiques intrinsèques de la figuration imagée *(Darstellbarkeit)*[18] qui exprime *la dimension passive-réceptive* de l'organisation perceptive, et correspond sans doute à une sensibilité (proprioceptive et intéroceptive) organiquement différenciée de l'activité sensorimotrice comme telle[19], ce pouvoir dont *l'activité* onirique se saisit ensuite pour construire par une autre élaboration (bien nommée secondaire !) sa dramatisation. Par rapport au problème dont je me suis occupé aujourd'hui, l'existence d'un tel processus oblige à se demander si, dans certains cas au moins, le Moi du rêve n'est pas, à des égards divers, plus « mûr », plus intégré que celui de la veille. Tout se passant alors comme si les deux miroirs avaient au départ un pouvoir de définition optique et, de là, un pouvoir d'organisation très différent, et cela dans un sens assez imprévu. On ne serait pas étonné alors que dans la cure, ce pouvoir, faisant irruption dans la conscience à

18. Figurabilité (pour la définition de ce terme, voir l'introduction au chapitre 3 de la première partie). (*N. de Ed.*)

19. C'est-à-dire à la motricité sensorielle *plus* l'extéroception.

l'occasion du souvenir du rêve, qui renvoie au veilleur des objets plus complets et des contenus plus élaborés que ceux qu'il manipule dans le transfert direct, soit ressenti comme particulièrement investi. Cela tantôt sur un mode de possession et d'emprise systématisées de la part d'une instance extérieure, tantôt sur celui, si le rêve vient à disparaître un temps, d'une sorte de perte ou de deuil qui coupe le patient d'une puissance extérieure capable de veiller sur lui mieux qu'il ne « veille » actuellement lui-même et de le défendre comme malgré lui de la persécution par les objets partiels (pouvoir pare-excitation du rêve). Ce sont précisément des conduites psychiques de ce genre que j'ai observées chez un patient (Édouard) auquel j'ai fait allusion plus haut. Et il ne faudrait pas chercher beaucoup pour en trouver l'analogie dans la vie d'André Breton, qui a consacré tout un essai poétique à tenter de démontrer qu'il était davantage maître de son inconscient et de ses rêves que ceux-ci ne l'étaient de lui *(les Vases communicants).*

COMMENT RÊVENT LES PSYCHOTIQUES, LES NÉVROSÉS ET LES PERVERS

2) D'un autre côté il est possible, à partir des considérations que j'ai faites, d'analyser *certains types classiques d'empêchement ou de distorsion de la fonction du rêve,* en référence aux structures de la personnalité profonde, aux structures pathologiques, ou aux structures de caractère[20]. Je me limiterai ici à de brèves indications :

A) *Dans les structures psychotiques* (sous réserve de subdistinctions en fonction des mécanismes dominants ou du type de trouble), le processus d'identification-projective est marqué par la prédominance assez pure ou très pure d'une tendance au basculement massif, au renversement du sens des échanges. Cette tendance, qui se manifeste dans les relations du sujet avec les objets extérieurs, apparaît également dans la fonction onirique. Les fantasmes du rêve peuvent envahir si complètement la veille qu'ils se mêlent à ses images sur un mode hallucinatoire (délire) plus ou moins organisé, l'organisation délirante ayant d'ailleurs le rôle d'une défense, comme Freud l'a bien montré, contre le risque d'être livré sans limite à une perfusion encore plus sauvage et vagabonde de la conscience par l'inconscient.

B) *Dans les structures névrotiques,* l'organisation œdipienne est relativement assurée, quoique perturbée, et on a alors affaire à des

20. *Cf.* pour les liens dynamiques entre ces divers types ou niveaux de structure, les travaux de J. Bergeret.

refoulements plus ou moins caractéristiques des types d'économie observables.

a) Les identifications labiles et multiples, en même temps que très profondes, de l'hystérique – notamment dans les conversions somatiques – signent le refus défensif de dialogue entre le rêve et la réalité, qui se traduit par le refoulement « le plus loin possible » des fantasmes oniriques au-delà de la sphère psychique, les seules prises en charge mentales possibles demeurant à la limite de l'ordre de l'inhibition et de l'angoisse. On sait en fait que les rêves des hystériques leur font à la fois très plaisir et très peur, et que leur surgissement dans l'analyse, comme d'ailleurs le surgissement d'autres matériels psychiques fantasmatiques, les amène parfois à des déplacements immédiats, suivis d'inhibitions fonctionnelles, vers l'agir ou le corps, ou les force à certaines inhibitions mentales dans lesquelles ils semblent incapables d'associer. Ces variations parfois spectaculaires en imposeraient à lecture rapide pour une sorte de dédoublement de personnalité (car le souvenir même de ce qui a pu précéder semble disparaître[21] auquel se sont pris les auteurs du temps de Charcot, et après eux Janet et même Breuer.

b) *Dans les organisations obsessionnelles* ou *dans la névrose obsessionnelle installée* le refoulement du rêve défend activement contre la toute-puissance de la pensée, récemment étudiée parmi nous par Micheline Castagne. La technique de l'obsessionnel à l'égard du rêve me paraît consister à le recueillir comme un objet bien sec, qui ne produit pas d'associations, qui est soigneusement repéré et délimité et qui reste là, témoignage d'un quelque chose qui est désigné comme « rien de plus » ou « rien du tout ». On peut dire que le Moi-défense de l'obsessionnel espère dans cette voie contrôler en les nécrosant et en les embaumant, comme dit A. Green, les dangereux objets internes que projette en lui le Moi du rêve. Quant à celui-ci, son comportement est dans ces conditions difficile à inférer. Il me semble toutefois que dans la névrose obsessionnelle, et plus généralement chez les organisations obsessionnelles, par contraste avec le Moi vigile si appauvri en apparence, une riche irrigation fantasmatique circule dans les rêves, alimentée par le noyau hystérique refoulé. Et j'ai l'impression que l'interprétation du rêve au niveau vigile *tend à déplacer la défense en profondeur* : c'est alors le contenu même du rêve, au plan du manifeste et au plan du

21. Semble seulement... Il est en effet probable que la première inscription psychique court-circuite en partie le contrôle conscient du Moi. C'est sans doute le cas dans la cécité psychique hystérique, étudiée par Freud. Le processus correspond peut-être, au niveau physiologique, à des effets de variation des seuils sensoriels, que les expérimentalistes ont étudiés à propos des phénomènes de « subception ».

latent, qui s'obsessionnalise, si bien que lorsqu'il est renvoyé vers la conscience vigile comme « reste nocturne », souvenir de rêve, tout se passe comme si l'appauvrissement avait gagné vers l'intérieur. C'est de cette façon sans doute que le Moi vigile tend à contrôler au-dedans le Moi onirique en y plaçant des *projecta* « morts » qui lui reviendront éventuellement par reprojection, comme séchés d'avance, c'est-à-dire n'entraînant autour d'eux qu'aussi peu que possible de chair vivante empruntée à l'inconscient.

C) *Pour les pervers,* ils tendent à vivre leurs rêves de manière consciente, à l'aide du clivage du Moi, en les menant à décharge par la mise en scène agie de la perversion, mais sans y engager toute l'instance vigile, qui garde par ailleurs et dans le même moment une prise plus ou moins solide sur la réalité, à la fois niée et affirmée. Le processus vise, comme Freud l'a montré de bonne heure (1905), *à éviter le clivage du psychisme dans l'autre sens,* c'est-à-dire dans le sens *vertical,* avec la constitution en superposition d'un inconscient, lieu du refoulement, et d'un conscient qui refoulerait. Cette inversion orthogonale (cette « perversion ») du rapport conscience — fantasmes interdits, assure la conscience vigile de ne pas risquer les invasions projectives de l'inconscient, et retire sans doute au rêve une bonne partie du matériel qu'il aurait autrement à élaborer. Elle assure corrélativement le Moi contre l'effort dispendieux à fournir pour reprojeter les *introjecta* dans l'inconscient et dans le rêve. Cette défense se redouble de la relation de connaissance-méconnaissance simultanée que les deux feuillets du clivage du Moi entretiennent entre eux. Placés en un même lieu de la conscience, et ainsi rapprochés sous le regard d'une vigilance quand même unique, le Moi-fantaisie et le Moi-réalité fonctionnent ou jouent « ensemble » ; pas assez distants ou pas assez différents pour se menacer l'un l'autre, mais suffisamment néanmoins pour que le « rêveur éveillé » puisse jouir de la sécurité que lui donne son double jeu dans le même champ. *Ici en somme les deux miroirs sont comme accolés l'un à l'autre et reflètent chacun dans un sens différent, en appuyant pourtant chacun étroitement son économie à celle de l'autre.*

UN MOI ADOLESCENT MENACÉ PAR LE RÊVE

3) *Les considérations psychogénétiques que j'ai présentées plus haut pourraient également introduire quelques réflexions sur la thérapeutique.* Elles suggèrent que le matériel onirique est délicat à utiliser sinon dans les psychothérapies d'enfants du moins dans celles d'adolescents. Il semble, et je le dis prudemment, mon expérience étant ici

limitée, que – comme chez les adultes narcissiquement fragiles –, il peut être inopportun de parler au sujet de ses rêves ou à propos de ses rêves, à moins qu'il ne s'en serve lui-même activement comme d'un « médium » destiné à le tenir à quelque distance du thérapeute et de ses propres fantasmes. L'élément allogène que représente ce que nous avons appelé le trou ou le puits du rêve dans la conscience vigile adulte a pu perdre à la puberté ses aménagements. Le puits n'a alors ni margelle ni couvercle qui permettent de l'isoler suffisamment : l'eau peut en sortir, avec les crapauds ou les vipères du monde des objets internes, ou bien on y peut tomber, faute d'une signification adéquate. Le Moi qui est à la recherche d'identifications structurantes, non encore effectuées, auxquelles il puisse s'allier ou s'opposer, peut être très menacé par les images qu'il aperçoit dans le mystérieux grimoire et qui l'interpellent et le racolent au milieu de ses tâches urgentes d'organisation en vue de la confrontation plénière avec le réel. Mais je reconnais volontiers qu'il ne faut pas systématiser à l'excès et que les praticiens les plus entraînés tirent un excellent parti de tous les matériels à condition de bien percevoir l'économie dans laquelle ils s'inscrivent. Ajoutons que le rêve paraît avoir chez le jeune enfant, et d'autre part pendant la phase de latence, un statut assez différent de celui qu'il a chez les adolescents et les préadolescents. Au niveau de la phase de latence, le fait répandu du somnambulisme infantile indique en tout cas clairement une économie particulière, la décharge dans l'agir somnambulique attestant probablement que la fonction onirique tend à être débordée par les élaborations qui lui sont demandées du fait d'un refoulement sévère.

LA PERTE DU « FIL D'ARIANE » EST-ELLE UNE NÉCESSITÉ LORSQU'IL S'AGIT DU RÊVE ?

Je finirai maintenant en bouclant sur elle-même cette réflexion parfois sinueuse. Un tel retour à l'envoyeur est dans notre sujet même, et elle est amorcée par mes dernières remarques. A considérer les effets du miroir du rêve et de la veille, et de l'un et l'autre avec l'analyste, la reduplication aussi de ce rapport de connaissance avec l'histoire mythique d'Œdipe et l'histoire réelle de Freud, je n'ai rien fait d'autre, au fond, que de me mirer moi-même dans chacune de ces images, en songeant, à travers la connaissance à laquelle elles appellent, à ma connaissance des patients et à la mienne propre. Pour contrôlée qu'elle soit par la pratique et l'aménagement de l'intuition qui en résulte, cette démarche dialectique me fait en quelque point obscur, ombilic de la connaissance d'autrui et de soi, perdre aussi le fil. Car arrive un moment où l'on ne peut reconnaître sa propre implication dans un tel échange qu'en continuant de le vivre sans en parler davantage, sans prétendre l'objectiver – c'est-à-dire l'arrêter pour le contrôler – autrement que de manière provisoire.

JEAN GUILLAUMIN

BIBLIOGRAPHIE

ABRAHAM K., « Ein Beitrag zur Prüfungssituation im Traum », Berlin Psychoanalytische Verlag, 30 juin 1923. « Technisches zur Traumdeutung », *ibid.*, 24 septembre 1920. « Devons-nous permettre aux patients d'inscrire leurs rêves ? » *in Rêve et Mythe* (Œuvres I), Payot, 1977.

ABRAMSON H.A., « Reassociation of dreams », Am. J. of Psych., 1955, vol. 112.

ADLER A., « Des rêves et de leur interprétation », *in Pratiques et théorie de la psychologie individuelle comparée*, Payot, 1961.

AHLFELD F., *« Traum und Traumformen. Ein Beitrag zur Frage nach der Entstehung des Traumes und seiner Bilder »*, Leipzig, 1916.

ALEXANDER F., « Über Traumpaare und Traumreihen », *in* Internationale Zeitschrift für Psychoanalyse, 1925, vol. 11.

ALLENDY R.F., *Le Rêve et la Psychanalyse,* Paris, N. Maloine, 1926. *Les Rêves et leur interprétation psychanalytique,* Paris, Alcan, 1926. *Rêves expliqués*, Gallimard, 1938. « Le Rêve », *in* Esprit nouveau, 1924.

ALTMAN L.L., *The Dream in Psychoanalysis*, New York, Int. Univ. Press, 1969.

ANZIEU D., *L'Auto-analyse de Freud*, P.U.F., 1959.

ARLOW J.A. et BRENNER CH., *Psychoanalytic Concepts and the Structural Theory*, New York, Int. Univ. Press, 1964.

ASERENSKY E. et KLEITMAN N. (1953), « Regularly occuring periods of eye motility, and concomitant phenomena, during sleep », *in* Science, 1953, n° 118.

BABCOCK C.G., « Panel on the manifest content of the dream », *in* J. Am. Psychoanal. Ass., 1956, vol. 14.

BACHELARD G., *L'Eau et les Rêves. Essai sur l'imagination de la matière,* J. Corti, 1942.

BAEKELAND D., « Laboratory studies of effects of presleep events on sleep and dream », *in* Hartmann E. (dit.), *Sleep and Dreaming*, 1970.

BAEKELAND D. et HARTMANN E., « Sleep requirements and the characteristics of some sleepers », *in* Hartmann E. (edit.), *Sleep and Dreaming*, 1970.

BAEKELAND D. et HOY P., « Reported vs. recorded sleep characteristics », *in* Arch. Gen. Psychiat., 1971, vol. 24.

BALINT M., « Friendly expanses horrid empty space », *in* Int. J. Psychoanalysis, 1955, vol. 36.

BARAJAS CASTRO R., « Analyse d'un rêve apportée au début d'un traitement », *in* Rev. fr. de Psychanal., 1957, vol. 21.

BARANGER W., « El suenio como medio de communicacion », *in* Baranger W. et M., *Problemas del campo psicoanalitico*, Buenos Aires, Kargieman, 1969.

BAUDOUIN C., *Introduction à l'analyse des rêves ; relation de quinze cas concrets précédée d'un exposé théorique*, L'Arche, 1949.

BAYNES H.G., « The importance of dream analysis for psychological development », *in* British Journal of Medical Psychology, 1936, vol. 16.

BEALL G.N., (1968), « Sleep patterns in ulcer, coronary artery disease and asthma », *in* Ann. Int. Med., 1968.

BERGLER E., *The Superego*, New York, Grune and Stratton, 1952. « A third function of the « day residue » in dreams », *in* Psychoanal. Quart. 1943, vol. 12.
BERMANN M.S., « Intrapsychic and communicative aspects of the dream : their role in psychoanalysis and psychotherapy », *in* Int. J. Psychoanal., 1966, vol. 47.
BIEN E., « Zwei Träume aus der Praxis. I. Der Traum einer eifersüchtigen Arztgattin II. Ein Übertragungstraum », *in* Psychoanalytische Praxis, 1931, vol. 4. « Dreifache Deutung eines Traumes », *in* Allgemeine Zeitschrift für Psychiatrie, 1931, vol. 4.
BINSWANGER L., *Wandlungen in der Auffassung und Deutung des Traumes. Von den Griechen bis zur Gegenwart,* Berlin, Springer, 1928. « Le rêve et l'existence », *in Introduction à l'analyse existentielle,* Edition de Minuit, 1971.
BLUM E., « Der Traum als Deuter unserer Seele », Irremflege, 1941, 1.
BLUM H.P., « Colour in dreams », *in* Int. J. Psychoanal., 1964, vol. 45.
BONIME W., « The dream as human experience » (Kramer), *in Dream Psychology and the New Biology of Dreaming*, Springfield (Illinois), Thomas, 1969. « Role of dreams in psychoanalysis ». (Masserman J.H.) *Science and Psychoanalysis*, New York, Grune and Stratton.
BOSS M., *Der Traum und seine Auslegung*, Bern, Ham Huber, 1953.
BOURGUIGNON A., « Fonction du rêve », *in* Nouv. Rev. de psychanal., 1972, vol. 5. « Neurophysiologie du rêve et théorie psychanalytique », *in* Psychiatrie de l'enfant, 1968, vol. 9.
BOUVET M., « L'utilisation du matériel onirique en thérapeutique psychanalytique chez l'adulte », *in* Rev. fr. de Psychanal., 1959, vol. 23.
BOVET P., « Un rêve expliqué », *in* Archives de Psychologie, 1913, vol. 13.
BRAUNSCHWEIG D., « Psychanalyse et réalité », *in* Rev. fr. de Psychanal., 1971, vol. 35. « Le narcissisme dans la cure », *in* Rev. fr. de Psychanal., 1970, vol. 34.
BRAUNSCHWEIG D. et FAIN M., Intervention-rapport sur « l'affect », XXXe Congrès des psychanalystes de langues romanes, *in* Rev. fr. de Psychanal., 1970, vol. 34.
BRAUNSCHWEIG D. et FAIN M., *Eros et Antéros*, Payot, 1971.
BRENNER CH., « Dreams in clinical psychoanalytic practice », *in* J. Nerv. Ment. Dis., 1969, vol. 149.
BREZTNITZ S., « A critical note on secondary revision », *in* Int. J. Psychoanal., 1966, vol. 52.
BRILL A. A., « Dreams and their relation to the neurosis », *in* New York Medical Journal, 1910, vol. 91.
BURR Colonel B., « Two very definite wish-fulfilment dreams », *in* Psychoanalytic Review 1916, vol. 3.
CAFFIAUX , « Songe, clé d'un acte manqué », *in* Avenir médical, 1950, vol. 47 (9).
CALEF V., « Color in dreams », *in* J. Amer. Psychoanal. Ass., 1954, vol. 2.
CARRINGTON P., « Dreams and Schizophrenia », *in* Arch. Gen. Psychiat., 1962, vol. 26.
CARTWRIGHT R.D., « The relation of daytime events to the dreams that follow », *in* Hartmann E. (edit.), *Sleep and Dreaming*, 1970.
CESIO F., « La trasferencia en el sueno y en tratamiento psicoanalitico », *in* Revista de Psicoanalisis, 1967, vol. 24.
CESIO F. et Coll., « La trasferencia es un cumplimiento de descos », *in* Revista de psicoanalisis, 1971, vol. 28.
« Colloque sur l'utilisation du matériel onirique en thérapeutique psychanalytique chez l'adulte », *in* Rev. fr. de Psychanal., 1953, vol. 23.
CHASSEGUET-SMIRGEL J., *l'Idéal du Moi*, Tchou, éditeur, 1978.

CLAPAREDE E., « Sur la fonction du rêve », *in* Revue philosophique, 1916. « Rêve satisfaisant un désir organique », *in* Arch. de Psychol., 1917, vol. 16. « Rêve utile », *ibid*, 1910, vol. 9.
CORIAT I.H., *The Meaning of Dreams*, Boston, Little and Brown, 1920, London, Heinemann, 1920.
CULPIN M., « Dreams and their value in Treatment », *in* The Practitioner, 1919, vol. 102 (3).
CURTIUS O., « Grundsätzliche Fragen zur Traum assoziation », *in* Zeitschrift für die gesamte Neurologie und Psychiatrie, 1938, vol. 87.
DELAGE Y., « La Conscience psychique et le rêve », *in* Bull. Inst. Psychanal., 1910, vol. 19. « Portée philosophique et valeur utilitaire du rêve », *in* Revue philosophique, 1916, vol. 81. « Quelques points de la psychologie du rêveur », *in* Bull. Inst. de Psychanal., 1919, vol. 19.
DEMENT W.C. et KLEITMAN N., « The relation of eye movements during sleep to dream activity : an objective method for the study of dreaming », *in* J. Exp. Psycho., 1957, vol. 55. « The effect of dream deprivation », *in* Science, 1960, vol. 131.
DERBOLOWSKY U., « Über eine Dreistufentechnik der Traumbearbeitung », *in* Praxis der Psychotherapie, 1968, vol. 13.
DESOILLE R., *La Technique du rêve éveillé et ses applications*, Psyché, Paris, 1945.
DESSOIR Mx., *Das Ich. Der Traum. Der Tod*, Stuttgart, Enke, 1947.
DEVEREUX G., « Acting out in dreams : as a reaction to a break-through of the unconscious in a character disorder », *in* Am. J. Psychotherapy, 1955, vol. 9.
DIATKINE R. et SIMON J., *La Psychanalyse précoce*, P.U.F., 1972.
DOMHOFF B., « Home dreams versus laboratory dreams », *in* Kramer M. (édit.) 1969.
DOMHOFF B. et KAMIYA J., « Problems in dream content study with objective indicators : I. Comparison of home and laboratory dream reports ; II. Changes in dream content throughout the night, *in* Arch. Gen. Psychiat., 1964, vol. 11.
DUBAL G., « L'expression du désir dans les rêves d'angoisse », *in* Schweizerische Zeitschrift Psychoanalyse, 1948, vol. 7.
EDER M.D., « Dreams as resistance », *in* Int. J. Psychoanal., 1930, vol. 11.
EGGAN D., « The personal use of myth in dreams », *in* Journal of American Folklore, 1955, vol. 68.
EISSLER K., « A note on Trauma, Dream, Anxiety, and Schizophrenia, *in* Psychoanal. St. Child, 1966, vol. 21.
ENDTZ A., « Uber Traüme von Schizophrenen », *in* Int. Zeit. Psychanal., 1924, vol. 10.
ERIKSON E.H., « The dream specimen of psychoanalysis », *in* J. Amer. Psychoanal. Ass., 1954, vol. 3.
ESMAN A.H., « The dream screen in an adolescent », *in* Psychoanal. Quart., 1962, vol. 31.
FAIN M. et DAVID Ch., « Aspects fonctionnels de la vie onirique ». Rapport au XXIIIe Congrès des psychanalystes de langues romanes, *in* Rev. fr. de Psychanal., 1963, vol. 27. « Réflexions sur la structure allergique », *in* Rev. fr. de psychanal., 1969, vol. 33. « Laurence ou le labeur statufié », *in* Rev. fr. de Psychanal., 1969, vol. 33. « ébauche d'une recherche concernant l'existence d'activité mentales pouvant être considérées comme prototypiques du processus psychanalytique » communication au XXIXe Congrès des psychanalystes de langues romanes, *in* Rev. fr. de Psychanal., 1969, vol. 33.
et KREISLER L., « Discussion sur la genèse des fonctions représentatives à propos

de deux observations pédiatriques », *in* Rev. fr. de Psychanal., 1970, vol. 34. « Intervention sur le rapport sur l'Interprétation », *in* Rev. fr. de Psychanal., 841-845, 1970, vol. 34. « Prélude à la vie fantasmatique », colloque de la Société psychanalytique de Paris, *in* Rev. fr. de psychanal., 1971, vol. 35.
et MARTY P. « A propos du narcissisme et de sa genèse ». Colloque de la Société psychanalytique de Paris, « Le narcissisme », Rev. fr. de Psychanal., 1965, vol. 29.

FAIRBAIRN W.R.D., *Psychoanalytic Studies of the Personality,* London, Tavistock, 1971.

FEDERN P., « Das Erwachen des Ichs im Traume : I. Die Orthriagenese ; II. Thesen zur Ich-Psychologie », *in* Int. Zeit. Psychanal., 1934, vol. 20. « Das Ichgefühl im Traume », *ibid.*, 1932, vol. 18. « Zur Frage das Hemmungtraumes », *ibid.*, 1920, vol. 6.

FELDMAN S.S., « A significant comment made by patients when relating dreams », *in* Journal of Hillside Hospital, 1952, vol. 1. « Interpretation of a typical and stereotyped dream met with only during psychoanalysis », *in* Psychoanal. Quart., 1945, vol. 14.

FENICHEL O., « Beispiele zur Traumdeutung », *in* Int. Zeit. Psychoanal., 1927, vol. 3. « Bewusstseinfremdes Erinnerungs Material im Traume », *ibid.*, 1925, vol. 11. « Ein Traumanalyse », *ibid.*, 1929, vol. 15. « Beispiele zur Traumdeutung », *ibid.*, 1927, vol. 13.

FERENCZI S., « A qui raconte-t-on ses rêves ? » *in* Psychanalyse 2, Payot, 1970. « Inversion d'affects en rêve », *ibid.* « On the revision of the interpretation of dreams » *in Final Contributions to the Problems and Methods of Psycho-Analysis,* London, Hogarth, 1955.

FIESS H. ELLMAN S.J. et KLEIN G.S., « Waking fantasies following interrupted and completed REM periods », *in* Arch. Gen. Psychiat., 1969, vol. 21.

FINN M.H.P., « A note on waking » « blank stage » analogous to Isakower's phenomena, the dream screen and blank dreams », *in* Psychoanalytic Review, 1955, vol. 42.

FISCHER C., « Dreams and perception : the role of preconscious and primary modes of perception in dream formation », *in* J. Am. Psychoanal. Ass., 1954, vol. 2. « Dreams, images and perception. A study of inconscious preconscious relationships », *in* J. Am. Psychoanal. Ass., 1954, vol 2.

FISCHER C. et coll., « A psychophysiological study of nightmares », *in* J. Amer. Psychoanal. Ass., 1970, vol. 18.

FISS H. et coll., « Waking fantasies following interruption of two types of sleep », *in* Arch. Gen. Psychiat., 1966, vol. 14.

FLIESS R., *The Revival of Interest in the Dream*, New York, Int. Univers. Press, 1953. *Symbol, Dreams and Psychosis,* New York, Int. Univers. Press, 1973. « On the nature of human thought : the primary and the secundary processes as exemplified by the dream and other psychic productions », (Levitt M.) Readings in Psychoanalytic Psychology, New York, Appleton Century Crofts, 1959.

FODOR N., « Telepathy in Analysis », *in New Approaches to Dream Interpretation*, New York Citadel Press, 1952. « Dream recall and dream construction in the light of linguistic interchange », *in* Bull. Phil. Ass. Psychoanal., 1957, vol. 7.

FOULKES D., « Personality and Dreams », *in* Hartmann E. (edit.), *Sleep and Dreaming*, 1970.

FRENCH T. et WHITMAN R.M., « A focal conflict view », *in* Kramer E. (edit.), *Dream Psychology,* 1969.

FRENCH T.M., « Analysis of the dream censorship », *in* (Daniels) *New Perspectives in Psychoanalysis, Sandor Rado lectures 1957-1963*, New York, Grune et Stratton, 1965. « Insight and distortion in dreams », Int. J. Psychoanalysis, 1939, vol. 20.

FREUD S., « Charcot », Standard Edition, vol. I. « Sketches for preliminary communication », Standard Edition, vol. I. *Etudes sur l'hystérie,* P.U.F., 1973. *L'Interprétation des rêves,* PUF, 1967. *Le Rêve et son interprétation,* Gallimard, 1977. *Psychopathologie de la vie quotidienne,* Gallimard, 1960. *Le Mot d'esprit et ses rapports avec l'inconscient,* Gallimard, 1974. *Délire et rêves dans « la Gradiva » de Jensen,* Gallimard, 1973. « Analyse d'une phobie chez un petit garçon de cinq ans », *in Cinq Psychanalyses,* PUF, 1972. « Remarques sur un cas de névrose obsessionnelle », *ibid.* « Remarques psychanalytiques sur l'autobiographie d'un cas de paranoïa », *ibid.* « The employment of dream interpretation in Psychoanalysis », Standard Edition, vol. XII. « Formulation des deux principes du fonctionnement mental », *in Métapsychologie,* Gallimard, 1972. *Totem et Tabou,* Payot, 1976. « The claims of psychoanalysis to scientific interest », Standard Edition, vol. XIII. « A « great achievement » in a dream », Standard Edition, vol. V. « Pour introduire le narcissisme », *in La Vie sexuelle,* PUF, 1972. « Le Refoulement », *in Métapsychologie,* Gallimard, 1972. « L'Inconscient », *ibid.* « Complément métapsychologique à la théorie du rêve », *ibid. Introduction à la psychanalyse,* Payot, 1961. « On bat un enfant » Rev. fr. de Psychanal., 1933, vol. 9. « Supplements to the theory of dreams », Standard Edition, vol. XVIII. « Au-delà du principe du plaisir », *in Essais de psychanalyse,* Payot, 1976. « Josef Popper-Lynkeus and the theory of dream », Standard Edition, vol. XIX. « Some additional notes on dream interpretation as a whole », Standard Edition, vol. XIX. « An autobiographical study », Standard Edition, vol. XX. « Some dreams of Descartes : a letter to Maxime Leroy », Standard Edition, vol. XXI. « My contact with Josef Popper-Lynkeus », Standard Edition, vol. XXII. *Nouvelles Conférences sur la psychanalyse*, Gallimard, 1975. *Abrégé de psychanalyse*, PUF, 1970. *Moïse et le monothéisme,* Gallimard, 1972.

FRIEDENBERG F.S., « Two dreams », *in* Psychoanalytic Review, 1956, vol. 43.

FRIEDMAN L.J., « Regressive reaction to the interpretation of a dream », *in* J. Am. Psychanal. Ass., 1954, vol. 2.

GARMA A. *Psychanalyse des rêves*. PUF, 1954.

GARTNER P., « Über wiederkehrenden Angstträume », *in* Psychoanalytische Praxis, 1933, vol. 3.

GILMAN L., *Insomnia and its Relation to Dreams*, Philadelphie, J.B. Lippincott, 1958.

GLABER G.H., « Beitrag zu einer metapsychologischer Betrachtung des Traumes », *in* Schweizerische Zeitschrift Psychologie, 1948, vol. 7.

GLOVER E., *Psychoanalysis*, London, Staples, 1949. *The Technique of Psychoanalysis*, London, Baillière, Tindall and Cox, 1955.

GRAVES R., *The Meaning of Dreams*, London, Palmer, 1924.

GREEN A., « De l'esquisse à l'interprétation des rêves : coupure et clôture », Nouv. Rev. Psychoanal., 1972, vol. 5 (1973), Le discours vivant, Paris, PUF.

GREEN G.H., « The problem of the terror dream », *in* Psyché, 1924, vol. 5. *The Terror Dream*, London, Paul, Tranch, Trubner, 1927.

GREENACRE Ph., *Trauma, Growth and Personality*, London, Hogarth Press, 1953.

GREENSON R., « The exceptional position of the dream in psychoanalytic practice », *in* Psychoanal. Quart., 1970, vol. 39.

GRINBERG L., *Culpa y depresion*, Buenos Aires, Paidos, 1963. Et coll. « Funcion del

Sonar y clasification clinica de los suenos en el proceso psicoanalitico », *in* Revista de Psicoanalisis, 1967, vol. 24. « Seminario » dado en Madrid, 1973. « On acting out and its role in the psychoanalytic process », *in* Int. J. Psycho. Anal., 1968, vol. 49. Et coll. « Introduccion a las ideas de Bion », Buenos Aires, Nueva Vision, 1973.

GROTJAHN M., « The inability to remember dream and jokes », *in* Psychoanal. Quart., 1951, vol. 20.

GRUNBERGER B., *Le Narcissisme*, Paris, Payot, 1971.

GUILLAUMIN J., *L'Ombilic du rêve*, Mémoire de candidature, 1972. « Le rêveur et son rêve », Rev. fr. de Psychanal., 1973, vol. 37.

GUTHEIL E., « Rondbemerkungen zur Traumdeutung », *in* Psychoanalytische Praxis, 1933, vol. 3. *The Language of the Dream*, New York, Mac Millon, 1939.

GUTMAN S.A., « A note on morning depression », *in* J. Amer. Psychoanal., 1954, vol. 2. « Dreams and affects », *in* Bul. Phil. Ass. Psychoanal., 1955, vol. 5.

HADFIELD J.A., *Dreams and Nightmares*. Londres-Baltimore, Penguin Books, 1954.

HALL C.S., *The Meaning of Dreams*, New York, McGraw-Hill, 1966. « Out of a dream came the faucet », *in* Psychoanalysis and the Psychoanalytic Review, 1962, vol. 69. *The Content Analysis of Dreams*, New York, Appleton-Century-Crofts, 1966. « A cognitive theory of dreams », *in* Journal of Genetic Psychiatry, 1953, vol. 49.

HARNIK J., « Resistance to the interpretation of dreams in analysis », *in* Int. J. Psychoanal., 1930, vol. 11.

HARRIS I.D., « Dreams about the analyst », *in* Int. J. Psychoanal., 1962, vol. 43. « The analyst dream », *in* Bul. Phil. Ass. Psychoanal., 1960, vol. 10. « Typical anxiety dreams and object relation », *in* Int. J. Psychoanal., 1960, vol. 41. « Dreams about the analyst », *ibid.*, 1962, vol. 43. « The dream of the object endangered », *in* Annual Survey of Psychoanalysis, 1957, vol. 8.

HARTMANN E. (edit.), *Sleep and Dreaming*, Boston, Little and Brown, 1970.

HARTMANN E. et coll., « Psychological differences between long and short sleepers », *in* Arch. Gen. Psychiat., 1972, vol. 26.

HAURI P., « What is good sleep ? », *in* Hartmann E. (edit.), *Sleep and Dreaming*, 1970.

HAWKINS D.R., « A review of psychoanalytic theory in the light of recent psychophysiological studies of sleep and dreaming », *in* Brit. J. Med. Psycho., 1966, vol. 39. *in* Kramer M. (edit), 1969. *In* Hartmann E. (edit), *Sleep and Dreaming*, 1970.

HELD R.R., « Intervention dans le colloque sur l'utilisation du matériel onirique en thérapeutique psychanalytique chez l'adulte », *in* Rev. fr. de Psychanal., 1959, vol. 23.

HELLMAN I., « The role of dream analysis in present-day practice », *in* Scientific Bull. of the British Psychoanalytical Society and Institute of Psychoanalysis, 1973, vol. 65.

HENDRICK I., « Dream resistance and schizophrenia », *in* J. Am. Ass. Psychoanal., 1958, vol. 6.

HERMANN I., « Angsttraum und Œdipusphantasie », *in* Int. Zeit. Psychoanal., 1921, vol. 2.

HIRSCHBERG J., « Dreaming, drawing and the dream screen in the psychoanalysis of a two-and-a-half year old boy », *in* Am. J. Psychiatry, 1966, vol. 122 (supplément).

HUG HELLMUTH H. von, « Ein Traum der sich selber deutet », *in* Int. Zeit. Psychoanal., 1915, vol. 3.

ISAACS S., « Conflict and dream », The Highway, mai 1923.

ISAAKOWER O., « Spoken words in dreams », *in* Psychoanal. Quart., 1954, vol. 2.

IZNER S.M., « On the appearance of primal scene content in dreams », *in* J. Am. Psychoanal. Ass., 1959, vol. 7.

JALOUX E., « Réflexions sur le rêve », Psyché, Paris, 1946, vol. 1.

JELGERSMA G., « De droomtyd », *in* Nederlandsch Tydschrift voor Geneeskunde, 1922.

JONES E. *La Vie et l'Œuvre de Sigmund Freud*, 1958, vol. 1. « Un rêve oublié », *in Théorie et Pratique de psychanalyse*, Payot, 1969. « De l'influence du rêve sur l'état de veille ; quelques exemples », *ibid.* « Dream manipulation of numbers », *in Papers on Psychoanalysis*, London, Baillière, Tindall and Cox, 1913. « Bemerkungen zur Psychoanalytischer Technik : I. Träume in der Psychoanalyse », *in* Int. Zeit. Psychoanal., 1914, vol. 2. « Träume in der Psychoanalyse », *ibid.*, 1914, vol. 2. « Ein klares Beispiel secundärer Bearbeitung », *in* Zentralblatt für Psychoanalyse und Psychotherapie, 1912, vol. 2. *Le Cauchemar*, Payot, 1973.

JUNG C.G., « Assoziation, Traum und Hysterischer Symptom », *in* Diagnostische Assoziationstudien, vol. 2. « L'analyse des rêves », *in* Année psychologique, 1909, vol. 15. « The psychology of dreams », *in Collected Paper on Psychoanalysis*, London, Hogarth Press and the Institute of Psychoanalysis. *Über psychische Energetik und das Wesen der Träume,* Zürich Raschner, 1948. « Les rêves » (Livre 3), *in L'Homme à la découverte de son âme*, Genève, Editions du Mont-Blanc, 1970. *Essais d'exploration de l'inconscient*, Denoël Gonthier, 1964.

KALES A. et coll., « Sleep studies in asthma : relationships of attack to sleep stage and time of night », *in* J. Allerg., 1968, vol. 41.

KANZER M., « The communicative function of the dream », *in* Int. J. Psychoanal., 1955, vol. 36. « The recollection of the forgotten dream », *in* Journal of Hillside Hospital, 1959, vol. 8. « The metapsychology of the hypnotic dream », *in* J. Psychoanal., 1953, vol. 34.

KAPLAN L., « Über wiederkehrende Traumsymbole », *in* Zentrabl. Psychanal. et Psychath., 1914, vol. 4.

KARDOS M. « Zur Traumsymbolik », *in* Int. Zeit. Psychoanal., 1916, vol. 4.

KARPINSKA L. von, « Ein Beitrag zur Analyse « Sinnloser » Worte im Traume », *in* Int. Zeit. Psychoanal., 1914, vol. 2.

KARPMAN B., « Dream analysis of a constitutional Psychopath towards the problem of differential dream analysis », *in* Psychoanalytic Review, 1946, vol. 33.

KATAN M. « Dream and psychosis », *in* Int. Psychoanal., 1969, vol. 4.

KEITH C.R., « Some aspects of transference in dream search », *in* Bulletin of the Menninger Clinic, 1962, vol. 26.

KEMPER W.W., « Zur Praxis der therapeutischen Traumdeutung », *in* Zeitschrift für Psychotherapie und medicale Psychologie, 1956, vol. 6. *Der Traum und seine Bedeutung*, Homburg, Rowohlt-Iaschenbuch, 1955.

KHAN E., « Incidence of colour in immediatly related dreams », *in* Science, 1962, vol. 132.

KHAN M.M.R., « Dream psychology and the evolution of the psychoanalytic situation », *in* Int. J. Psychoanal., 1962, vol. 243. « La capacité de rêver », *in* Nouv. Rev. Psychoanal., 1972, vol. 5. « The use and abuse of dream in psychic experience », *in* Scientific Bull. of the British Psychoanalytical Society and Institute of Psychoanalysis, 1973, vol. 65.

KLAUBER J. « On the significance of reporting dreams in psychoanalysis », *in* Int. J. Psychoanal., 1967, vol. 48.

KLEITMAN N., *in* Hartmann E. (edit.), *Sleep and Dreaming*, 1970.
KRAMER M. (edit.), *Dream Psychology and the New Biology of Dreaming*, Springfield, Charles C. Thomas, 1969. « Manifest Dream Content in Psychologic States », *in* Kramer M. (edit.), 1969.
KRAMER M. et coll., « An Exploration of the Manifest Dream in Schizophrenic and Depressed Patients », *in* Dis. Nerv. Syst., 1972, vol. 30.
KREISLER L., FAIN M. et SOULE M., « La clinique psychosomatique de l'enfant. A propos des troubles fonctionnels du nourrisson : colique idiopathique du premier trimestre, insomnie, mérycisme, anorexie, vomissement », *in* Psychiatrie de l'enfant, 1966, vol. 9.
KRIS E., « The recovery of childhood memories in psychoanalysis », *in* Psychoanal. St Child, 1956, vol. 11.
LANGS R., « Manifest Dreams from Three Clinical Groups », *in* Arch. Gen. Psychiat., 1969, vol. 14.
LAPLANCHE J. et PONTALIS J.B., *Vocabulaire de la psychanalyse*, PUF, 1968.
LEAVITT H.C., « Teleological contributions of dreams to the waking ego », *in* Psychoanalytic Review, 1957, vol. 44.
LEVETON A.F., « The night residue », *in* J. Psycho. Anal., 1961, vol. 42.
LEVITAN H.L., « A traumatic dream », *in* Psychoanal. Quart., 1965, vol. 34.
LEWIN B.D., « Dream psychology and the analytic situation », *in* Psychoanal. Quart., 1955, vol. 24. *Dreams and the uses of regression*, New York, I.U.P., 1958. « Reconsideration of the dream-screen », *in* Psychoanal. Quart., 1953, vol. 22. « The forgetting of dreams » (Loewenstein R.N.), *in Driver, Affects, Behavior*, New York, I.U.P., 1953. « Inference from the dream-screen », *in* Int. J. Psychoanal., 1948, vol. 24,4. « Le sommeil, la bouche et l'écran du rêve », *in* Nouv. Rev. Psychanal., 1972, vol. 5. « Sleep, narcissitic neuroses », *in* Psychoanal. Quart., 1954, vol. 23. *Psicoanalisis de la elacion*, Buenos Aires, Nova, 1953. « Selected Writings », *in* Psychoanal. Quart., New York, 1973. « Selected Writings », edit. by J.A. Arlow, *in* Psychoanal. Quart., New York, 1962.
LIBERMAN D., *Linguistica*, vol. III, Buenos Aires, Nueva Vision, 1972.
LINN L., « Color in dreams », *in* J. Amer. Psychoanal. Ass., 1954, vol. 2.
LOEWENSTEIN R.M., « Contribution to the study of the manifest dream », extraits *in* Psychoanal. Quart., 1961, vol. 30. « A post traumatic dream », *ibid.*, 1949, vol. 18.
LOMER G., « Zur Tecknik des Traumes », *in* Die Umschau, 1966, vol. 20.
LORAND S., *Tecnica del tratamiento psicoanalitico*, Buenos Aires, El Ateneo, 1948.
LOEWENSTEIN O., « Über sexuelle Träume », *in* Sexual Probleme, 1908, vol. 4.
LOWY S., « III. Die analytische Lage in dem Traumbild und dem Assoziationen », *in* Psychoth. Prax., 1931, vol. 1. « I. Beitrag zur Aktiven Traumdeutung », *in* Psychoth. Prax., 1931, vol. 1.
LUBORSKY L., « Dreams and day residues : a study of the Poetzl observation », *in* Bulletin of the Menninger Clinic, 1956, vol. 20.
MACK J.E., « Cauchemars, conflit et développement du Moi chez l'enfant », *in* Psychiatrie de l'enfant, 1966, vol. 9.
MAEDER A.E., « Über die Funktion des Traumes » *in* Jahrbuch für psychoanalytische und psychopathologische Forschungen, Jahrbuch der Psychoanalyse, 1912, vol. 4. « Essai d'interprétation de quelques rêves », *in* Arch. psychol., 1906, vol. 6.
MARCINOWSKI J., « A detailed dream analysis », *in* Psyché et Eros, 1920, vol. 1.
MARKOWITZ I., « Dreams in child therapy », (Masserman) *Current Psychiatric Therapies*, New York, Londres, Grune et Stratton, 1961-69.

MARON L. et coll., « Sleep cycle during napping », *in* Arch. Gen. Psychiat., 1964, vol. 11.

MARTY P. et de MUZAN M., « La pensée opératoire », communication au XXIIIe Congrès des psychanalystes de langues romanes, *in* Rev. fr. de Psychanal., 1963, vol. 27.

MEISSNER W.W., « Dreaming as a process », *in* Int. J. Psychoanal., 1968, vol. 49.

MELTZER D., *The Psycho-Analytical Process*, London, Heinemann, 1967 ; trad. fr., Paris, Payot, 1968. « Nota sobre la receptividad analitica », *in* Revista de Psicoanalisis, 1972, vol. 29.

MONEY J., « Phantom orgasm in the dreams of paraplegic men and women », *in* Arch. Gen. Psychiat., 1960, vol. 3.

MOORE T.V., « The interpretation of dreams and the analysis of the inconscious », *in* International Clinic, Philadelphia, 1923, vol. 33 (4).

MORGENSTERN., « Quelques aperçus sur l'expression du sentiment de culpabilité dans les rêves des enfants », *in* Rev. fr. de Psychanal., 1933, vol. 6.

NACHMANSOHN M., « Traumanalyse in der Hypnose », *in* Nervenarzt, 1928, vol. 1.

NOWLIN J.B. et coll., « The association of nocturnal angina pectoris with dreaming », *in* Ann. Int. Med., 1965, vol. 63.

NOY P., « A revision of the psychoanalytic theory of primary process », *in* Int. J. Psychoanal., 1969, vol. 50.

ORGEL S.Z., « Interpretation of dreams », (Winn R.B.) *Encyclopedia of Child Guidance*, New York, Philosophic Library, 1943.

ORNSTEIN P.H., « Dreams and conflicts », *in* Ohio State Medical Journal, 1966, vol. 62.

PANETH L., *Zahlensymbolir im Unbewusstsein,* Zurich, Rascher, 1952.

PFEIFER S., « Der Traum als Hüter der Schlafes », *in* Int. Zeit. Psychoanal., 1923, vol. 9.

PINE I., « The effects of non interpretation of dreams during psychotherapy », *in* Journal of Nervous and Mental Diseases, 1955, vol. 122.

PONTALIS J.B., « La pénétration du rêve », *in* Nouv. Rev. Psychanal., 1972, vol. 5.

POTZL O., *Preconscious Stimulation in Dreams, Association and Images ; Classical Studies*, New York, I.U.P., 1960.

PRADOS M., « La contribucion del superyo al sueno hablado », *in* Cuaderno de Psicoanalisis, 1965, vol. 1.

PRINCE M.H., « The mechanism and interpretation of dreams », *in* Journal of Abnormal Psychology, 1910, vol. 5.

PUTNAM J.J., « Dream interpretation and the theory of psychoanalysis », *in* Journal of Abnormal Psychology, 1914, vol. 9.

RADO S., « Eine Traumanalyse », *in* Int. Zeit. Psychoanal., 1923, vol. 9.

RANGELL L., « Panel on the dream in the practice of psychoanalysis », *in* J. Am. Psychoanal., 1937, vol. 4.

RANK O., « Ein neuroseranalyse in Träumen », *in Neue Arbeiter zur ärztlichen Psychoanalyse*, Leipzig, Vienna, Zurich, Internationaler psychoanalytischer Verlag, 1924, 27. « Traumdeutung », *in* Jahrbuch für psychoanalytische und psychopathologische Forschungen, Jahrbuch der Psychoanalyse, 1914, vol. 6. « Die Symbolschichtung im Wecktraum und ihre Wiederkehr im Mytischen Denken », *ibid.*, 1912, vol. 4. « Die analytische Situation illustriert an der Traumdeutungstechnik », *in Die Technik der Psychoanalyse I.*

RAPAPORT D., *Emotions and Memory*, New York, Science edit., 1961.

RAPPAPORT E.A., « The first dream of an erotized transference », *in* Psychoanal. Quart., 1956, vol. 25.

RECHTSCHAFFEN A. et coll., « Patterns of sleep-talking », *in* Arch. Gen. Psychiat., 1962, vol. 7.
REIK T., « Der Traum ein mögliches Leben », *in* Int. Zeit. Psychoanal., 1939, vol. 24.
RIVERS W.H., « Affects in the dream », *in* British Journal of Psychoanalysis, 1923, vol. 4. *Conflict and Dream*, London, Kegan Paul, Tranch, Trubner, 1923-1926.
ROF J., *Biologia y Psicoanalisis*, Bilbao, Desclée de Brouwer, 1972.
ROHEIM G., *The gates of the dream*, New York, Int. Univers. Press, 1953. « The magical function of the dream », *in* Int. J. Psychoanal., 1949, vol. 30.
ROLAND A., « The context and unique function of dreams in psychoanalitic therapy : clinical approach. », *in* Int. J. Psychoanal., 1971, vol. 52. « Imagery and symbolic expression in dreams and art », *in* Int. J. Psychoanal., 1972, vol. 53.
ROSENBAUM M., « Dreams in which the analyst appears undisguised : a clinical and statistical study », *in* Int. J. Psychoanal., 1965, vol. 46.
ROSENFELD E.M., « Dream and vision. Some remarks on Freud's Egyptian bird dream », *in* Int. J. Psychoanal., 1956, vol. 37.
ROSENSTEIN G., « Beziehungen von Traum und Witz. », *in* Zentralb. Psychanal. et Psychath., 1911, vol. 1.
ROTH N., « Manifest dream content and acting out », *in* Psychoanal. Quart., 1958, vol. 27. « Sublimation in dreams », *in* Am. J. Psychoth., 1954, vol. 8. « More on the metaphor of the dream censor », *in* Perceptual Motor Drills, 1962, vol. 15. « Perception in dreams », *ibid.*, 1962, vol. 14. « Sublimation and manifest dream content », *in* Am. J. Psychoth., 1959, vol. 13.
ROUART J., « Souvenirs et fantasmes », dans le colloque de la Société psychanalytique de Paris sur les fantasmes, Rev. fr. de Psychanal., 1971, vol. 35.
RYCROFT CH., « A contribution to the study of the dream screen », *in* Int. J. Psychoanal., 1951, vol. 32.
SACHS H., « Zur Darstellungstechnik des Traumes », *in* Zentralb. Psychoanal. Psychoth., 1911, vol. 1.
SANCTIS S. de, « L'interpretazione dei sogne », *in* Revista Psicologica, 1914, vol. 10.
SAUL L., « The ego in a dream », *in* Psychoanal. Quart., 1953, vol. 22.
SAUSSURE R. de, « La psychologie du rêve dans la tradition française », *in* Laforgue : *Le Rêve et la Psychanalyse*, Maloine, 1926.
SCHLUMBERGER H., « Expression du transfert dans les rêves », *in* Rev. fr. de Psychanal., 1959, vol. 23.
SCHNECK J.M., « The role of dream in a treatment with hypnosis », *in* Psychoanal. Rev., 1947, vol. 34.
SCHULTZ-HENCKE H., *Lehrbuch der Traumanalyse*, Stuttgart, Thieme, 1951.
SCHUR M., *The id and the regulatory principles of mental functioning*, London, Hogarth, 1966. *Living and Dying*, London Hogarth, 1972.
SEGAL H., *Introduction to the Work of Melanie Klein*, London, Heinemann, 1964. « Atypical dreams », *in* The British Psychoanalytical Society and the Institute of Psychoanalysis Scientific Bulletin, 1973, vol. 68. « Seminario » dado en Madrid, 1973.
SEITZ P.F.D., « Representations of adaptive and defense mechanisms in the concrete imagery of dreams », extraits *in* Bull. Phil. Ass. Psychoanal., 1968, vol. 18.
SEROG M., *New Light on Dreams, a New Approach to the Dream Problem*, Boston, House of Edinboro, 1953.
SERVADIO, « Nel mondo dei sogni », *in* Selezione medica, 1954 (4, 5, 6, 7, 8). « Il mistero del sogno », *in* Argomenti, 1966, vol. 2.
SHAPIRO A. et coll., « Dream recall as a function of method of awakening », *in* Psy-

chosom. Med., 1963, vol. 25. « Gradual arousal from sleep : a determinant of thinking reports », *in* Psychosom. Med., 1965, vol. 27.

SHARPE E., *Dream Analysis*, London, Hogarth, 1949.

SHEPPART E. et SAUL L.J., « An approach to a systematic study of ego function », *in* Psychoanal. Quart., 1958, vol. 27. « Dream-content Analysis », *in* Kramer M. (edit.), 1969.

SIEBENTHAL W. von, *Die Wissenschaft von Traum, Ergebnisse und Probleme ; eine Einführung in die allgemeinen Grundlagen,* Berlin, Springer, 1953.

SINGER J.L., « Recent research on dreams and daydreams » (Riess B. et Abtl E.) *in* Progress in clinical Psychology, 1963, vol. 5.

SKINNER J., « Censorship in films and dreams », *in* American Imago, 1955, vol. 12.

SKINNER J.C., The dream in psychoanalytic practice, *in* Hartmann E. (edit.) *Sleep and Dreaming*, 1970.

SOLOMON, « A few dream analyses », *in* Journal of Abnormal Psychology, 1914, vol. 9.

SPANJAARD J., « The manifest content and its significance for the interpretation of dreams », *in* Int. J. Psychoanal., 1954, vol. 50.

SPITZ R., *No y si*, Buenos Aires, Hormé, 1957.

STARCKE A., « Ein Traum, der das Gegenteil einer Wunscherfüllung zu verwirklichen schien, zugleich ein Beispiel eines Traumes, der von einem anderen Traum gedeutet wird », *in* Zentralb. Psychoanal. Psychoth., 1911, vol. 2.

STEIN C., « La situation analytique : remarques sur la régression vers le narcissisme primaire dans la séance et le poids de la parole de l'analyste », *in* Rev. fr. de Psychanal., 1964, vol. 28.

STEKEL W., « Das Schaffen in Traum », *in* Zentralb. Psychoanal. Psychoth., 1913, vol. 4. « Die Träume der Kinder », *ibid.,* 1914, vol. 4. « Beiträge zur Traumdeutung », *in* Jahrbuch für psychoanalitische und psychopathologische Forschungen, Jahrbuch der Psychoanalyse, 1909, vol. 1. *Die Sprache des Traumes*, Münich, Wiesbaden, Bergmann, 1911.

STEWART H., « The experiencing of dream and the transference », *in* The British Psychoanalytical Society and the Institute of Psychoanalysis Scientific Bulletin, 1973, vol. 58.

STRACHEY J., « The nature of therapeutic action of psycho-analysis », *in Psychoanalytic Clinical Interpretation*, Paul L. (édit.), London, Free Press of Glencoe, 1963.

STRAGNELL G., « Condensation and resymbolization in dream interpretation », *in* Psychoanal. Rev., 1923, vol. 10.

SUINN R.M., « Anxiety and color dreaming », *in* Mental Hygiene, 1967, vol. 51.

TANNENBAUM S.A., « Dreams. Their structure, meaning and interpretation », *in* Am. J. Urology, 1917, vol. 13. « The art of dream interpretation », *in* Journal of Urology and Sexology, janvier 1919.

ULLMAN M., « The dream process », *in* Psycho-Therapy, 1955, vol. 1. « Dreams, an introduction », *in* Masserman, *Science and Psychoanalysis*, New York, Grune and Stratton. « Dreaming, life style and physiology : a comment on Adler's view of the dream », *in* J. Ind. Psychol., 1962, vol. 18. « An experimental approach to dream and telepathy », *in* Arch. Gen. Psychiatry, 1966, vol. 14.

VAN DE CASTLE R.L., « Temporal patterns of dreams », *in* Hartmann E. (édit.), *Sleep and Dreaming*, 1970.

VAN DER HEIDE C., « Blank silence and the dream screen », *in* J. Am. Psychoanal. Ass., 1961, vol. 9.

DE VERTEUIL R.L., « A psychiatric approach to the study of nightmare », *in* Cana. Psychoanal. Ass. J., 1962, vol. 7.

VIDERMAN S., *La Construction de l'espace analytique*, Paris, Denoël, 1970.
WALDHORN H.F. (edit.), *The Place of the Dream in Clinical Psychoanalysis*, New York, Int. Univ. Press, 1970.
WEISS E., « Some dynamic Aspects of Dreams », Samiksa, 1948, vol. 2. « Varia : Note Sull'infedelta del ricordo dei sogni », *in* Rivista Italiana Psicoanalisis, 1932, vol. 1.
WEINBERGER J.L., « Talent dreams and body image relation to numbers 3 and 13 », extraits *in* Bull. Phil. Ass. Psychoanal., 1969, vol. 19.
WHITMAN R.M., « Remembering and forgetting dream in psychoanalysis », *in* J. Am. Psychoanal. Ass., 1963, vol. 11.
WIDLOCHER D., *Freud et le problème du changement*, Paris, PUF, 1970.
WILDER J., « Dream analysis within dreams », *in* Psychoanal. Rev., 1956, vol. 43.
WISDOM J.O., « An hypothesis to explain trauma-reenactment dream », *in* Int. Psychoanal., 1949, vol. 30.
WITKIN H.A., « Influencing Dream Content », *in* Kramer M. (edit.), 1969, *in* Hartmann E. (edit.), 1970.
WOODS R.L., *The World of Dreams : an Anthology*, New York, Random House, 1947.
ZULLINGER H., « Prophetische Träume, *in* (Devereux) *Psychoanalysis and the Occult,* New York, I.U.P., 1953.

ORIGINE DES ILLUSTRATIONS

La documentation iconographique a été réunie par Anne Van Eiszner.

Angelo DURAZZO : 264.
Cartier-Bresson Magnum : 39.
Droits réservés : 36.
Giraudon : 26, 30, 34, 45, 80, 128, 142, 194, 222.
Lauros-Giraudon : 85, 113, 132, 146, 150, 162, 196, 202, 233.
Lee Lockwood : 215.
Magnum : 249, 290.
Rapho : 54, 58, 68, 70, 76, 93, 100, 103, 123, 168, 186, 207, 211, 229, 242, 244, 253, 274.
Roger-Viollet : 10, 15, 21.

ORIGINE DES TEXTES

Les Editions Tchou remercient les Editeurs qui leur ont permis la reproduction de textes de leurs fonds :

PREMIÈRE PARTIE
Ce que disent les rêves

I. *Comment diriger son rêve*

Marquis L. HERVEY de SAINT-DENIS : *Les Rêves et les moyens de les diriger* (1867), (c) Tchou, 1964 (Bibliothèque du Merveilleux).

S. FERENCZI : « Les rêves orientables » (1912), *in Psychanalyse,* tome I, Payot.

II. *La méthode psychanalytique d'interprétation*

S. FREUD : Lettre à Fliess du 12 juin 1900, reproduite *in La Naissance de la psychanalyse,* Presses Universitaires de France.

S. FREUD : *L'Interprétation des rêves* (1899-1900), Presses Universitaires de France.

S. FREUD : Lettre du 26 décembre 1932 à André Breton reproduite *in* André Breton : *Les Vases communicants,* Gallimard.

S. FREUD : Lettre du 8 décembre 1937 à André Breton, traduite de l'anglais par Janine Chasseguet-Smirgel et reproduite à titre de document *in* André Breton : *Trajectoire du rêve* (1938), Gallimard.

III. *L'essence du rêve*

S. FREUD : *Introduction à la psychanalyse* (1915 à 1917), Payot.

S. FREUD : *L'Interprétation des rêves* (1899-1900), Presses Universitaires de France.

S. FREUD : « Au-delà du principe de plaisir » (1920) *in Essais de psychanalyse,* Payot.

IV. *Du rêve au symptôme*

S. FREUD : *L'Interprétation des rêves* (1899-1900), Presses Universitaires de France.

S. FREUD : *Cinq Leçons sur la psychanalyse* (1909-1910), Payot.

S. FREUD : *Abrégé de psychanalyse* (1939), Presses Universitaires de France.

DEUXIÈME PARTIE
L'inconscient et les symboles

I. *Deux approches du symbolisme*

H. SILBERER : « Report on a method of eliciting and observing certain symbolic hallucination phenomena » (1909), *in* D. Rapaport : *Organization and Pathology of Thoughts* (Columbia University Press, 1951). Avec l'aimable autorisation du Dr Elvira Rapaport. Traduit de l'américain par S.M. Abelleira.

E. JONES : « La théorie du symbolisme », *in Traité théorique et pratique de la psychanalyse,* Payot.

II. *La naissance des symboles*

S. FERENCZI : « Ontogenèse des symboles » (1913), *in Psychanalyse*, tome II, Payot.

E. JONES : « La théorie du symbolisme », *in Traité théorique et pratique de la psychanalyse*, Payot.

III. *Le processus de symbolisation*

M. KLEIN : « L'importance de la formation du symbole dans le développement du Moi » (1930), *in Essais de psychanalyse*, Payot.

H. SEGAL : « Notes sur la formation du symbole » (1957), *in* Revue française de Psychanalyse, 1970, vol. 34, diffusion Presses Universitaires de France. Avec l'aimable autorisation de l'auteur, des directeurs de la revue et du diffuseur.

TROISIÈME PARTIE
De nouvelles découvertes sur le rêve

I. *Le Moi dans le rêve*

P. FEDERN : *Ego Psychology and the Psychoses*. Traduction de Anne Lewis Loubignac. Cet ouvrage paraîtra prochainement sous le titre *La Psychologie du Moi et les psychoses* aux Presses Universitaires de France, que nous remercions vivement d'avoir bien voulu nous autoriser à reproduire cet extrait, à titre de prépublication.

II. *L'écran du rêve*

B. LEWIN : « Sleep, the mouth and the dream-screen », *in Selected Writings of Bertram Lewin*, The Psychoanalytical Quarterly, Inc. (c) 1973 by David H. Lewin and Barbara L. Schwartz. Traduit de l'américain par S.M. Abelleira.

III. *Le rêve, clé de l'interprétation analytique*

E. FREEMAN SHARPE : « Evaluation of dreams in psycho-analytical practice », *in Dream Analysis*, Hogarth Press. Traduit de l'anglais par S.M. Abelleira.

IV. *Le rêve, son rôle et ses fonctions*

J. CHASSEGUET-SMIRGEL : « Note clinique sur les rêves d'examen » (1967), *in Pour une psychanalyse de l'art et de la créativité*, Payot.

M. FAIN et CH. DAVID : « Les fonctions du rêve », paru dans la Revue française de Psychanalyse, 1963, tome 27, diffusée par les Presses Universitaires de France. Avec l'aimable autorisation des auteurs, des directeurs et des diffuseurs de la revue.

V. *Le rêveur et son rêve*

J. GUILLAUMIN : « Le rêveur et son rêve », paru dans la Revue française de Psychanalyse, 1973, tome 37, diffusée par les Presses Universitaires de France. Avec l'aimable autorisation de son auteur, des directeurs de la revue et de son diffuseur.

Achevé d'imprimer le 20 décembre 1978
par Maury-Imprimeur S.A.
45330 Malesherbes

Dépôt légal, 4e trimestre 1978 – N° Imprimeur L78/6383
N° d'éditeur 7.473 – *Imprimé en France*